PSICOLOGIA BÍBLICA

SOLUÇÕES DE CRISTO
PARA PROBLEMAS DO DIA A DIA

OSWALD CHAMBERS

Originally published in English under the title
Biblical Psychology: Christ-Centered Solutions for Daily Problems, by Oswald Chambers
Copyright © 1995 by Oswald Chambers Publications Association Limited
Our Daily Bread Publishing, PO Box 3566, Grand Rapids,
MI 49501, U.S.A

Coordenação editorial: Adolfo A. Hickmann
Tradução: Cláudio F. Chagas
Revisão: Adolfo A. Hickmann, Dalila de Assis, Lozane Winter,
 Rita Rosário, Thaís Soler
Coordenação gráfica e capa: Audrey Novac Ribeiro
Diagramação: Priscila Santos, Rebeka Werner

Dados Internacionais de Catalogação na Publicação (CIP)

CHAMBERS, OSWALD (1874-1917)
Psicologia Bíblica — Soluções de Cristo para problemas do dia a dia
Tradução: Cláudio F. Chagas — Curitiba/PR, Publicações Pão Diário
Título Original: *Biblical Psychology: Christ-Centered Solutions for Daily Problems*

1. Cristianismo   2. Aconselhamento   3. Estudo bíblico   4. Alma

---

Proibida a reprodução total ou parcial sem prévia autorização por escrito da editora. Todos os direitos reservados e protegidos pela Lei 9.610, de 19/02/1998. Permissão para reprodução: permissao@paodiario.org

Exceto quando indicado o contrário, os trechos bíblicos mencionados são da edição Revista e Atualizada de João F. de Almeida © 2009 Sociedade Bíblica do Brasil.

Publicações Pão Diário
Caixa Postal 9740,
82620-981 Curitiba/PR, Brasil
publicacoes@paodiario.org
www.publicacoespaodiario.com.br
Telefone: (41) 3257-4028

Código: YD947
ISBN: 978-65-87506-73-9

1.ª edição: 2022 • 3.ª impressão: 2024

Impresso no Brasil

Sumário

Prefácio do editor 7

1. O homem: sua criação, chamado e comunhão 9
2. O homem: sua criação, chamado e comunhão
   A criação do homem 19
3. O homem: sua criação, chamado e comunhão
   A ruína do homem 27
4. O homem: sua criação, chamado e comunhão
   O reajuste pela redenção 41
5. A alma: essência, existência e expressão 55
6. A alma: essência, existência e expressão
   Poderes fundamentais da alma 67
7. A alma: essência, existência e expressão
   A apresentação carnal da alma 79
8. A alma: essência, existência e expressão
   Passado, presente e futuro da alma 95
9. O coração: a região radical da vida 109
10. O coração: a região radical da vida
    O irradiador da vida pessoal, parte 1 119

11. O coração: a região radical da vida
    O irradiador da vida pessoal, parte 2 131

12. O coração: a região radical da vida
    O rendez-vous da vida perfeita 143

13. Nós mesmos: eu, mim, meu
    Nós mesmos como "conhecedores" – Eu, o ego. . 161

14. Nós mesmos: eu, mim, meu
    Nós mesmos como "conhecidos" – O eu aparente 175

15. Nós mesmos: eu, mim, meu
    Nós mesmos como "nós mesmos" – O ego 189

16. Nós mesmos: eu, mim, meu
    Nós mesmos e a consciência 203

17. O espírito: seu domínio e território
    O processo da Trindade. 219

18. O espírito: seu domínio e território
    O universo mundano 233

19. O espírito: seu domínio e território
    O universo do homem, parte 1 247

20. O espírito: seu domínio e território
    O universo do homem, parte 2. 261

PREFÁCIO DO EDITOR

Oswald Chambers mergulhou no estudo do homem interior conforme revelado nas páginas das Escrituras. Além disso, foi um perspicaz observador da condição humana, explorada nos escritos dos grandes filósofos, teólogos, romancistas, poetas e dramaturgos. Os livros presentes em suas estantes variavam de Platão, Agostinho, Victor Hugo a Henrik Ibsen.

Decorreu de seu estudo uma série de palestras que Chambers denominou "Psicologia Bíblica" — o estudo do homem a partir do ponto de vista da Bíblia. Essas palestras constituem a essência da teologia e psicologia de Chambers sobre o homem. Elas são intensamente perspicazes e perfeitamente bíblicas. Chambers afirma no texto: "São esses fatos teológicos fundamentais que precisam salvaguardar os nossos estudos psicológicos".

Psicologia bíblica foi compilado a partir das fidedignas anotações da esposa de Chambers, durante as palestras proferidas no *Bible Training College*, em Londres, em 1911. O livro foi originalmente publicado em 1912. Edições revisadas foram lançadas ao longo dos anos.

Nesses estudos, obtemos uma imagem reveladora do Oswald Chambers professor e teólogo. Ele analisa a psicologia de nossa vida íntima e de como nos relacionamos com nós mesmos, com os outros e com Deus. Ele explora os dilemas morais e as complexidades emocionais enfrentadas pelos cristãos ao tentarem conciliar sua fé com um mundo repleto de medo, raiva, vergonha e egoísmo, e apresenta respostas das Escrituras para essas lutas.

O editor se sente honrado em apresentar ao mundo cristão esta nova edição atualizada de *Psicologia bíblica*. Os temas e a abordagem deste livro apresentam Chambers da forma mais profunda. Todavia as percepções são tão bíblicas e simples que qualquer estudante da Palavra pode ser alimentado por suas páginas. Aqui, Chambers alimenta verdadeiramente a alma com a Palavra de Deus.

1

O HOMEM: SUA CRIAÇÃO, CHAMADO E COMUNHÃO

Embora as passagens citadas apareçam como textos, conectam-se, de fato, à partes da revelação.

1. *Condições prévias à criação do homem — Gênesis 1:1*

    a) Criações celestiais (Jó 38:4-7)
    b) Catástrofe celestial (Isaías 14:12; Lucas 10:18)
    c) Condenação celestial (João 8:44; Judas 6)

2. *Condições que levaram à criação do homem — Neemias 9:6*

    a) Caos terreno (Gênesis 1:2)
    b) Criações terrenas (Gênesis 1:2-25)
    c) Cosmos terreno (Gênesis 1:4,10,12,18,21,25,31)

3. *O ápice da criação — Gênesis 1:26-27*

    a) O Filho de Deus (Gênesis 1:27; Lucas 3:38)
    b) A obra de seis dias (Gênesis 1:28-31)
    c) O descanso no sábado (Gênesis 2:1-3)

1. Condições prévias à criação do homem

> *No princípio, criou Deus os céus e a terra. A terra, porém, estava sem forma e vazia; havia trevas sobre a face do abismo, e o Espírito de Deus pairava por sobre as águas.* (GÊNESIS 1:1-2)

Entre os versículos 1 e 2 do primeiro capítulo de Gênesis, há um grande hiato. O versículo 1 se refere a uma ordem anterior de coisas à reconstrução referida no versículo 2.

a) Criações celestiais

Queremos dizer com "criações celestiais" as criações que ocorreram antes dos seres humanos e do sistema de coisas conforme os entendemos. Essas criações celestiais pertencem a um período anterior à humanidade. Assim, as criações primeiramente citadas não são pessoas, e sim algo diferente. Jó 38:4-7 se refere a uma época em que "rejubilavam todos os filhos de Deus" (v.7).

Quem eram esses "filhos de Deus"? Eles não eram seres humanos; eram inquestionavelmente anjos e arcanjos, e a dedução indireta é que Deus havia colocado aquele mundo anterior sob o comando de certo arcanjo: Lúcifer.

b) Catástrofe celestial

A Bíblia também alude a uma catástrofe antes da criação do homem, o que torna os primeiros dois versículos de Gênesis 1 compreensíveis. Deus deu a Lúcifer o governo deste universo, que se opôs à autoridade e ao governo divino. Ao cair, ele arrastou tudo consigo e, consequentemente, trouxe a esta Terra um tremendo julgamento que resultou em caos: "A terra, porém, estava sem forma e vazia" (v.2).

Essa catástrofe é mencionada em passagens como estas: "Como caíste do céu, ó estrela da manhã, filho da alva!" (ISAÍAS 14:12); e "Eu via Satanás caindo do céu como um relâmpago" (LUCAS 10:18). Quando foi que o nosso Senhor viu isso? Certamente, é legítimo sugerir que isso se refira ao período anterior ao da encarnação do nosso Senhor, quando Ele estava com Deus, no início, antes de todas as coisas. (Esse versículo, em particular, é frequentemente considerado como indicativo ao tempo porvir, e que o nosso Senhor eliminou o tempo por Sua presciência.)

Esses versículos são como picos de montanhas mostrando todo um planalto da revelação de Deus acerca da ordem das coisas antes da criação da humanidade. A natureza dessa interpretação é de especulação legítima e parece ser responsável por grande número de indicações existentes na Bíblia. Cuidado, porém, para não dar muita importância a essas indicações, pois embora, como foi sugerido, o caos possa ter sido resultado de julgamento, uma leitura cuidadosa de Gênesis 1:1-2 não necessariamente indica isso.

c) Condenação celestial

Então, vem a condenação dos anjos, a condenação celestial, a condenação de Lúcifer e todos os seus anjos. Absolutamente nada a ver com a humanidade: "e a anjos, os que não guardaram o seu estado original, mas abandonaram o seu próprio domicílio, ele tem guardado sob trevas, em algemas eternas, para o juízo do grande Dia" (JUDAS 1:6).

Ao usar a frase "desde o princípio" (JOÃO 8:44), Jesus Cristo não se refere ao princípio da humanidade, e sim ao início da criação, muito antes de o homem ser criado. O inferno é o lugar de condenação dos anjos. Nada tem a ver, primariamente, com pessoas. O Livro de Deus jamais diz que o inferno foi feito para as pessoas, embora seja verdade que é o único lugar para a pessoa que rejeita a salvação divina. O inferno foi o resultado de uma condenação distinta, proferida por Deus a seres celestiais, e é tão eterna quanto os tais anarquistas celestiais.

Esses três surpreendentes episódios indicam as condições anteriores à criação do homem, ou seja: que os arcanjos e os anjos governavam um mundo maravilhoso criado por Deus no início, ao qual o Espírito de Deus faz alusão nesta sentença: "quando as estrelas da alva, juntas, alegremente cantavam, e rejubilavam todos os filhos de Deus" (JÓ 38:7). Lúcifer caiu e, com ele, todos os seus anjos, para uma tremenda ruína. "A terra, porém, estava sem forma e vazia; havia trevas sobre a face do abismo, e o Espírito de Deus pairava por sobre as águas" (GÊNESIS 1:2).

Sem alguma explicação desse tipo, o versículo 2 é ininteligível. Dizer que "no princípio, Deus criou os céus e a terra" e, depois, dizer que "a terra, porém, estava sem forma e vazia" é uma confusão. A dedução é de que, entre as épocas mencionadas nesses versículos, ocorreu uma catástrofe sobre a qual a Bíblia não fala muito. O propósito evidente da Palavra de Deus é revelar qual é o desígnio divino para a humanidade. Delineando aproximadamente esse intento, poderíamos dizer que Deus criou o homem para neutralizar o diabo.

Essas seções se referem ao estranho e desconhecido panorama da vida que temos atualmente. Não se deve dar muita importância a essas coisas; por outro lado, elas não devem ser ignoradas. É necessário observá-las pela *Psicologia bíblica* por terem um papel distinto a desempenhar na existência atual da humanidade.

2. Condições que levaram à criação do homem

Só tu és SENHOR; *tu fizeste o céu, o céu dos céus e todo o seu exército, a terra e tudo quanto nela há, os mares e tudo quanto há neles; e tu os preservas a todos com vida, e o exército dos céus te adora.* (NEEMIAS 9:6)

a) Caos terreno

Satanás foi o meio da ruína da primeira ordem criada e, agora, Deus começa a criar outra ordem a partir da confusão da ruína. Vazio significa a consequência da destruição por julgamento ou o resultado de julgamento divino.

b) Criações terrenas

Deus começou a criar as coisas. Gênesis 1:2-25 fornece um relato detalhado da criação da Terra e da vida sobre ela. Em lugar algum, a Bíblia afirma que Deus estabeleceu processos para agir e que desses processos evoluíram as coisas que agora aparecem. A Bíblia declara que Deus criou as coisas por uma ação distinta. Se a Bíblia concordasse com a ciência moderna, logo estaria ultrapassada, visto que, na exata natureza das coisas, a ciência moderna está ligada a transformações.

Gênesis 1 indica que Deus criou a Terra e a vida sobre ela para preparar o mundo para os seres humanos.

c) Cosmos terreno

A ordem e a beleza deste mundo foram criadas por Deus para os seres humanos. Os versículos 4, 10, 12, 18, 21, 25 e 31 de Gênesis 1 relatam que Deus considerou bom o que Ele criou. Após o julgamento da ordem anterior, Deus criou algo novo, para um ser totalmente novo que anjo algum jamais havia visto.

Esse novo ser, o homem, foi criado do pó da terra, no sexto dia, final da criação, no limiar do sábado de Deus. O Senhor criou um ser singular — não um anjo, nem o próprio Deus — Ele fez o homem a partir do que existia na Terra e estava relacionado à Terra, contudo o criara à imagem de Deus. Assim, Deus pôde comprovar ao diabo que Ele era mais do que um páreo por meio dessa criação um pouco inferior aos anjos, a ordem de seres à qual Satanás pertence.

Essa é, por assim dizer, a tremenda experiência de Deus na criação da humanidade. O Senhor colocou as pessoas no comando da criação terrena. Todo o significado da criação do mundo foi adaptar e preparar um lugar para o maravilhoso ser, chamado homem, que Deus tinha em mente.

Nenhuma página da Bíblia fala sobre evolução e desenvolvimento da humanidade como sobrevivência do mais capaz ou processo de seleção natural. A Bíblia revela que nós somos pó e espírito, uma combinação dos dois. O diabo é espírito, assim como Deus; os anjos são espírito. Porém, em relação ao ser humano, ele é pó e espírito.

3. O ápice da criação

a) O Filho de Deus

Adão é chamado filho de Deus (LUCAS 3:38). Há somente um outro "Filho de Deus" citado na Bíblia: Jesus Cristo.

Ainda assim, somos chamados "filhos de Deus". Mas como? Sendo restituídos por meio da expiação de Jesus Cristo. Esse é um importante ponto. Nós não somos filhos de Deus por geração natural. Adão não veio ao mundo como nós viemos, nem sequer como Jesus Cristo veio. Adão não foi "gerado"; Jesus Cristo foi. Adão foi "criado". Deus criou Adão, não o gerou.

Todos nós somos gerados; não somos seres criados. Adão era o "filho de Deus", o Senhor o criou, como tudo mais que fora criado.

"Criou Deus, pois, o homem à sua imagem, à imagem de Deus o criou; homem e mulher os criou" (GÊNESIS 1:27). Isso é importantíssimo. Tanto Adão quanto Eva são necessários antes que a imagem de Deus possa ser perfeitamente apresentada. Deus é, por assim dizer, tudo que a melhor masculinidade nos apresenta e tudo que a melhor feminilidade nos apresenta. (Esse aspecto será tratado em abordagens subsequentes.)

b) A obra de seis dias

A palavra *dia* (GÊNESIS 1:28-31) indica aproximadamente o que entendemos por 24 horas; seu significado não é semelhante ao de Dia da Expiação ou Dia do Juízo.

A devoção à efêmera doutrina científica da evolução é responsável pelo esforço de fazer com que a Bíblia se refira a um período de anos em vez de um dia solar. O uso específico, não parabólico, dos termos "manhã e noite" em Gênesis indica distintamente um dia solar. O homem foi o ápice da obra de seis dias. No plano divino, toda a obra executada nos seis dias da criação foi para os seres humanos. A tendência atual é de colocar a obra dos seis dias da criação acima das pessoas. Algumas pessoas se preocupam muito mais com cães e gatos do que com seres humanos.

Não apenas há a tendência de exaltar os animais acima das pessoas, mas também a especulação sobre o super-homem[1], que sustenta que o ser humano, conforme o entendemos — e a Bíblia o revela —, não é o ápice da criação, pois existe um ser superior

---

[1] Conceito desenvolvido e propagado por Friedrich Wilhelm Nietzsche, filósofo prussiano do século 19. Ele defendia que o super-homem seria a superação do homem atual, a ideia de alguém que se eleva, um novo tipo de indivíduo mais dotado e mais forte, livre da cultura religiosa de condenação divina; isto é: um ser humano melhorado, evoluído. Chambers usa o termo também para fazer alusão ao pensamento e à pessoa do anticristo.

ainda a ser chamado de "o super-homem". E o homem atual é tão inferior a esse ser quanto o macaco é inferior ao ser humano.

Ao longo de todo o Novo Testamento, o Espírito de Deus predisse que a adoração ao homem será instaurada, e ela está em nosso meio nos tempos atuais. Estamos sendo informados de que Jesus Cristo e Deus estão deixando de ser importantes para os homens e mulheres modernos, e que agora estamos adorando cada vez mais a "Humanidade". Isso está lentamente se fundindo em uma nova fase; todas as mentes desenvolvidas estão aguardando a manifestação desse "super-homem", um ser muito maior do que o ser humano que conhecemos hoje.

Paulo, em 2 Tessalonicenses 2:3-4, fornece-nos uma imagem do cabeça dessa grande expectativa: "...o filho da perdição, o qual se opõe e se levanta contra tudo que se chama Deus ou é objeto de culto, a ponto de assentar-se no santuário de Deus, ostentando-se como se fosse o próprio Deus". Ele será o queridinho de todas as religiões; haverá uma consolidação das religiões, das raças e de tudo que há na face da Terra — um grande socialismo.

O padrão ético do super-homem afirma ser mais elevado do que o padrão de Jesus Cristo. A tendência já é perceptível na objeção de algumas pessoas ao ensino de Jesus Cristo, como este: "Amarás o teu próximo como a ti mesmo" (MATEUS 22:39); eles dizem: "Isso é egoísmo, você precisa amar o seu próximo, mas não pensar em si mesmo". A doutrina do super-homem é perfeição absoluta sem pecado. Eles dizem que nós evoluiremos até um ser que alcançou o ponto em que não poderá ser tentado.

Tudo isso emana de Satanás. O homem é o ápice da criação. Ele está em um estágio pouco inferior ao dos anjos, e Deus derrubará o diabo por meio desse ser menor do que os anjos. Deus, por assim dizer, colocou o ser humano no "campo aberto" e está permitindo que o diabo faça exatamente o que gosta até certo ponto, "porque", diz o Senhor, "...maior é aquele que está em vós do que aquele que está no mundo" (1 JOÃO 4:4).

Essa é também a explicação do nosso próprio ambiente espiritual. Satanás deve ser humilhado pelo homem, pelo Espírito de Deus que habita no homem, por meio da maravilhosa regeneração, mediante Jesus Cristo.

Então, a humanidade é a cabeça e o propósito dos seis dias da criação. O corpo humano contém os elementos que o conectam à Terra; tem fogo, água e todos os componentes da vida animal; consequentemente, Deus nos mantém aqui. A Terra é o domínio da humanidade e nós estaremos aqui novamente após a cremação terrestre. Futuramente, sem o diabo, sem pecado e sem injustiça. Estaremos aqui, maravilhosamente redimidos neste lugar maravilhoso que Deus tornou muito lindo, e o pecado tem deteriorado, e a própria criação está esperando "...a revelação dos filhos de Deus" (ROMANOS 8:19).

c) O descanso no sábado

O homem não apenas é o principal e o ápice da obra de seis dias, mas o início, e está no limiar do sábado de Deus (GÊNESIS 2:1-3). O coração de Deus está, por assim dizer, absolutamente em descanso agora que Ele criou o homem e a mulher. Apesar do fato da queda e de tudo mais, Deus está absolutamente confiante de que tudo acontecerá da maneira como Ele disse que aconteceria. O diabo riu da esperança divina durante milhares de anos, ridicularizou e desprezou tal esperança, mas Deus não está chateado ou preocupado com a questão final; Ele tem certeza de que a humanidade ferirá a cabeça da serpente. Isso se refere àqueles que nasceram de novo por meio da surpreendente expiação realizada por Jesus Cristo.

2

O HOMEM: SUA CRIAÇÃO, CHAMADO E COMUNHÃO

A criação do homem

1. *O homem criado por Deus: Gênesis 2:4-25*
   a) A imagem de Deus (João 4:24)
   b) A imagem de Deus nos anjos (Gênesis 6:2; Salmo 89:6; Jó 1:6; 38:7)
   c) A imagem de Deus no homem (Gênesis 1:26; Salmo 8:4-5)

2. *O modo da criação do homem — João 1:3*
   a) O corpo do homem (Gênesis 2:7)
   b) A alma do homem (Atos 17:28)
   c) Autoconsciência do homem (Provérbios 20:27; 1 Coríntios 2:11)

Nota: As criações visíveis que circundam o homem não foram criadas à imagem de Deus. Algumas observações serão feitas acerca das aparições de anjos em nosso universo material, assim como as das representações humanas de Deus.

1. O homem criado por Deus

O coração de Deus está, por assim dizer, descansando agora que criou o homem. (VEJA GÊNESIS 2:4-25)

a) A imagem de Deus

"Deus é espírito" (JOÃO 4:24). Esse texto é o topo de montanha que descortina todo o planalto da revelação de Deus em relação a si mesmo.

b) A imagem de Deus nos anjos

"Num dia em que os filhos de Deus vieram apresentar-se perante o SENHOR, veio também Satanás entre eles" (JÓ 1:6 – VEJA TAMBÉM GÊNESIS 6:2; SALMO 89:6; JÓ 38:7). A expressão "filhos de Deus", presente no Antigo Testamento, sempre se refere a anjos, e nós, pelo contexto, devemos descobrir se são anjos caídos ou não. Anjos não têm estrutura física, não são semelhantes a homens e mulheres, e não se manifestam de acordo com a ordem expressa na criação posterior a eles; porém, por serem chamados "filhos de Deus", é clara a inferência de que eles portam a imagem de Deus.

c) A imagem de Deus no homem

"Também disse Deus: Façamos o homem à nossa imagem, conforme a nossa semelhança" (GÊNESIS 1:26 – VEJA TAMBÉM SALMO 8:4-5). Em sua referência primária, a imagem de Deus presente no homem é para a vida íntima e pessoal de cada um. A imagem de Deus presente no indivíduo é primariamente espiritual, mas precisa manifestar-se também em seu corpo. "Fizeste-o, no entanto, por um pouco, menor do que Deus" ou "do que os anjos" (SALMO 8:5 ARA, KJA).

A principal glória e dignidade do homem é ter sido feito "do pó da terra" para manifestar a imagem de Deus em tal substância. Somos inclinados a pensar que ser criados a partir da Terra é a nossa humilhação, mas é exatamente isso que a Palavra de Deus enfatiza. Deus "formou [...] ao homem do pó da terra"

(GÊNESIS 2:7) e a redenção é para o pó da terra, tanto quanto para o espírito humano.

Antes de ser corrompido, o corpo humano deve ter sido radiante de luz. Entendemos isso por dedução: "Abriram-se, então, os olhos de ambos; e, percebendo que estavam nus, coseram folhas de figueira e fizeram cintas para si" (GÊNESIS 3:7). Obviamente, o homem e a mulher estavam nus antes de sua desobediência, e a morte da união deles com Deus foi instantaneamente revelada em seus corpos (trataremos desse ponto no próximo capítulo).

A partir desses fatos revelados no Livro de Deus, as pessoas desenvolveram um raciocínio ao contrário; disseram que, porque homens e mulheres têm corpos, Deus também tem corporalidade. Esse erro teve início séculos atrás e vem sendo continuamente reatualizado. A Bíblia fala, de fato, da "forma" de Deus: "ele, subsistindo em forma de Deus" (FILIPENSES 2:6); porém, o erro surgiu de concluirmos com excessiva rapidez que "forma" significa corpo físico.

No Antigo Testamento, há repetidas alusões ao que é denominado visão *antropomórfica* de Deus; isto é, o Senhor é representado como tendo mãos e membros e aparência de homem, e a partir disso é fácil concluir que Deus tem um corpo semelhante ao de um ser humano. Todas essas imagens de Deus no Antigo Testamento são alusões à encarnação de Cristo. No livro de Isaías, há passagens que revelam afirmações aparentemente conflitantes acerca de Deus. Ele é representado em muitas frases contraditórias; porém, todas essas contradições se fundem neste Ser singular: Jesus Cristo, o último Adão. O grande Deus triúno tem "forma", e o termo usado para descrever essa forma é *glória*.

"E, agora, glorifica-me, ó Pai, contigo mesmo, com a glória que eu tive junto de ti, antes que houvesse mundo" (JOÃO 17:5). A nossa palavra *Trindade* é uma tentativa de transmitir a natureza divina revelada externamente, e glória é o termo bíblico para transmitir a ideia da forma externa desse Ser triúno. (Isso será aludido várias vezes, no decorrer de nossa abordagem em *Psicologia bíblica*, e assim nos familiarizaremos com essa profunda revelação.)

Às vezes, Deus é referido como o Sol, mas nunca é afirmado que o Sol foi criado à imagem de Deus, embora haja, no Livro de Deus, ilustrações sobre Deus relacionadas ao Sol. Porém, em nenhum lugar é declarado que Deus fez o Sol à Sua própria imagem. No registro bíblico, anjos certamente apareceram a indivíduos. A partir dos fatos revelados na Palavra de Deus, podemos deduzir que os anjos têm o poder da vontade de se materializarem e aparecerem às pessoas, quando elas estão em condições subjetivas adequadas. Tanto os anjos bons quanto os maus têm esse poder. Provavelmente, é a isso que Paulo se refere: "porque a nossa luta não é contra o sangue e a carne, e sim contra os principados e potestades, contra os dominadores deste mundo tenebroso, contra as forças espirituais do mal, nas regiões celestes" (EFÉSIOS 6:12).

Essa inferência é um grande indicador no tocante ao espiritualismo. De acordo com a Bíblia, o espiritualismo não é um truque: é um fato. Uma pessoa pode comunicar-se com seres de uma ordem diferente da sua e pode se colocar num estado de subjetividade no qual os anjos podem aparecer.

2. O modo da criação do homem

> *Todas as coisas foram feitas por intermédio dele, e, sem ele, nada do que foi feito se fez* (JOÃO 1:3).

a) O corpo do homem

Deus não criou os seres humanos por decreto; Ele formou o homem e a mulher por Seu próprio e deliberado poder (GÊNESIS 1:26-27.)

Um erro comum é deduzir que a alma foi feita com o corpo; a Bíblia declara que o corpo foi criado antes da alma. O corpo de Adão foi formado por Deus "do pó da terra", o que significa que a humanidade é constituída para ter afinidade com tudo o que há nesta Terra.

Essa não é a desgraça da humanidade, e sim sua própria dignidade. Nós não promovemos nossa vida espiritual a despeito do nosso corpo, e sim em e por meio do nosso corpo.

b) A alma do homem

Depois, lemos que Deus "...lhe soprou nas narinas o fôlego de vida, e o homem passou a ser alma vivente" (GÊNESIS 2:7) — uma natureza vivificada pela alma. Há outro "sopro" mencionado em João 20:22, quando o nosso Senhor ressuscitado soprou sobre os discípulos e declarou: "Recebei o Espírito Santo". Isso não tem o mesmo significado de Gênesis 2:7, onde Deus soprou nas narinas do homem o fôlego de vida, que se tornou o espírito humano, não o Espírito de Deus.

Jesus Cristo soprou em Seus discípulos o Espírito Santo, e o espírito humano foi potencializado pelo Espírito do Filho de Deus. Quando Deus soprou nas narinas de Adão o fôlego de vida, Adão não se tornou um Deus vivo; tornou-se "alma vivente". Consequentemente, nos seres humanos, regenerados ou degenerados, há três aspectos: corpo, alma e espírito.

c) Autoconsciência do homem

A união da personalidade humana — corpo, alma e espírito — pode ser manifestada de diversas maneiras. A Bíblia revela que a sensualidade fará isso (EFÉSIOS 5:5); que a embriaguez o fará (EFÉSIOS 5:18); e que o diabo o fará (LUCAS 11:21). Mas somente o

Espírito Santo fará isso da maneira correta; essa é a única expiação verdadeira. Quando nossa personalidade é santificada, não é o Espírito de Deus que é santificado — é o nosso espírito. "O mesmo Deus da paz vos santifique em tudo; e o vosso espírito, alma e corpo sejam conservados íntegros e irrepreensíveis na vinda de nosso Senhor Jesus Cristo" (1 TESSALONICENSES 5:23).

A ordem de Paulo: "...purifiquemo-nos de toda impureza, tanto da carne como do espírito" (2 CORÍNTIOS 7:1) se refere ao espírito humano. Ao soprar nas narinas de Adão o fôlego de vida, Deus trouxe a sua alma à existência real, que estava potencialmente no corpo, isto é, existindo em possibilidade. A alma de uma pessoa não é seu corpo, nem seu espírito; ela é a criação que mantém unidos seu espírito e seu corpo; é o meio para expressar seu espírito em seu corpo.

Não é verdadeiro afirmar que a alma de uma pessoa molda seu corpo; é o seu espírito que molda o seu corpo, e a alma é o meio que o seu espírito usa para se expressar. É impossível imaginarmos como Adão se parecia quando Deus o criou — seu corpo material pleno de luz espiritual, sua carne à semelhança de Deus, sua alma em absoluta harmonia com o Senhor e seu espírito à imagem de Deus.

Na vida pessoal de alguém que se afastou de Deus, sua alma e seu espírito gravitam cada vez mais em direção ao pó da terra, à vida bruta de um lado e à vida satânica do outro. A maravilhosa revelação é que, em Jesus Cristo e por meio dele, a personalidade — em seus três aspectos: corpo, alma e espírito — é santificada e preservada sem culpa nesta dispensação; e, na dispensação vindoura, corpo, alma e espírito serão imbuídos da glória de Deus.

Sempre que um santo do Antigo Testamento conseguia cumprir perfeitamente a vontade de Deus, a Terra parecia perder seu domínio sobre ele — por exemplo: Enoque e Elias.

Uma vez mais, por que Jesus Cristo não voltou diretamente do monte da Transfiguração para o Céu? Ele tinha o pleno esplendor de Sua glória pré-encarnada; porém, "se esvaziou" (FILIPENSES 2:7) novamente da glória de Deus e desceu do monte à humilhação que enfrentou na Cruz. Quando Jesus Cristo voltar, aqueles que forem salvos e santificados serão "transformados [...] num abrir e fechar de olhos" (1 CORÍNTIOS 15:51-52); toda desarmonia cessará e uma nova ordem terá início.

O que significa glorificação? Nunca se fala de Adão como sendo glorificado nas primeiras décadas da criação. A glorificação é Cristo entronizado em plenitude de poder consumador, quando, havendo sujeitado todas as coisas a si, retorna à absoluta deidade como "no princípio", antes de haver qualquer criação (1 CORÍNTIOS 15:28). O nosso vocabulário não será capaz de descrever isso.

Resumindo: Deus fez o homem à Sua própria imagem e soprou em suas narinas o fôlego de vida, e o ser humano tornou-se não um Deus vivo, e sim um ser vivente, uma natureza vivificada pela alma. Assim, toda a sua compleição corporal, todo corpúsculo de sangue, todo nervo, todo tendão constituíram o templo que podia manifestar harmonia com Deus — manifestar a imagem de Deus na forma humana por meio da fé e do amor. Os anjos só podem manifestar a imagem de Deus em espíritos incorpóreos; somente um ser pode manifestar Deus nesta Terra, e esse é o ser humano. Satanás atrapalhou o propósito de Deus e deu sua risada diabólica contra o Senhor, mas a Bíblia diz que Deus rirá por último. "O Senhor se rirá dele, pois vê que vem chegando o seu dia" (SALMO 37:13 ARC).

3

O HOMEM: SUA CRIAÇÃO, CHAMADO E COMUNHÃO

A ruína do homem

1. *A anarquia primitiva — Gênesis 3; Romanos 5:12*
   a) A serpente (Gênesis 3:1)
   b) A serpente e Eva (2 Coríntios 11:3)
   c) A serpente, Eva e Adão (1 Timóteo 2:14)
   O pecado original — Vivendo sem Deus

2. *A anarquia pré-adâmica — Ezequiel 28:12-15*
   a) Pretensões satânicas (veja Mateus 4:8; 2 Coríntios 4:4)
   b) Perversões satânicas (Gênesis 3:5; veja Jó 1:9)
   c) Perigos satânicos (Mateus 16:23; 2 Tessalonicenses 2:9; Judas 6)
   A origem do pecado — O destronamento de Deus

3. *Os anarquistas punidos — Gênesis 3:23-24*
   a) Destituição e morte (Gênesis 2:17)
   b) Separação da deidade (Gênesis 3:8,13)
   c) Declaração divina (Gênesis 3:15)
   A origem da salvação — O ousado caminho de volta a Deus

Agora, chegamos à declaração reveladora de como o pecado foi introduzido neste mundo.

1. A anarquia primitiva

a) A serpente

"Mas a serpente, mais sagaz que todos os animais selváticos que o Senhor Deus tinha feito..." (GÊNESIS 3:1). Essa criatura era, evidentemente, uma bela criação; devemos ter cuidado para não imaginar que ela era, desde o início, como ficou após ser amaldiçoada. Após a queda, Deus amaldiçoou essa bela criatura transformando-a na serpente, para alimentar-se de pó e rastejar. A serpente no âmbito físico é uma imagem de Satanás no domínio espiritual. Em nosso universo material, encontraremos muitas coisas que retratam realidades espirituais (esta linha de pensamento pertence à *Filosofia bíblica*[2], sendo por isso mencionada somente de passagem).

b) A serpente e Eva

"Mas receio que, assim como a serpente enganou a Eva com a sua astúcia, assim também seja corrompida a vossa mente e se aparte da simplicidade e pureza devidas a Cristo" (2 CORÍNTIOS 11:3). Por que Satanás se manifestou por meio da serpente e a Eva? Por que não foi diretamente a Adão?

Pensando em como o homem e a mulher foram inicialmente criados, é extremamente difícil, especialmente hoje em dia, apresentar o assunto sem introduzir ideias pequenas, mesquinhas e de má reputação referentes às distinções entre homem e mulher. Em Adão e Eva, estamos lidando com criações primárias de Deus.

---

[2] Sobre essa temática, ver também a obra de três volumes em um, de Oswald Chambers, *Biblical Ethics / The Moral Foundations of Life / The Philosophy of Sin: Ethical Principles of the Christian Life* (Discovery House Publishers, 1998).

Adão foi criado imediatamente pela mão de Deus; Eva foi criada mediatamente. Eva representa o lado da alma, o lado psíquico, da criação humana; todas as suas afeições e afinidades estavam voltadas às outras criações de Deus ao seu redor. Adão representa o lado espiritual, o lado soberano, voltado para Deus.

Adão e Eva juntos são a semelhança de Deus — "…disse Deus: Façamos o homem à nossa imagem [...] homem e mulher os criou" (GÊNESIS 1:26-27). A revelação feita aqui não é que a mulher é inferior ao homem, e sim que ela se relaciona de maneira muito diferente com todas as coisas. Ambos, homem e mulher, são necessários para a criação completa de Deus, referida pelo termo genérico Homem.

c) A serpente, Eva e Adão

"Adão não foi iludido, mas a mulher, sendo enganada, caiu em transgressão" (1 TIMÓTEO 2:14). Possuidora dessa afinidade e simpatia pelas outras criações ao seu redor, Eva ouviria naturalmente, com mais interesse, sem malícia, as sugestões que vieram da astuta criatura que falou a ela. A Bíblia diz que Eva foi enganada, não Adão; logo, consequentemente, Adão é muito mais responsável do que Eva, visto que pecou deliberadamente.

No coração de Eva, não houve intenção consciente de desobedecer: ela foi enganada pela astuta sabedoria de Satanás, por intermédio da serpente. Adão, porém, não foi enganado: ele pecou com deliberado entendimento do que estava fazendo. Por isso, a Bíblia associa "pecado" a Adão: "Portanto, assim como por um só homem entrou o pecado no mundo…" (ROMANOS 5:12) e "transgressão" a Eva: "Adão não foi iludido, mas a mulher, sendo enganada, caiu em transgressão" (1 TIMÓTEO 2:14).

Nessa conexão, é importante observar que a Bíblia revela que o nosso Redentor entrou no mundo por intermédio da mulher. O homem, como homem, não teve parte alguma na redenção do mundo;

foi "a semente da mulher". Na teologia protestante e na perspectiva protestante, sofremos muito com a nossa oposição à Igreja Católica Romana referente à intensa antipatia pela mariolatria e perdemos o significado do lado feminino da revelação de Deus.

Tudo que entendemos por feminilidade e masculinidade, tudo que entendemos por paternidade e maternidade, é abrangido no termo *El Shaddai* (DEUS TODO-PODEROSO, GÊNESIS 17:1) — essa é uma mera alusão a uma linha de pensamento que não pode ser abordada aqui.

Uma distinção pode ser feita legitimamente entre transgressão e pecado (MATEUS 6:12-15). A transgressão é quase sempre um ato inconsciente; não há determinação consciente de fazer o mal. O pecado nunca é um ato inconsciente; no tocante à culpabilidade, ele é sempre uma determinação consciente. Adão foi o introdutor do pecado no mundo (ROMANOS 5:12). O pecado original é viver sem Deus.

Uma característica perceptível na conduta de Adão e Eva é que, quando Deus os expulsou do Éden, eles não se rebelaram. A característica do pecado nos seres humanos é medo e vergonha. O pecado no ser humano é viver sem Deus, mas não é rebelar-se contra o Senhor, em seus primeiros estágios.

2. A anarquia pré-adâmica

a) Pretensões satânicas

As pretensões de Satanás são claras. Ele é o deus deste mundo e não permitirá um relacionamento com o verdadeiro Deus. A atitude de Satanás é a de um pretendente ao trono — ele o reivindica como seu direito. Pelos lugares e nos momentos em que o governo de Deus é reconhecido por pessoas, Satanás passa a insinuar a tendência de motim, rebelião e anarquia.

b) Perversões satânicas

Satanás sempre perverte o que Deus diz. Gênesis 3:5 é um dos fatos da revelação referente a Satanás: "Porque Deus sabe que no dia em que dele comerdes se vos abrirão os olhos e, como Deus, sereis conhecedores do bem e do mal". Lembre-se: as características da comunhão humana com o Senhor são a fé em Deus e o amor por Ele. Essa união foi a primeira coisa que Satanás danificou em Adão e Eva, e o fez pervertendo o que Deus havia dito.

No caso de Jó, Satanás tentou perverter a ideia de Deus sobre a humanidade. Essa é uma surpreendente revelação do poder satânico! Ele se apresenta, com os filhos de Deus, na presença divina, tentando corromper a mente de Deus acerca de Jó. Nós poderíamos aplicar pessoalmente (não exegeticamente) esta declaração de Isaías: "Não esmagará a cana quebrada, nem apagará a torcida que fumega…" (42:3).

Satanás é denominado "o acusador de nossos irmãos" (APOCALIPSE 12:10); ele não apenas calunia Deus junto a nós, como também nos acusa diante do Senhor. É como se ele olhasse para baixo, selecionasse um punhado de pessoas e insinuasse a Deus: "Ora, aquela mulher é uma total vergonha para ti; ela tem apenas uma centelha de graça entre todas as fibras de sua vida; aconselho-te a apagar aquela faísca". Qual é a revelação? "Ele provocará as chamas".

Ou ele aponta uma pessoa e diz: "Aquela pessoa é uma vergonha para ti; ela é uma 'cana quebrada'; eu me pergunto se tu depositas nela qualquer esperança; ela é um obstáculo e um aborrecimento para ti; aniquila-a!". Mas não, o Senhor a restaurará e fará dela um maravilhoso instrumento. Os juncos velhos eram usados para fazer instrumentos musicais maravilhosos; logo, em vez de destruir a vida que está ferida e errada, Deus a cura e extrai dela uma doce melodia.

Na revelação de Gênesis 3, Satanás insinua que Deus é ciumento: "Deus sabe que, se você o desobedecer, você se tornará como Deus". Satanás distorceu a afirmação de Deus. Ele não repetiu o que o Senhor Deus havia falado — era sagaz demais para isso; mas perguntou: "É assim que Deus disse...?", sugerindo: "Você não sabe o que Deus quis dizer, mas eu sei; Ele quer dizer que, se você o desobedecer e comer da árvore, você se tornará como Ele é".

Eu não penso que Eva aceitou essa sugestão a respeito de Deus, pois, se você observar, as palavras de Satanás a afetaram como um engano inconsciente; tudo que ela viu foi que o fruto era "agradável aos olhos". Nosso discernimento do que Eva fez nos é concedido pelo Espírito de Deus. Nós não ignoramos os desígnios de Satanás (2 CORÍNTIOS 2:11). A pretensão de Satanás é que ele é igual a Deus. Sua perversão é dupla: ele tenta distorcer o que Deus nos diz e perverter o que Deus pensa de nós.

c) Perigos satânicos

"E a anjos, os que não guardaram o seu estado original, mas abandonaram o seu próprio domicílio, ele tem guardado sob trevas, em algemas eternas, para o juízo do grande Dia" (JUDAS 1:6). O que são perigos satânicos? Eles surgem diretamente daquilo que nos compõe e, em Mateus 16:22-23, chegamos ao lugar onde vivemos. Você já percebeu a notável identificação feita por Jesus Cristo nessa passagem? Quando Pedro disse: "Tem compaixão de ti, Senhor", qual foi a resposta do nosso Senhor? "Arreda, Satanás!" Com isso, Jesus disse a Pedro que o que ele havia dito pertencia à inclinação maligna da humanidade, que o Senhor identifica com Satanás.

Cuidado com os perigos satânicos quando eles são considerados tendências meramente naturais! Lembre-se de que Satanás é um ser desprezível, capaz de nos enganar à direita e à esquerda.

O início de seus enganos começa pela autopiedade. A autopiedade, a presunção e a autocomiseração nos farão aceitar calúnias contra Deus. Os perigos satânicos surgem da inclinação maligna que foi introduzida na raça humana, e essa inclinação maligna se mostra na autopiedade e autocomiseração.

Cuidado para não caluniar o "velho homem", como é frequente; quero dizer, cuidado para não fazer o velho homem parecer feio. Ele só parece feio ao Espírito Santo. O velho homem — a inclinação que me conecta ao corpo alegórico do pecado, é algo altamente desejável, enquanto eu não sou vivificado pelo Espírito de Deus e nascido do alto. O velho homem me faz ponderar os meus direitos, faz-me cuidar de mim mesmo e considerar o que é bom para mim. "Vós sois os que vos justificais a vós mesmos diante dos homens, mas Deus conhece o vosso coração; pois aquilo que é elevado entre homens é abominação diante de Deus" (LUCAS 16:15).

"Então, será [...] revelado o iníquo [...] o aparecimento do iníquo é segundo a eficácia de Satanás, com todo poder, e sinais, e prodígios da mentira" (2 TESSALONICENSES 2:8-9). Esses versículos revelam outro perigo: o fato de haver tremendas e terríveis manifestações exteriores de Satanás. Atualmente, o curioso é que as pessoas estão muito atentas a essas manifestações do poder satânico, enquanto permitem a existência de outros perigos satânicos, como o espiritualismo.

Uma vez alterada a disposição, jamais seremos iludidos por qualquer dos poderes satânicos que se manifestam no mundo exterior.

O grande perigo é o interior, que as pessoas nunca consideram um perigo. Meu direito a mim mesmo, autocomiseração, presunção, consideração por meu progresso, minha maneira de ver as coisas — esses são os perigos satânicos que nos manterão em perfeita solicitude com Satanás. A anarquia satânica é uma oposição consciente e determinada a Deus. Onde quer que o governo de Deus seja conhecido, Satanás se colocará ao lado e se oporá a ele.

O pecado de Satanás está no topo de todos os pecados; o pecado das pessoas está na base de todos os pecados, e há toda a diferença no mundo entre eles. O pecado de Satanás é uma rebelião consciente, enfática e imortal contra Deus; ele não tem temor, nem veneração, nem respeito ao governo de Deus. Sempre que a lei de Deus for declarada, basta isso, Satanás a descumprirá e todo o seu propósito é levar as pessoas a fazerem o mesmo. A anarquia satânica é algo tremendo e consciente.

Satanás nunca é representado na Bíblia como culpado de fazer *coisas* malignas: ele é um *ser* maligno. As pessoas são responsáveis por fazer coisas malignas, e as fazem devido à sua inclinação maligna. A astúcia moral de nossa natureza nos faz culpar Satanás quando sabemos perfeitamente bem que deveríamos culpar a nós mesmos; a verdadeira culpa pelos pecados está na inclinação maligna que existe em nós. Muito provavelmente, Satanás fica tão perturbado, quanto o Espírito Santo quando as pessoas caem em pecado exterior, mas por um motivo diferente. Quando as pessoas cometem pecados exteriores que perturbam a vida delas, Satanás sabe perfeitamente bem que elas desejarão outro Governante, um Salvador e Libertador. Assim, enquanto Satanás conseguir manter as pessoas em paz, unidade e harmonia, longe de Deus, ele o fará (VEJA LUCAS 11:21-22).

Lembre-se, portanto, de que o pecado de Satanás é destronar a Deus.

3. Os anarquistas punidos

No capítulo 2, vimos como Deus puniu Satanás; Ele reservou para ele o que é revelado como o inferno eterno. Agora, chegamos à punição de Adão e Eva.

"O SENHOR Deus, por isso, o lançou fora do jardim do Éden, a fim de lavrar a terra de que fora tomado. E, expulso o homem..." (GÊNESIS 3:23-24). Para nós, é um fato familiar a revelação de Adão e Eva não terem se rebelado. Eles não lutaram contra Deus — simplesmente saíram do jardim cobertos de medo e vergonha. Satanás foi o originador do pecado; não Adão. Com seus olhos abertos, Adão aceitou a maneira como Eva havia sido enganada e pecado — e, imediatamente, aconteceu algo extraordinário: [eles perceberam] "...que estavam nus..." (GÊNESIS 3:7).

a) Destituição e morte

Há evidências mais que suficientes para indicar que, quando o espírito, a alma e o corpo de Adão foram unidos em perfeita fé e amor a Deus, a alma dele foi o meio pelo qual a maravilhosa vida do Espírito de Deus foi trazida. A própria imagem de Deus foi introduzida ao seu corpo material e revestida de um inconcebível esplendor de luz, até que a pessoa toda fosse à semelhança de Deus.

No momento em que o homem desobedeceu, a conexão com Deus foi cortada e, corpo, alma e espírito, despencaram para a morte naquele instante. O fato de nos dissolvermos em pó, após alguns anos, nada mais é do que a morte visível. Não inclua, de forma alguma, a ideia do tempo. A morte aconteceu instantaneamente no espírito, na alma e no corpo, espiritual e psiquicamente. O elo com a deidade se fora, e o espírito, a alma e o corpo humanos caíram na morte desintegradora. "Quando ouviram a voz do SENHOR Deus, que andava no jardim..." (GÊNESIS 3:8), ficaram apavorados e se esconderam.

O termo *morte* significa que o corpo se desfaz em pó, a alma desaparece e o espírito volta para Deus, que o deu (VEJA ECLESIASTES 12:7). O Espírito é a parte imortal do ser humano. O espírito de uma pessoa não é absorvido por Deus, e sim volta para Deus, que soprou em suas narinas o fôlego de vida, com as características que desenvolveu, para julgamento ou louvor de Deus.

Deus expulsou os seres humanos do jardim do Éden para a destituição. Porém, ao expulsá-los, colocou-os no caminho de se tornarem seres infinitamente mais grandiosos e mais nobres do que até mesmo Adão era no início. Toda a Bíblia, de Gênesis ao Apocalipse, em vez de ser uma imagem de desespero, é exatamente o oposto. O pior é sempre melhorado pelo Senhor. Deus, por assim dizer, tirou Sua mão da humanidade e permitiu Satanás fazer o pior que o gênio espiritual diabólico pudesse fazer.

Satanás sabia o que aconteceria; ele sabia que Deus teria de punir a humanidade, e Deus puniu, mas com a perfeita certeza de que o ser que sairia da provação da queda seria maior do que o primeiro Adão. Adão e Eva saíram do jardim cobertos de medo e vergonha.

No Novo Testamento, as características da inclinação maligna são medo e incredulidade; o que a expiação faz? Ela retira o medo e a incredulidade e nos leva de volta ao relacionamento de fé e amor para com Deus: "…a fé e o amor que há em Cristo Jesus" (1 TIMÓTEO 1:14).

Regeneração significa que o Espírito Santo iça uma pessoa do buraco em que se encontra — por pecado e morte — e a conduz para um reino totalmente novo e, por intuições e impulsos repentinos, a nova vida é capaz de elevar a alma e o corpo. A alma precisa obedecer à união com Deus fornecida pela nova vida; caso contrário, poderá acabar caindo. O novo nascimento nos levará ao lugar onde espírito, alma e corpo são identificados com Cristo, santificados aqui e agora, e preservados nessa condição, não por intuições agora, não por impulsos repentinos e obras maravilhosas da nova vida interior, e sim por uma integridade moral superior consciente, totalmente transfigurada por nossa união com Deus por meio da expiação realizada por Jesus.

b) Separação da deidade

Quando Adão pecou, sua união com Deus foi cortada, Deus o expulsou do Éden e guardou o caminho para a árvore da vida, ou seja, Deus impediu Adão de voltar a ela como um ser caído. Se Adão tivesse voltado para a árvore da vida como um ser caído, teria se tornado um diabo encarnado, e Deus teria ficado definitivamente frustrado com a humanidade. Porém, quando Adão foi expulso, Deus colocou querubins e uma espada reluzente para proteger o caminho da árvore da vida. Se Adão houvesse se tornado um diabo encarnado, teria sucedido, nesta Terra, a mesma destruição que ocorrera quando anjos se rebelaram. Todavia, Adão não pecou como Satanás pecou. Adão estava coberto de medo e vergonha, e a luz que brilhava em todo o seu corpo físico se apagou em decorrência do pecado.

Jesus Cristo transformará o "nosso corpo de humilhação" e o conformará "ao corpo da sua glória" (FILIPENSES 3:21); o resultado não será apenas uma inocência intuitiva, e sim uma santidade masculina e feminina consciente. *Santidade* é a expressão da nova inclinação que Deus nos concedeu, sustentada contra todas as probabilidades. A santidade é militante. Satanás é continuamente opressor e intenso, mas a santidade se mantém. Ela é moralidade em chamas e transfigurada à semelhança de Deus. Santidade não é apenas o que Deus me concede, mas o que eu manifesto do que Deus tem me dado.

Eu manifesto essa resplandecente santidade por meio da minha reação contra o pecado, o mundo e o diabo. Onde quer que estejam no mundo, os santos de Deus são protegidos por uma muralha de fogo que eles não veem, mas Satanás vê. "O Maligno não lhe toca" (1 JOÃO 5:18). Satanás tem que pedir e implorar por permissão; quanto a Deus lhe conceder permissão tem a ver com a soberania de Deus, e não nos cabe entender. Tudo que sabemos é que Jesus Cristo nos ensinou a orar: "não nos deixes cair em tentação..." (MATEUS 6:13).

c) Declaração divina

Adão foi destituído e, assim, separado da divindade; Deus desapareceu dele e ele desapareceu de Deus. Conforme mencionado anteriormente, três uniões falsas são possíveis na experiência de uma pessoa — sensualidade, embriaguez e o diabo —, por meio das quais o espírito, a alma e o corpo de uma pessoa são harmonizados e ela fica em plena paz, muito feliz, sem sensação de morte. Um indivíduo bêbado não tem autoconsciência, está perfeitamente liberto de todas as coisas que se desintegram e perturbam. A sensualidade e Satanás farão o mesmo; porém, cada uma dessas ligações só é possível durante algum tempo. Quando Satanás governa, a alma das pessoas está em paz; elas não ficam perturbadas ou incomodadas como as outras, e sim muito felizes e em paz.

Há somente uma expiação correta, que é em Jesus Cristo; somente uma união correta, que é quando corpo, alma e espírito são unidos a Deus, pelo Espírito Santo, por meio da maravilhosa expiação efetuada pelo Senhor Jesus Cristo. A origem da salvação é um ousado caminho de volta a Deus.

De que maneira Jesus Cristo voltou para Deus? Através de cada investida de Satanás. Por conta da força absoluta da tremenda integridade de Sua encarnação, Jesus Cristo abriu um caminho direto — por meio do pecado, da morte e do inferno — de volta para Deus, sendo mais do que vencedor em tudo.

Como nos capítulos 1 e 2, aqui estamos lidando mais propriamente com Teologia do que com Psicologia. São esses fatos teológicos fundamentais que precisam salvaguardar os nossos estudos psicológicos.

4

O HOMEM: SUA CRIAÇÃO, CHAMADO E COMUNHÃO
O reajuste pela redenção

1. *Encarnação: o Verbo se fez carne — João 1:14*

    Deus-homem
    a) A autoentrega da Trindade (Marcos 13:32; João 17:5; Efésios 4:10)
    b) A identidade com a Trindade (Mateus 11:27; João 14:9)
    c) A autossuficiência da Trindade (Provérbios 8:22-32)

2. *Identificação: o Filho tornado pecado — 2 Coríntios 5:20-21*

    Deus e o homem
    a) O dia de Sua morte (Mateus 16:21; Marcos 9:31; Romanos 6:3)
    b) O dia de Sua ressurreição (Romanos 6:5; Filipenses 3:10)
    c) O dia de Sua ascensão (Mateus 28:18; 2 Coríntios 5:16)

3. *Invasão: o pecador tornado santo — Gálatas 2:20*

    Deus no homem
    a) O novo homem (2 Coríntios 5:17)
    b) As novas maneiras (Efésios 4:22-32)
    c) A nova humanidade (Efésios 4:13; 2 Pedro 3:13)

1. Encarnação: o Verbo se fez carne

E o Verbo se fez carne e habitou entre nós... (JOÃO 1:14)

A palavra *Trindade* não é uma palavra bíblica. Nas Escrituras, repetidamente, o Deus triúno é revelado, de modo que a ideia de Trindade transmitida é perfeitamente bíblica. As seguintes distinções existiram desde toda a eternidade: a Essência da divindade (esse), habitualmente conhecida como Deus Pai; a Existência da divindade *(existere)*, frequentemente conhecida como Deus Filho; o Procedimento da divindade *(procedere)*, comumente conhecido como Deus Espírito Santo.

Algo contra o qual temos de nos proteger é o ensino de que Deus se encarnou para se realizar; essa é uma declaração antibíblica. Ele era autossuficiente antes de o Filho se tornar humano. O que é conhecido como Nova Teologia[3] surge desse erro fundamental — que Deus teve de criar algo para realizar-se; em seguida, somos informados de que somos essenciais para a existência de Deus — de que, sem nós, Deus não existe. Se começamos com essa teoria, tudo que se chama Nova Teologia segue facilmente. A Bíblia nada tem a ver com tais concepções.

A Criação e a Encarnação são as emanações da transbordante vida da divindade. Outro aspecto da Nova Teologia é que Deus é tudo; a Bíblia revela que Deus não é tudo. A Bíblia afirma claramente que o nosso universo é *pluralista*, não *monista*; isso significa que há outras forças em ação além de Deus, que são a humanidade e o diabo. Esses não são Deus e nunca serão. A humanidade deve voltar para Deus e estar em harmonia com Ele, por meio de Jesus Cristo; o diabo estará em eterna inimizade com Deus.

---

[3] Movimento de afastamento do pensamento teológico ortodoxo ou fundamentalista, originado no final do século 19 e que visava reconciliar os conceitos e descobertas modernas na ciência e na filosofia com a teologia.

Em Filipenses 2:6, a "forma" de Deus é mencionada. Qual é a forma de Deus? No capítulo 2, descobrimos que as pessoas raciocinaram que, devido ao ser humano haver sido feito à imagem de Deus, Ele tem um corpo. Afirmamos que isso não significava que Deus tenha uma forma corpórea e que, sempre que membros do corpo são mencionados em relação a Deus, a referência é à Encarnação. A divindade tinha uma forma originalmente, e essa forma é melhor representada pelo termo *glória*.

A Bíblia revela que a divindade era absolutamente autossuficiente. Deus não precisava estar encarnado para se autorrealizar, nem a criação era necessária para capacitar Deus a ser consciente de si. Jesus Cristo não é um ser metade Deus e metade humano. Quando George Eliot traduziu [para o inglês] o livro *Vida de Jesus*[4], de David Strauss, essa impossibilidade [Deus-homem] para a razão humana se apresentou à sua mente e foi nesse sentido que naufragou a sua fé.

a) A autoentrega da Trindade

A Bíblia revela que Jesus Cristo é Deus-homem, isto é, Deus Encarnado, a divindade existente em carne e sangue. A Encarnação faz parte da autoentrega da Trindade. Veja esta declaração a respeito: "…e, agora, glorifica-me, ó Pai, contigo mesmo, com a glória que eu tive junto de ti, antes que houvesse mundo" (JOÃO 17:5). Jesus Cristo não foi um Ser que se tornou divino; Ele era a divindade encarnada, a Palavra tornada fraca. Jesus Cristo alude enfaticamente às Suas próprias limitações e Paulo diz que o Senhor "se esvaziou", ou seja, da forma de Deus,

---

[4] David Friedrich Strauss (1808–74), teólogo e autor alemão, na citada obra, centra-se na crítica e exame da vida de Jesus no Novo Testamento. Strauss rejeitou a ideia de milagres na Bíblia e negou a divindade de Jesus, classificando-a como um mito.

"...assumindo a forma de servo, tornando-se em semelhança de homens..." (FILIPENSES 2:7).

Em Marcos 13:32, vemos outra indicação das limitações do nosso Senhor: "Mas a respeito daquele dia ou da hora ninguém sabe; nem os anjos no céu, nem o Filho, senão o Pai". Estou ciente do perigo de tentar esboçar a autoconsciência de Jesus; não somos capazes de fazer isso. Temos de nos lembrar do que as Escrituras dizem a respeito dele: que Jesus era a divindade encarnada e se esvaziou de Sua glória ao tornar-se encarnado. Na redenção, não era Deus Filho pagando um preço a Deus Pai: era Deus Pai, Deus Filho e Deus Espírito Santo entregando esse Ser maravilhoso, o Senhor Jesus Cristo, para um propósito definido. Jamais separe a encarnação da expiação. A encarnação aconteceu por causa da expiação. Ao tratar da encarnação, estamos lidando com um fato revelador, não com uma especulação.

Encontramos, na epístola aos Hebreus, outra alusão às limitações de Jesus por meio de Sua encarnação. Dizer que Jesus Cristo não poderia ser tentado contradiz terminantemente a Palavra de Deus: "...antes, foi ele tentado em todas as coisas, à nossa semelhança, mas sem pecado" (HEBREUS 4:15).

b) A identidade com a Trindade

"Tudo me foi entregue por meu Pai. Ninguém conhece o Filho, senão o Pai; e ninguém conhece o Pai, senão o Filho e aquele a quem o Filho o quiser revelar" (MATEUS 11:27). Jesus diz, de fato: "Eu sou o único meio para revelar o Pai; vocês não podem conhecer o Pai por meio da natureza, do amor dos seus amigos ou de qualquer outra maneira senão por meu intermédio".

Some ao versículo acima estas palavras do nosso Senhor: "Eu sou o caminho, e a verdade, e a vida; ninguém vem ao Pai senão por mim. [...] Quem me vê a mim vê o Pai; como dizes tu:

Mostra-nos o Pai?" (JOÃO 14:6,9). Aqui Ele faz a mesma declaração. Ninguém sabe coisa alguma acerca do Pai a menos que aceite a revelação que Jesus faz dele. Essas afirmações são repetidas várias vezes. Se examinarmos atentamente os ensinamentos de nosso Senhor, descobriremos que Ele faz com que o destino do homem dependa do seu relacionamento com o Pai.

c) A autossuficiência da Trindade

Lido à luz da encarnação, Provérbios 8:22-32 é surpreendente. A palavra usada por Salomão para "sabedoria" é equivalente à palavra *logos*, usada em João 1; ela significa a Palavra de Deus expressando o Seu pensamento. A Trindade era autossuficiente; a encarnação não aconteceu para a realização de Deus, e sim para atender outra finalidade totalmente diferente. O pensamento é exatamente o oposto: em vez de as pessoas serem necessárias para complementar Deus, a fim de que Ele se realizasse, a encarnação foi para que as pessoas pudessem compreender Deus e se ajustar a Ele. Todo o propósito da encarnação é a redenção; isto é: superar os desastres da queda e produzir um ser mais nobre do que o Adão original. No ápice de tudo, o Filho retoma a Sua posição original na Trindade; o Filho entrega tudo ao Pai, e a Trindade se resolve novamente assim, nessa Deidade autossuficiente absoluta (VEJA 1 CORÍNTIOS 15:28).

2. Identificação: o Filho tornado pecado

> *Em nome de Cristo, pois, rogamos que vos reconcilieis com Deus. Aquele que não conheceu pecado, ele o fez pecado por nós; para que, nele, fôssemos feitos justiça de Deus* (2 CORÍNTIOS 5:20-21).

Esses versículos revelam a razão de Deus encarnar, o porquê do Verbo tornar-se enfraquecido, o motivo de o *Logos* se tornar possuidor de uma estrutura humana debilitada: para que o Filho pudesse ser identificado com o pecado. A revelação não é que Jesus Cristo foi punido por nossos pecados; esse é um aspecto um pouco menor. A afirmação contida no versículo 21 é surpreendente: *Ele foi feito pecado por nós*. Jesus Cristo identificou-se não apenas com a inclinação ao pecado, mas com o próprio corpo do pecado. Aquele que não tinha pecado, nenhuma ligação em si mesmo com o corpo do pecado, tornou-se identificado com o pecado; Deus fez Aquele que não conhecia o pecado ser pecado (2 CORÍNTIOS 5:21).

Dificilmente a linguagem pode suportar a pressão aplicada a ela; mesmo assim, pode transmitir o pensamento de que Jesus Cristo passou diretamente pela identificação com o pecado para que todo homem e mulher, na Terra, pudesse ser liberto do pecado por meio da expiação. Ele passou pelas profundezas da condenação, pelos maiores abismos da morte e do inferno, e saiu mais do que vencedor. Consequentemente, toda e qualquer pessoa que deseje ser identificada com Jesus Cristo descobrirá que está livre da inclinação do pecado, liberta da ligação com o corpo do pecado, e que também pode sair mais do que vencedora pelo que Ele fez.

a) O dia de Sua morte

> *[Jesus] ensinava os seus discípulos e lhes dizia: O Filho do Homem será entregue nas mãos dos homens, e o matarão; mas, três dias depois da sua morte, ressuscitará* (MARCOS 9:31 VEJA TAMBÉM MATEUS 16:21; ROMANOS 6:3).

Aqui, *dia* significa o período coberto pela vida de nosso Senhor na Terra. Por que Ele nasceu como um bebê e em tais condições que os impérios mais poderosos do mundo simplesmente não foram capazes de detectar a Sua existência? Por que Ele viveu aqueles

30 anos em Nazaré e depois três anos de popularidade, escândalo e ódio; e por que Ele disse que veio com o propósito de entregar a Sua vida? O nosso Senhor jamais apresentou Sua morte como a de um mártir. Ele disse: "Tenho autoridade para a entregar [minha vida] e também para reavê-la" (JOÃO 10:18). Ele entregou a Sua vida pelo grandioso propósito que havia por trás, na mente de Deus.

A única maneira de conseguirmos explicar Jesus Cristo é a maneira como Ele se explica — e Ele nunca se explica. Por que Jesus Cristo viveu e morreu? As Escrituras revelam que Ele viveu, morreu e ressuscitou para que pudéssemos ser reajustados à divindade — para que pudéssemos ser libertos do pecado e levados de volta ao benevolente relacionamento com Deus.

Se ensinarmos que Jesus Cristo não é capaz libertar do pecado, terminaremos em nada menos do que blasfêmia. Apresente essa linha de pensamento diante do Senhor, diga-lhe que a expiação dele não é capaz de nos livrar do pecado, podendo apenas nos dar uma expectativa divina, e logo o perigo e a falta de embasamento bíblico surgirão disso.

A Bíblia revela que Jesus Cristo se identificou com o pecado "...para que, nele, fôssemos feitos justiça de Deus" (2 CORÍNTIOS 5:21). O perdão é algo tremendo por nossa perspectiva, mas não é todo o significado experimental da expiação por nós. Nós podemos nos tornar assim identificados com Jesus Cristo até sabermos que "...foi crucificado com ele o nosso velho homem" (ROMANOS 6:6), isto é: que a nossa ligação com o corpo do pecado foi cortada e podemos nos tornar "nele, [...] justiça de Deus" (2 CORÍNTIOS 5:21). Isso significa que estamos reajustados a Deus e livres para cumprir todos os Seus mandamentos.

b) O dia de Sua ressurreição

"Porque, se fomos unidos com ele na semelhança da sua morte, certamente, o seremos também na semelhança da sua ressurreição" (ROMANOS 6:5; VEJA TAMBÉM FILIPENSES 3:10). Por Sua ressurreição, Jesus Cristo tem o poder de nos transmitir o Espírito Santo, o que significa uma vida totalmente nova. O Espírito Santo é a Deidade com o poder subsequente que aplica à nossa experiência a expiação do Filho de Deus. Jesus Cristo deu toda a ênfase à vinda do Espírito Santo: "quando vier, porém, o Espírito da verdade, ele vos guiará a toda a verdade" (JOÃO 16:13), e Ele "...vos fará lembrar de tudo o que vos tenho dito" (JOÃO 14:26). Ele não apenas estará *com* você, mas "estará *em* você".

Ouvimos, aqui e ali, que esta é a era do Espírito Santo. Graças a Deus por ser, pois o Espírito Santo está com todos os homens e mulheres que creem e confessam Jesus como salvador, para que possam recebê-lo. Assim como Deus, o Pai, foi rejeitado e desprezado na dispensação do Antigo Testamento, e Jesus Cristo, o Filho, foi desdenhado e rejeitado na Sua dispensação, assim também Deus Espírito Santo é menosprezado (assim como lisonjeado) nesta dispensação. Ele não recebe o Seu direito. Nós o louvamos e dizemos que confiamos no Seu poder, mas a questão de receber o Espírito Santo para que Ele torne real em nós tudo que Jesus Cristo fez por nós é uma experiência rara.

Assim que adentrar como vida e luz, o Espírito Santo percorrerá conosco todas as vias de nossa mente; a Sua luz penetrará em todo recôndito de nosso coração; Ele embutirá Sua luz em toda afeição de nossa alma e nos fará saber o que é o pecado. O Espírito Santo convence do pecado; a humanidade não. O Espírito Santo é aquele Espírito maravilhoso que manteve o nosso Senhor quando Ele estava encarnado — espírito, alma e corpo — em perfeita harmonia com a Deidade absoluta.

Ao dizer "...não tendes vida em vós mesmos" (JOÃO 6:53), Jesus significou a vida que Ele vivia; e nós não podemos ter essa vida senão por meio dele. Quem crê no Filho tem a vida eterna (VEJA JOÃO 3:16) — a vida que Jesus teve, a vida do Espírito Santo. O Espírito Santo nos levará, espírito, alma e corpo, e nos trará de volta à comunhão com Deus. Se obedecermos à luz que Ele concede, Ele nos levará à identificação com a morte de Jesus até conhecermos, por experiência, que o nosso velho homem — o meu direito a mim mesmo — está crucificado com Cristo e, agora, a nossa natureza humana está livre para obedecer aos mandamentos de Deus.

A palavra *substituição* nunca é usada na Bíblia, embora a ideia seja bíblica. A substituição é sempre dupla — não apenas Jesus Cristo identifica-se com o meu pecado, mas também estou tão identificado com Ele que a inclinação que o governou está em mim.

c) O dia de Sua ascensão

"Jesus, aproximando-se, falou-lhes, dizendo: 'Toda a autoridade me foi dada no céu e na terra'" (MATEUS 28:18; 2 CORÍNTIOS 5:16). Em Sua ascensão, o nosso Senhor se tornou Onipresente, Onisciente e Onipotente. Isso significa que, agora, Ele é Todo-poderoso para conceder sem medida, a todos os seres humanos obedientes, tudo que Ele foi nos dias de Sua carne, tudo que Ele foi capaz de transmitir no dia de Sua ressurreição. Jesus Cristo nos torna um em santidade com Ele, um em amor com Ele e, finalmente, um em glória com Ele. Ele é o supremo Soberano e tem a capacidade de dar ao Seu povo uma suprema soberania. Nos dias da nossa carne, Ele diz: "E eis que estou convosco todos os dias até a consumação do século" (MATEUS 28:20). Ele está conosco, em todo o poder e em toda a sabedoria, guiando, orientando, controlando e dominando. Ele é o Rei dos reis e Senhor dos senhores, desde o dia de Sua ascensão até agora.

3. Invasão: o pecador tornado santo

> *Estou crucificado com Cristo; logo, já não sou eu quem vive, mas Cristo vive em mim; e esse viver que, agora, tenho na carne, vivo pela fé no Filho de Deus, que me amou e a si mesmo se entregou por mim.* (GÁLATAS 2:19-20)

Por meio da identificação de Jesus Cristo com o pecado, podemos ser trazidos de volta à perfeita harmonia com Deus. Porém, Ele não tira a nossa responsabilidade: coloca sobre nós uma nova responsabilidade. Somos feitos filhos e filhas de Deus por meio da expiação de Cristo e temos uma tremenda dignidade a manter; não precisamos curvar o pescoço sob qualquer jugo, exceto o jugo do Senhor Jesus Cristo. É necessário haver em nós um santo desprezo sempre que se trata de ser comandado pelo espírito do tempo em que vivemos.

A época em que vivemos é governada pelo príncipe deste mundo, que odeia Jesus Cristo. Sua grande doutrina é a autorrealização. É necessário estarmos livres do seu domínio. Somente um jugo deve estar sobre os nossos ombros: o jugo do Senhor Jesus.

a) O novo homem

O nosso Senhor era manso para com Seu Pai. Ele permitiu que o Deus Todo-poderoso fizesse o que lhe agradasse com a Sua vida e jamais murmurou; nunca despertou autopiedade, nem usou de autocomiseração. "Tomai sobre vós o meu jugo e aprendei de mim, porque sou manso e humilde de coração; e achareis descanso para a vossa alma. Porque o meu jugo é suave, e o meu fardo é leve" (MATEUS 11:29-30).

Gálatas 2:20 é, de tal maneira, a expressão bíblica da nossa identificação com Jesus Cristo que toda a vida é transformada. O destino estava se tornando maravilhosamente semelhante ao destino de Satanás, ou seja, a autorrealização. Paulo agora diz: "Não mais quero o destino da autorrealização, e sim o da realização em Cristo". ("...esse viver que, agora, tenho na carne, vivo pela fé no Filho de Deus" — Gálatas 2:20). Ou seja: a mesma fé que governava Jesus Cristo me governa hoje. Paulo não está falando de uma fé elementar em Jesus, e sim da *fé que está no Filho de Deus*; a mesma fé que estava em Jesus está em mim, diz ele.

b) As novas maneiras

"Tende em vós o mesmo sentimento que houve também em Cristo Jesus" (FILIPENSES 2:5). Há apenas um tipo de santidade, que é a santidade do Senhor Jesus. Há um único tipo de natureza humana, que é a natureza humana de todos nós. Jesus Cristo, por meio de Sua identificação com a nossa natureza humana, pode nos dar a inclinação que Ele tinha. Devemos cuidar para que desenvolvamos habitualmente essa inclinação por meio de nossos olhos, ouvidos e língua, por meio de todos os órgãos do nosso corpo e em todos os detalhes da nossa vida.

O apóstolo Paulo foi identificado com a morte de Jesus Cristo; toda a sua vida foi invadida por um novo espírito: "Pois, em um só Espírito, todos nós fomos batizados em um corpo" (1 CORÍNTIOS 12:13). E, agora, ele não tem mais qualquer ligação com o corpo do pecado, aquele corpo místico que termina com o diabo. Somos feitos parte do corpo místico de Cristo pela santificação. Usamos o termo *invasão* porque transmite uma ideia melhor do que qualquer outra.

A ilustração usada da videira e os ramos pelo nosso Senhor, em João 15, é a mais satisfatória, pois indica que todo fragmento da vida que está no ramo frutífero é o resultado de uma invasão do tronco que recebeu o enxerto: "Eu sou a videira, vós, os ramos..." (JOÃO 15:5). Nossa vida provém do Senhor Jesus, não apenas a fonte e o motivo da vida, mas nosso real pensar, viver e fazer. É isso que Paulo quer dizer, ao falar do novo homem em Cristo Jesus (EFÉSIOS 2:15). Após a santificação, é daí que provém a vida.

"Todas as minhas fontes são em ti" (SALMO 87:7). Perceba como Deus murchará todas as outras fontes que você tiver. Ele fará murchar as suas virtudes naturais, destruirá a confiança nos seus poderes naturais. Ele fará murchar a sua confiança na mente, no espírito e no corpo até você aprender, por experiência prática, que não tem direito de obter a sua vida de qualquer outra fonte que não seja o tremendo reservatório da vida de ressurreição de Jesus Cristo.

Agradeça a Deus se estiver passando por uma experiência de esgotamento! O nosso Senhor nunca remenda as nossas virtudes naturais; Ele renova a pessoa inteira a partir do interior, até o novo homem transparecer nas novas maneiras. Deus não dá novas condutas; nós elaboramos as nossas próprias, mas temos de fazê-las com os elementos da nova vida (EFÉSIOS 4:22-32). Todos os detalhes da nossa vida física devem estar absolutamente sob o controle da nova inclinação plantada em nós por Deus, por meio da identificação com Jesus Cristo, e nós não teremos mais permissão para murmurar "não consigo". Não existe a expressão *não consigo* no vocabulário de um cristão, se ele se relaciona corretamente com Deus; existe apenas uma expressão, que é: *sou capaz.*

"Tanto sei estar humilhado como também ser honrado; de tudo e em todas as circunstâncias, já tenho experiência, tanto de fartura como de fome; assim de abundância como de escassez; tudo posso naquele que me fortalece" (FILIPENSES 4:12-13). Observe o tipo de coisas que Paulo disse que poderia fazer. As maneiras se referem ao caráter cristão, e nós somos responsáveis por elas. Deus realiza a transformação em nosso interior agora, diz Paulo: "Realize a obra que Deus fez em seu interior". Descobriremos, quando estivermos bem com o Senhor, que Ele usa o mecanismo de nossas circunstâncias para nos capacitar a realizá-lo.

c) A nova humanidade

Deus não quer nos satisfazer e nos glorificar; Ele deseja manifestar em nós o que o Seu Filho é capaz de fazer. "No dia em que ele vier, receberá glória de seu povo santo e louvores de todos os que creem" (2 TESSALONICENSES 1:10 NVT). A invasão da vida de Jesus Cristo nos torna filhos e filhas de Deus. Essas são coisas que os anjos desejam verificar. É como se eles nos olhassem de lá de cima e dissessem: "Veja como aquela mulher é maravilhosamente parecida com Jesus Cristo! Ela não costumava ser, mas olhe para ela agora. Nós sabemos que Jesus fez isso, mas nos perguntamos: como?". Ou "Veja aquele homem! Ele é exatamente como o seu Senhor. Como Jesus Cristo fez isso?". Graças a Deus por não sermos anjos! Seremos algo dez vezes melhor. Pela redenção efetuada por Jesus, virá um tempo em que nosso corpo será à imagem de Deus. "Nosso corpo de humilhação" deve ser conformado ao "corpo da sua glória" (FILIPENSES 3:21). Assim como o nosso espírito, o nosso corpo carregará a imagem de Deus.

5

A ALMA: ESSÊNCIA, EXISTÊNCIA E EXPRESSÃO

1. *O termo alma, em sentido geral*
    a) Aplicado aos homens e aos animais (Gênesis 1:20-21,24,30)
    b) Aplicado aos homens, não aos animais (Gênesis 2:7; 1 Coríntios 15:45)
    c) Aplicado aos homens individualmente (Gênesis 12:13; 1 Samuel 18:1)

    Nota: Jamais aplicado a anjos ou a Deus (veja 2 Coríntios 4:7). Nunca aplicado a vegetais (veja Jó 14:8-9).

2. *A verdade sobre a alma, especificamente*
    a) A alma e o espírito (Gênesis 2:7)
    b) A alma e o corpo (Tiago 2:26)
    c) A alma e a personalidade (Isaías 29:24; Romanos 8:16)[5]

    Nota: "O espírito é o fundamento essencial do homem. A alma, sua forma essencial peculiar; o corpo, sua manifestação essencial."[6]

Neste capítulo, consideraremos o termo *alma* no sentido geral e específico. O próximo tratará dos poderes fundamentais da alma, o que significa que a alma é influenciada por uma

---

[5] *Nota da edição em inglês:* Este tópico é pertinente apenas a este capítulo.
[6] *Nota da edição em inglês:* Tal citação parece ser de John Peter Lange, conforme indica a obra em inglês, mas sem detalhar.

inteligência degenerada, ou pelo Espírito de Deus; nele, abordaremos os diversos poderes da alma. Depois, a apresentação carnal da alma será considerada, o que significa a alma manifestando-se e expressando-se na vida corporal. E por fim, consideraremos o passado, o presente e o futuro da alma, e das teses em relação à doutrina da alma, que são bastante bíblicas, mas levam a conclusões totalmente antibíblicas. No Antigo Testamento, em hebraico, a palavra *alma*, significando a alma animal[7], presente somente nessa ordem de seres, é mencionada em torno de 460 vezes. No Novo Testamento, em grego, a palavra alma é mencionada cerca de 57 vezes, com o mesmo significado. Quando a Bíblia menciona algo centenas de vezes, os cristãos devem examinar atentamente o ensino concernente ao termo.

1. O termo *alma*, em sentido geral

O termo *alma*, em sentido geral, é usado de três maneiras distintas. Primeira, aplicada igualmente a homens e animais, distintos de todas as outras criações; segunda, o uso mais específico da palavra, aplicada aos homens distintamente dos animais; terceira, aplicada a um homem distinto de outro.

a) Aplicado aos homens e aos animais

O termo alma que aparece em Gênesis 1 (ALMA VIVENTE – vv.20-21,24,30 ARC) inclui animais e pessoas para distingui-los de

---

[7] נֶפֶשׁ /*népesh ou nepes*/ AT — pode ser aplicado a animais e a seres humanos, pois são "almas" (Gênesis 1:20,24,30; 2:7). Isso significa simplesmente que os animais, assim como os humanos, são seres vivos ou criaturas. Ψυχή /*Psuche*/ NT — equivale a *népesh* (AT), denota "a respiração, o sopro da vida", a "alma", em seus vários sentidos, vida interior ou a personalidade real de uma pessoa.

todas as outras formas de criação. Em lugar algum, a Bíblia diz que Deus tem uma alma; a única maneira pela qual a alma de Deus é referida é profeticamente, antes da Encarnação. Nunca é dito que anjos têm alma, pois a alma se refere a esta ordem da criação e os anjos pertencem a outra ordem. Enfaticamente, o nosso Senhor Jesus Cristo tinha alma, mas o termo alma não é usado com referência a Deus e aos anjos. O termo alma jamais é aplicado a vegetais. Um vegetal tem vida, mas a Bíblia nunca afirma que ele tem alma.

> *Porque há esperança para a árvore, pois, mesmo cortada, ainda se renovará, e não cessarão os seus rebentos. Se envelhecer na terra a sua raiz, e no chão morrer o seu tronco, ao cheiro das águas brotará e dará ramos como a planta nova. O homem, porém, morre e fica prostrado; expira o homem e onde está?* (JÓ 14:7-10)

Nessa passagem, a distinção é muito clara: você pode cortar parte de um vegetal e ele crescerá novamente; entretanto, o mesmo não acontece com o ser humano. A Bíblia não menciona imortalidade de animais. Ela diz que haverá animais na Terra regenerada, mas em lugar algum diz que os animais que agora vemos são imortais e que, quando morrem, voltam a viver de novo. As Escrituras indicam que tudo que compartilha a maldição por meio da *Queda* será restaurado, um dia, pela poderosa redenção proveniente de Deus; nada será perdido.

b) Aplicado aos homens, não aos animais

"Então, formou o SENHOR Deus ao homem do pó da terra e lhe soprou nas narinas o fôlego de vida, e o homem passou a ser alma vivente" (GÊNESIS 2:7). "Pois assim está escrito: O primeiro homem, Adão, foi feito alma vivente. O último Adão, porém, é espírito vivificante" (1 CORÍNTIOS 15:45).

Assim, a alma é algo peculiar às pessoas e aos animais — Deus não tem, os anjos não têm e os vegetais não têm. Os seres humanos têm alma e os animais têm alma. Que tipo de espírito um animal tem? A alma mantém o espírito e o corpo unidos; logo, depreende-se que há espírito no animal; caso contrário, precisamos rever a nossa afirmação sobre a alma.

Certamente, há espírito no animal, pois a Bíblia revela que, quando um animal morre, seu espírito vai "para baixo". O espírito do animal faz parte do espírito de toda natureza e, quando o animal morre, seu espírito volta à natureza inteira. O espírito da natureza inteira é, manifestamente, uma criação de Deus. O espírito presente no ser humano, que mantém unidos a alma e o corpo, é inteiramente diferente do espírito de um animal; ele é o espírito humano que Deus criou quando soprou nas narinas de Adão o fôlego de vida. Deus não fez do homem um pequeno deus; Ele soprou em suas narinas o espírito que se tornou o espírito distinto da humanidade, "e o homem foi feito alma vivente".

Para onde vai o espírito de uma pessoa quando ela morre? "Quem sabe se o fôlego de vida dos filhos dos homens se dirige para cima e o dos animais para baixo, para a terra?" (ECLESIASTES 3:21). Os cientistas nos dizem que a morte é uma perturbação molecular; que, quando morremos, somos distribuídos dentro do espírito da natureza inteira. A Bíblia diz que o espírito do homem volta "...a Deus, que o deu" (ECLESIASTES 12:7). Isso não implica que o espírito de uma pessoa seja absorvido por Deus, e sim que o espírito humano volta ao Senhor, levando consigo as características para julgamento ou louvor.

Quando, mais adiante, tratarmos estritamente desse assunto, descobriremos que a natureza do espírito humano, seja ela sensual ou espiritual, é expressar-se como alma. Todo o esforço do espírito é para expressar-se por meio da alma, ou seja, na vida física comum.

c) Aplicado aos homens individualmente

"Dize, peço-te, que és minha irmã, para que me vá bem por tua causa, e que viva a minha alma por amor de ti" (GÊNESIS 12:13 ARC). "Sucedeu que, acabando Davi de falar com Saul, a alma de Jônatas se ligou com a de Davi; e Jônatas o amou como à sua própria *alma*" (1 SAMUEL 18:1). Essas passagens descrevem o uso do termo alma como uma alma pessoal individual, distinta de todas as outras almas. Uma alma individual não pode ser dividida ou cortada. Em linguagem popular, dizemos que uma pessoa expressa a alma na música, na literatura ou na arte; ou nos referimos a ela como sendo severa, mecânica e *desalmada*, e é a esse aspecto da alma que estamos nos referindo aqui. As expressões *alma bonita* e *alma má* se referem ao aspecto individual da alma.

Quando a possessão demoníaca é mencionada na Bíblia (LUCAS 8:26-39), o corpo é o local ou a habitação de outros espíritos além do próprio espírito do indivíduo. O pensamento não ocupa espaço, o espírito participa da natureza do pensamento, e não há limite para o número de espíritos que o corpo de uma pessoa pode conter durante a possessão demoníaca.

2. A verdade sobre a alma, especificamente

a) A alma e o espírito

De onde veio a alma? A alma não tem existência enquanto o espírito e o corpo não se unem; ela sustenta a sua existência em *total sujeição* ao espírito; esta afirmação é a verdade complementar necessária do que já foi declarado: a alma é a que mantém o espírito e o corpo unidos.

O que é o espírito em um ser humano decaído? "Porque qual dos homens sabe as coisas do homem, senão o seu próprio espírito, que nele está? Assim, também as coisas de Deus, ninguém as conhece, senão o Espírito de Deus" (1 CORÍNTIOS 2:11). É necessário abordarmos esse assunto fazendo distinção entre a pessoa carnal e a pessoa espiritual. O espírito em um indivíduo decaído ou carnal é a sua mente, que tem uma vasta capacidade para Deus, para quem, porém, ele está morto. O espírito de um indivíduo decaído está aprisionado em sua alma e degradado pelo corpo.

Uma pessoa carnal pode ter ideias maravilhosas e inteligência maravilhosa; contudo, toda a sua vida pode ser corrompida e podre. Veja Oscar Wilde[8]. Ele foi um dos exemplos mais flagrantes de imoralidade; contudo, enquanto esteve na prisão, após uma vida de impensável depravação, Wilde escreveu um livro totalmente surpreendente, intitulado *De Profundis*, que mostra uma maravilhosa compreensão dos ensinamentos de nosso Senhor. O espírito de Oscar Wilde nada mais era do que intelectual, uma capacidade espiritual que não tinha vida em si mesma e era escravizada pelo corpo por meio da alma.

Em vez de a inteligência de uma pessoa decaída ser capaz de elevar o seu corpo, ela faz exatamente o oposto; a inteligência de um indivíduo decaído separa cada vez mais sua vida intelectual de sua vida corporal e produz uma hipocrisia interior. No caso da vida de certos poetas, doutos e gênios, a exceção é encontrar alguém

---

[8] Oscar Wilde (1854–1900) foi um escritor irlandês. Contemporâneo de Chambers, Wilde vivia de maneira extravagante e anarquista. Por isso, o autor cita-o como um exemplo máximo de imoralidade. Wilde foi criado no protestantismo e, posteriormente, professou a fé católica. Essa vivência explica a afirmação de Chambers sobre o livro *De Profundis* (1897). Após a prisão, Oscar Wilde perdeu tudo e passou o restante de seus dias morando em hotéis baratos e se embriagando.

que tenha uma vida limpa e uma mente saudável. Jamais podemos julgar alguém por seus voos intelectuais. Você pode ouvir a mais magnífica e inspiradora expressão de uma pessoa que se afundou mais do que as bestas em sua vida moral. Ela tem um espírito carnal, ou seja, em vez de permitir que seu espírito eleve o seu corpo, sua alma o arrasta para baixo e ocorre o divórcio entre sua vida intelectual e sua vida prática.

Um indivíduo espiritual é muito diferente. Jesus Cristo foi uma Personalidade espiritual; o Espírito Santo encheu o Seu espírito e manteve Sua alma e Seu corpo em perfeita harmonia com Deus. O significado da expiação é que Jesus Cristo tem poder para nos conceder o Espírito Santo. Que, por sua vez, tem "vida em si mesmo" e, assim que essa vida se manifesta em nossa alma, nosso espírito luta contra o que temos descrito. Lenta e seguramente, se obedecermos ao Espírito Santo que preenche o nosso espírito e o revigora, descobriremos que Ele elevará a nossa alma, e com ela o nosso corpo, para uma unidade totalmente nova até o divórcio anterior ser anulado. Em uma personalidade espiritual, o Espírito de Jesus Cristo capacita o corpo material de um homem ou de uma mulher a demonstrar a natureza do Senhor. O espírito de um indivíduo não pode fazer isso por conta própria, pois não tem vida em si mesmo.

Nunca julgue pessoa alguma pelo fato de ela ter boas ideias, e jamais se julgue pelo fato de ter visões empolgantes de coisas. Dizem-nos que ninguém pode ensinar a doutrina da total santificação se não estiver plenamente santificado, mas é possível. O diabo pode ensinar total santificação, se ele quiser. Esse poder é um dos mais perigosos da alma. Há pessoas espirituais e pessoas carnais. Uma pessoa carnal é aquela em que o divórcio entre a concepção mental e a vida prática é perceptível.

A única solução para o problema está em receber o Espírito Santo; não é crer nele ou louvá-lo, mas sim *recebê-lo*. Ao recebermos o Espírito Santo, Ele revigora o nosso espírito de tal maneira que somos capazes de detectar as coisas que estão erradas e somos capacitados a retificá-las se atentarmos para o Espírito Santo. Esse é o uso escocês para o termo *mind* (prestar atenção), que significa "lembre-se de obedecer". Ele carrega consigo o significado de outra palavra escocesa: *lippen* — "confiar". Atente ao Espírito Santo, à Sua luz, às Suas persuasões, à Sua orientação e, lenta e seguramente, a personalidade carnal se tornará uma personalidade espiritual.

b) A alma e o corpo

"Porque, assim como o corpo sem espírito é morto, assim também a fé sem as obras é morta" (TIAGO 2:26). O corpo tem a Terra como ancestral. "O ser do homem planta seu pé na Terra e o ser da Terra culmina no homem, porque os dois estão destinados à comunhão de uma única história."[9] Ao longo desses estudos, temos insistido em que, do ponto de vista de Deus, a maior glória de uma pessoa é o seu corpo. "Temos, porém, este tesouro em vasos de barro, para que a excelência do poder seja de Deus e não de nós" (2 CORÍNTIOS 4:7). O "tesouro" é o Espírito de Deus sendo manifestado no espírito humano. O Espírito de Deus não pode ser manifestado em anjos, em animais ou em plantas; apenas em "vasos de barro" humanos.

Não entenda isso como se Paulo estivesse desprezando o vaso de barro; é exatamente o oposto. Jesus Cristo assumiu a natureza do vaso de barro, não a natureza dos anjos. "Formado do pó da terra" (1 CORÍNTIOS 15:47 NAA) é a glória da humanidade, não sua vergonha; é na Terra, feita de pó, que a plena obra regeneradora

---

[9] Delitzsch, Franz. *A System of Biblical Psychology* (Um sistema de psicologia bíblica). 2ª ed. Edinburgh: T. & T. Clark, 1867 – II Sec. III *The Process of Creation* (O processo da criação) – p. 92.

de Jesus Cristo terá seu alcance definitivo. O corpo da pessoa e a Terra sobre a qual trafega devem partilhar a restituição final. A história de nossa alma não é promovida apesar do nosso corpo, e sim por causa dele.

Nada pode adentrar a alma senão pelos sentidos; Deus entra na alma pelos sentidos. "As palavras que eu vos tenho dito são espírito e são vida" (JOÃO 6:63). Cuidado com o tipo de absorção do misticismo; ele jamais é apresentado na Bíblia. Tudo que a alma retém vem por intermédio dos seus sentidos corporais e, quando o Espírito Santo está buscando habitar no espírito de alguém, é por intermédio dos sentidos corporais presentes na parte física. Jesus declarou acerca do Espírito Santo: "Ele me glorificará" (JOÃO 16:14); em minha mente, minha imaginação, em meu corpo e por intermédio dele. Novamente, o Espírito Santo "vos fará lembrar de tudo o que vos tenho dito" (JOÃO 14:26). Isso só pode ser feito pelo cérebro físico agindo por intermédio do corpo.

Cuidado com todas as sensações interiores. Cuidado com todos os instintos que você não é capaz de controlar pela sabedoria ensinada no Livro de Deus. Se você tomar cada impressão como um chamado do Espírito Santo, acabará tendo alucinações (VEJA 2 TESSALONICENSES 2:10-12). Ponha à prova cada movimento, de acordo com os testes fornecidos por Jesus Cristo; são provas tangíveis e perceptíveis. Jesus disse que a maneira de avaliar as pessoas é "pelos seus frutos" (MATEUS 7:16). Nós dizemos que o fruto do Espírito tem a ver totalmente com o espiritual, mas a Bíblia revela que o espiritual precisa expressar-se no físico. Deus não conhece divórcio algum entre os três aspectos da natureza humana: espírito, alma e corpo; eles precisam ser um, e o são na condenação ou na salvação.

Se alguém não tem o Espírito Santo de Deus fortalecendo o seu espírito, será julgado cada vez mais pelo juízo executado à sua vida corporal. Cuidado com as pessoas que ensinam que, embora o corpo de alguém possa pecar, sua alma não o faz. Nenhuma dessas distinções é ensinada na Palavra de Deus. Se uma pessoa não for avivada pelo Espírito Santo, sua inteligência não tem poder para avivá-la; ela não pode ser avivada por suas ideias, suas noções cultas ou seu conhecimento. É por isso que, do ponto de vista de Deus, a inteligência nunca é o principal. Jesus afirma: "Se alguém quiser fazer a vontade dele [Deus], conhecerá a respeito da doutrina, se ela é de Deus" (JOÃO 7:17) — nos assuntos espirituais, sempre o cumprimento da vontade vem antes da percepção da doutrina.

Assim que recebermos o Espírito Santo e formos revigorados por Deus, descobriremos que o nosso corpo é o primeiro local de ataque do inimigo, porque o corpo tem sido o centro que governou a alma e a separou dos padrões espiritualmente inteligentes; por consequência, o corpo é a última aposta de Satanás. O corpo é a fronteira da batalha para você e para mim. A saúde é simplesmente o equilíbrio perfeito do corpo com o mundo exterior; quando algo perturba esse equilíbrio, ficamos doentes. Tão logo o Espírito Santo passa habitar em nós, a perturbação física, moral e espiritual ocorre, e o equilíbrio é alterado. Jesus Cristo disse: "…não vim trazer paz, mas espada" (MATEUS 10:34).

Qual equilíbrio o Espírito Santo devolverá? O antigo? Não! Jamais conseguiremos recuperar o antigo equilíbrio da saúde; temos de obter um novo equilíbrio, isto é: o da santidade; isso significa o equilíbrio da nossa disposição para com as leis de Deus. Descobriremos que as águas turbulentas espreitam. Muitas pessoas não entendem por que, agora que são espirituais, seu corpo é atacado de uma maneira como nunca fora antes de elas serem espirituais. Mais adiante, trataremos da diferença entre enfermidade natural e enfermidade demoníaca. A Bíblia tem muito a dizer sobre as duas. A Bíblia é o único livro que lança luz sobre nossa condição física, de alma e espiritual.

Na Bíblia, os sentidos do olfato, da visão e os demais sentidos não são usados apenas como metáforas; são identificados com a natureza da vida da alma. Isso explica o que as pessoas costumam denominar de ensino vulgar da Bíblia. Deus nos protegeu de todas as maneiras. O espiritismo é o grande crime; ele derruba as barreiras de Deus e nos coloca em contato com forças que somos incapazes de controlar. Por outro lado, se nos entregamos a Jesus e somos governados por Ele, o Espírito Santo pode fazer, por nosso intermédio, qualquer coisa que Ele desejar. "Rogo-vos, pois, irmãos [...] que apresenteis o vosso corpo por sacrifício vivo..." (ROMANOS 12:1); "corpo" significa também "faculdades". Por que deveríamos esperar que Deus lide com menos do que o diabo lida? Um bom homem, ou mulher, é uma pessoa, de carne e osso; não uma impressão. O corpo é o recipiente da alma e permite que ela transforme sua vida interior em vida exterior.

6

A ALMA: ESSÊNCIA, EXISTÊNCIA E EXPRESSÃO

Poderes fundamentais da alma

1. *Contração*
   a) Primeiro poder: autocompreensão (Deuteronômio 13:6-7; 1 Samuel 18:1)
   b) Segundo poder: extensão além de si mesma (Salmo 27:12)

2. *Expansão*
   a) Terceiro poder: autonomia (Jó 2:6; João 10:11)
   b) Quarto poder: impregnada pelo espírito (Isaías 26:9; Judas 1:19)

3. *Rotação*
   a) Quinto poder: mover-se carnal ou espiritualmente (Êxodo 23:9; 1 Pedro 2:11)
   b) Sexto poder: falar os pensamentos do Espírito (Gênesis 41:40)
   c) Sétimo poder: total da soma em unidade (Jeremias 38:16)

1. Contração

Por *fundamentais*, queremos dizer os poderes que agem no interior da alma. A existência da alma tem sua origem no espírito e em sua luta para realizar-se. Essa é a contrapartida da afirmação feita no último capítulo — que a alma é a detentora do corpo e do espírito juntos. Por *contração*, queremos dizer que a alma tem o poder de contrair-se. Por *expansão*, queremos dizer que a alma tem o poder de afastar-se de si mesma, indo além de si mesma; e por *rotação*, queremos dizer que a alma tem o poder de se expressar pela inquietação de tornar-se.

Essa divisão mecânica é meramente uma maneira arbitrária de apresentar uma verdade complexa. Todas as leis científicas existem na cabeça das pessoas e são simplesmente tentativas de explicar fatos observados. Por exemplo, é um perigoso erro falar sobre a lei da gravidade como se ela fosse uma coisa. A lei da gravidade é a explicação, dada por cientistas, de certos fatos observados; dizer que Jesus Cristo "infringiu a lei da gravidade", ao andar sobre as águas e no momento de Sua ascensão, é uma distorção. Ele trouxe uma nova série de fatos que a assim chamada lei da gravidade não conseguiu explicar.

a) Primeiro poder: autocompreensão

"Se [...] teu amigo que amas como à tua alma te incitar em segredo, dizendo: Vamos e sirvamos a outros deuses, que não conheceste..." (DEUTERONÔMIO 13:6-7; 1 SAMUEL 18:1). Esses versículos indicam o poder da alma de compreender a si mesma como um indivíduo à parte de todos os demais. Observe a sua própria experiência e você reconhecerá imediatamente esse poder da alma. Quando uma criança começa a ter autoconsciência, é esse poder que está despertando — o poder de contrair-se e perceber que é diferente de seu pai, de sua mãe e de todas as outras crianças, e a tendência de fechar-se em si mesma aumenta.

Esse poder se mostra em sentimentos de isolamento e separação, alternando entre orgulho e timidez. A autoconsciência impede a harmonia da alma. Em algumas pessoas, perdura muito tempo;

algumas nunca ultrapassam a manifestação desse poder da alma, isto é: o de contrair-se, o poder de ser diferente de todas as outras pessoas. Elas não progrediram para perceber que têm o poder de expandir-se, ou seja: de entrar em contato com outras almas sem ter medo ou timidez. Esse é o primeiro poder da alma natural.

Agora, tome isso em uma alma nascida de novo do Espírito de Deus; de que maneira esse poder da alma se expressa? O poder de autocompreensão de uma alma nascida de novo se manifesta em oposição ao pecado. Observe o balanço do pêndulo, por assim dizer, em sua própria vida e na vida de qualquer pessoa recentemente nascida de novo no Espírito; a vida vai para o extremo oposto da maneira mundana de viver: se era dada a adornos e vestimentas no mundo, irá para o extremo oposto ao iniciar à sua nova vida. Esse é o primeiro poder reconhecível da alma individual.

b) Segundo poder: extensão além de si mesma

"Não me deixes à vontade dos meus adversários; pois contra mim se levantam falsas testemunhas e os que só respiram crueldade" (SALMO 27:12). Esse poder da alma faz uma pessoa descobrir, primeiro, não as forças que estão em conformidade com ela, mas sim as que lhe são diferentes. Outras almas parecem estar em oposição a ela. O menino que se tornou autoconsciente sempre imagina que todos os outros meninos são seus inimigos e desconfia de qualquer menino que queira tornar-se seu amigo. Esse poder da alma faz também uma pessoa perceber que pode muito bem fazer o que quiser com seu corpo — um momento perigoso em uma vida humana. Ou, ainda, faz uma pessoa perceber que é capaz de enganar a todos.

Não há restrição alguma quando esse poder se mostra pela primeira vez. Percebo que posso satisfazer meus apetites carnais conforme quiser; posso também enganar astuciosamente todas as outras pessoas. Se sou um servo, posso defraudar facilmente o meu senhor ou a minha senhora; se sou um empresário, posso engambelar o público. Pode-se ver esse poder da alma desenvolvido em sua plenitude na vida do mundo.

Em uma natureza espiritual, esse poder da alma se mostra em oposição ao anseio pecaminoso. Diante disso, parafraseio as palavras de Jesus Cristo, em Mateus 10:22, da seguinte forma: "Se você é meu discípulo, será facilmente prejudicado, mas não se permitirá ser enganado por causa da simplicidade do evangelho". O conhecimento do mal amplia a mente de uma pessoa, torna-a tolerante, mas paralisa sua ação. O conhecimento do bem amplia a mente de uma pessoa, torna-a intolerante para com todos os pecados e se expressa por meio de uma intensa atividade. Uma pessoa má, um indivíduo de mente maligna, é incrivelmente tolerante para com tudo e todos, independentemente de serem bons ou maus, cristãos ou não, mas seu poder de ação está totalmente paralisado. Ele é tolerante com tudo — o diabo, a carne, o mundo, o pecado e tudo mais.

Jesus Cristo nunca tolerou o pecado, nem por um momento; quando a Sua natureza está adentrando a alma, a mesma intolerância é demonstrada e se manifesta "não servindo à vista" (EFÉSIOS 6:6). Se eu for um servo, não servirei ao meu senhor ou à minha senhora com esse poder da minha alma de perceber que tenho poder para enganar. Eu o usarei para mostrar que pertenço a Jesus Cristo. Também não usarei esse poder da minha alma para fazer o que quiser com meu corpo. "Não servindo à vista, como para agradar a homens, mas como servos de Cristo, fazendo, de coração, a vontade de Deus" (EFÉSIOS 6:6). "Servos, obedecei em tudo ao vosso senhor segundo a carne, não servindo apenas sob vigilância, visando tão-somente agradar homens, mas em singeleza de coração, temendo ao Senhor" (COLOSSENSES 3:22). Em uma alma espiritual, esse poder da alma se mostrará em intensa oposição a todos os anseios pecaminosos. Uma alma nascida de novo faz tudo, desde varrer uma sala até pregar o evangelho; desde limpar ruas até governar uma nação, para a glória de Deus. Esse segundo poder da alma a capacita a estender-se além de si mesma; toda a motivação da vida da alma é alterada.

2. Expansão

a) Terceiro poder: autonomia

"Eu sou o bom pastor. O bom pastor dá a vida pelas ovelhas" (JOÃO 10:11). "Disse o SENHOR a Satanás: Eis que ele está em teu poder; mas poupa-lhe a vida" (JÓ 2:6). Essas passagens se referem ao único poder de uma pessoa que nem Deus, nem o diabo, pode tocar sem o consentimento da pessoa. O diabo tem poder até certo ponto, mas não pode tocar na vida de alguém. Sempre que Jesus Cristo apresenta o evangelho de Deus a uma alma, é sempre na linha de "Você está disposto?". Nunca há coerção. Deus nos constituiu de tal maneira que é necessário haver livre disposição de nossa parte.

Esse poder é, ao mesmo tempo, o mais temível e o mais glorioso. Uma alma humana é capaz de ter sucesso em resistir ao diabo e em resistir a Deus. Esse poder de autonomia é a essência do espírito humano, que é tão imortal e indestrutível quanto o Espírito de Deus. Quer seja bom ou mau, o espírito humano é tão imortal quanto Deus. Esse poder da alma a capacita a colocar-se em pé de igualdade com Deus; essa é a exata essência de Satanás. O poder que pode tornar alguém igual ao Senhor ou igual ao diabo é o mais terrível poder da alma. Jesus Cristo está se referindo a esse poder ao dizer "...eu dou a minha vida para a reassumir. Ninguém a tira de mim" (JOÃO 10:17-18).

Quando a alma nasce de novo e é elevada ao domínio em que o nosso Senhor vive, esse poder se expressa na oposição à passionalidade pecaminosa. *Passionalidade* significa algo que carrega tudo que está à sua frente. O príncipe deste mundo é intenso e o Espírito de Deus é intenso. Ao falar sobre a carne e o Espírito agirem na alma de uma pessoa, Paulo expressa essa intensidade usando a palavra cobiça. O Espírito cobiça — deseja apaixonadamente — toda a vida para Deus; e a mente carnal *cobiça* — anseia apaixonadamente — toda a vida de servidão ao mundo de volta.

No reino espiritual, passionalidade significa também algo que supera todos os obstáculos. Ao falar de perfeição, o autor de Hebreus se refere a essa paixão avassaladora que leva uma alma diretamente a tudo que Deus tem para ela. "Enchei-vos do Espírito" (EFÉSIOS 5:18) — essa é a palavra-chave da vida. A Bíblia indica que vencemos o mundo não pela falta de passionalidade ou pela paciência da exaustão, e sim pela paixão, a paixão de um intenso e totalmente voraz amor a Deus. Essa é a característica da alma nascida de novo — oposição a toda passionalidade pecaminosa.

Insista, em sua própria mente, em que Deus não age em impressões vagas e brandas na alma humana, e sim em oposições violentas que rasgam e dilaceram a alma, fazendo dela, em vez de um lugar de harmoniosa felicidade, exatamente o oposto durante um período. Essa experiência é verdadeira em toda alma que caminha com o Senhor Deus. Quando somos apresentados à vida de Deus, há uma oposição violenta a tudo que costumava ser prevalente. Isso ser assim não é um erro, é o que o Senhor pretende, pois há a força de uma vida totalmente nova.

b) Quarto poder: impregnada pelo espírito

"Com minha alma te desejei de noite e, com o meu espírito, que está dentro de mim, madrugarei a buscar-te"

(ISAÍAS 26:9 ARC; VEJA TAMBÉM JUDAS 1:19). Por impregnada pelo espírito, queremos dizer: o poder espiritual presente no ser humano que luta para expressar-se na alma. O espírito do ser humano, em uma natureza não regenerada, é o poder da mente não revigorada pelo Espírito Santo, a qual não tem "vida em si mesma". Mostra-se totalmente fútil em elevar o corpo e causa grande afastamento entre o ideal e o real.

Todo tipo de excelência intelectual é uma armadilha de Satanás, a menos que o espírito do indivíduo tenha sido renovado pela admissão do Espírito de Deus. O intelecto de uma pessoa pode dar a ela ideias nobres e poder para expressá-las, por meio de sua alma, na linguagem, mas não lhe dá poder para colocá-las em ação. Aqui, a acusação de idolatria é muito adequada.

Temos a tendência de ridicularizar, ou ignorar com um sorriso, as descrições feitas sobre idolatria. Por exemplo, no livro de Isaías, o autor se refere a alguém que se apropria de uma árvore; essa pessoa usa uma parte dela para cozinhar os alimentos e, da outra parte, ela esculpe uma imagem, um ídolo, diante do qual se curva e adora (ISAÍAS 44:14-17); isso é exatamente o que as pessoas fazem com as ideias delas.

O intelecto forma ideias para guiar a vida física de uma pessoa, depois pega outras ideias e as adora como sendo Deus. Se uma pessoa fez de suas próprias ideias o seu deus, ela é maior do que o seu próprio deus. Talvez esse não seja um poder tão terrível quanto o poder de autonomia da alma, mas é um poder que causará estragos se a alma não estiver em harmonia com Deus. Esse é o poder que produz hipocrisia interior, que me torna capaz de ter bons pensamentos enquanto vivo, sem convicção, uma vida ruim.

De que maneira esse poder se revela em quem é nascido de novo do Espírito de Deus? Esse poder se manifesta em oposição à secularidade. Considere a sua própria experiência, você que é espiritual — espiritual no sentido bíblico, identificado com o Senhor Jesus Cristo de um modo prático. No momento, você não consegue distinguir entre secular e sagrado, tudo é sagrado; porém, na primeira percepção desse poder, a linha é traçada de maneira clara e forte entre o que é denominado secular e o que é sagrado. Na vida de Jesus Cristo não havia divisão entre secular e sagrado; mas, em nós, esse poder sempre se manifesta como uma linha de separação quando começa a ser percebido. Há certas coisas que não faremos, certas coisas que não olharemos, certas coisas que não comeremos, certas horas que não dormiremos. Isso não é errado, é o Espírito de Deus na alma começando a utilizar os poderes da alma para Deus. À medida que a alma avança, chega a uma condição de pleno orbe, que se manifesta como na vida do Senhor Jesus, e tudo é sagrado.

Se você obedecer ao Espírito de Deus e praticar, em sua vida física, tudo que Deus colocou em seu coração, por meio do Seu Espírito, quando os problemas chegarem, você descobrirá que sua natureza estará ao seu lado. Muitas pessoas não compreendem por que caem. Isso vem da seguinte ideia: "Agora que recebi a graça de Deus, estou bem". Paulo disse: "Não anulo a graça de Deus..." (GÁLATAS 2:21), isto é: ele não a recebeu em vão. Se não continuarmos praticando, dia após dia e semana após semana, exteriorizando o que Deus interiorizou, quando uma crise vier, certamente a graça de Deus estará lá, mas a nossa natureza não.

A nossa natureza não foi alinhada pela prática e, consequentemente, não está ao nosso lado, damo-nos mal e, em seguida, culpamos a Deus. Nós precisamos alinhar a nossa vida corporal pela prática, dia a dia, hora a hora, momento a momento. Então, quando o conflito vier, encontraremos não apenas a graça de Deus, mas a nossa própria natureza estará ao nosso lado e enfrentaremos a crise sem qualquer desastre. Exatamente o contrário vai acontecer: a alma será edificada com uma atitude mais forte para com Deus.

3. Rotação

a) Quinto poder: mover-se carnal ou espiritualmente

"Também não oprimirás o forasteiro; pois vós conheceis o coração do forasteiro, visto que fostes forasteiros na terra do Egito" (ÊXODO 23:9). "Amados, exorto-vos, como peregrinos e forasteiros que sois, a vos absterdes das paixões carnais, que fazem guerra contra a alma" (1 PEDRO 2:11). Lembre-se de que a alma se manifesta à medida que o espírito luta para se expressar. A passagem de Êxodo 23:19 é magnífica; é intensa e comoventemente prática em todos os detalhes, e ali esse poder da alma é claramente reconhecível. Ele se encaixa com o segundo poder, isto é, o poder que temos para enganar todos os outros, para fazer coisas astutas, para defraudar, para utilizar outras pessoas para os nossos próprios objetivos. A advertência é: cuidado para não ter sua alma agitada pelo espírito errado. Se a alma pode ser agitada por sua própria astúcia, a astúcia da natureza interior de uma pessoa, ela pode ser agitada por vileza e abominável sensualidade por meio dos sentidos (1 PEDRO 2:11).

De que maneira esse poder se revela em uma alma regenerada? Ele se manifesta em oposição à escravidão mundana. Você descobrirá, em sua própria experiência e em todas as experiências registradas, que, quando a vida está acontecendo ao longo da linha de Deus, Ele faz os que estão de fora recearem você, por causa do desprezo que você tem pelas escravidões mundanas. O Espírito de Deus que habita em você não lhe permitirá curvar seu pescoço a qualquer outro jugo que não o do Senhor Jesus Cristo. Quando você está nessa plataforma da graça de Deus, enxerga instantaneamente que a escravidão está no mundo. A etiqueta e os padrões do mundo são uma escravidão absoluta, e quem vive neles é um escravo abjeto; contudo, o extraordinário é que, quando uma pessoa mundana vê alguém emancipado e sob o jugo do Senhor Jesus Cristo, diz que este está em escravidão, embora a verdade seja exatamente o oposto. A verdadeira liberdade só existe quando a alma tem este santo desprezo: "Não curvarei meu pescoço para qualquer outro jugo que não o do Senhor Jesus Cristo!" O nosso Senhor era manso para com tudo que Seu Pai fazia, mas intolerante com todas as ações do diabo. Ele não assumiria qualquer tipo ou forma de compromisso com Satanás. Então, quando a alma nasce de novo, esse poder da alma se manifesta em oposição a toda escravidão mundana.

b) Sexto poder: falar os pensamentos do Espírito

"Administrarás a minha casa, e à tua palavra obedecerá todo o meu povo; somente no trono eu serei maior do que tu" (GÊNESIS 41:40). Agora estamos lidando com rotação, a inquietação de tornar-se. É assim que todos esses poderes se manifestarão em uma alma totalmente amadurecida. Gênesis 41:40 é a imagem de uma alma que está em retidão com Deus. Lembre-se, porém, de que há uma imagem correspondente. Qualquer pessoa em quem todos os poderes da alma estão se desenvolvendo chegará a um ponto em que demonstrará literalmente, não somente com a boca, mas também com os olhos e todo o poder de seu corpo, quem está no trono de sua vida. Se for o príncipe deste mundo, o indivíduo é o primeiro-ministro de seu próprio corpo sob o domínio do diabo. Quando os plenos poderes da alma estão desenvolvidos, sou obrigado a realizar os desejos do monarca governante.

De que maneira esse poder se revela quando a alma é nascida de novo do Espírito de Deus? Ele se manifesta em oposição aos pensamentos e costumes mundanos. "Somente no trono eu serei maior do que tu." Imagine a figura de Faraó como uma representação da soberania de Jesus Cristo. A alma que nasce de novo e segue com Deus, que foi identificada com Jesus Cristo em santificação prática e tem todos os poderes da alma desenvolvidos e manifestados, é o primeiro-ministro de seu próprio corpo sob o domínio de Jesus Cristo. Esse é o ideal, e não apenas um ideal, e sim o ideal que Jesus Cristo espera que realizemos: todos os poderes da alma trabalhando por intermédio do corpo em uma personalidade expressa, revelando que o Monarca é o Senhor Jesus Cristo.

c) Sétimo poder: soma total em unidade

"Vive o SENHOR, que nos fez esta alma, que não te matarei, nem te entregarei nas mãos destes homens que procuram a tua morte" (JEREMIAS 38:16 ARC). O total da soma é uma perfeita unidade de maldade ou uma perfeita unidade de bondade. "Todas as almas que vieram com Jacó ao Egito" (GÊNESIS 46:26 ARC). Ali, a palavra *alma* se refere à plena maturidade dos poderes manifestados na vida corporal. Essa é a descrição de um indivíduo totalmente crescido, seja ele bom ou mau; quando uma alma atingir a total maturidade de expressão, é provável que nunca se alterará. Em Jeremias 38:16, a alma é mencionada da mesma maneira. Essa não é a alma em seus primórdios, em seu estado caótico, e sim a alma absolutamente dominada pelo espírito governante e expressando-se por intermédio do corpo.

De que maneira essa perfeição da vida da alma se revela na pessoa nascida de novo que segue a vida que Deus deseja que ela viva? Ela se manifesta em oposição a todos os demais poderes e se expressa em sua vida corporal em "sabedoria [...] lá do alto" (TIAGO 3:17). Ela é, literalmente, a beleza inquebrantável de uma alma manifestando o governo de Deus, com todos os seus poderes agora em harmonia. Isso não está no Céu, e sim na Terra. Não é perfeição mental, nem perfeição corporal; é a perfeição da atitude da alma quando todos os seus poderes estão sob o controle do Espírito de Deus. Todas as arestas foram aplainadas; todo balanço disfuncional do pêndulo foi regulado; toda turbulência caótica se tornou ordenada e, agora, a vida manifesta a vida do Senhor Jesus em sua carne mortal (2 CORÍNTIOS 4:11).

A título de revisão, descobrimos que esses poderes da alma se manifestam em todos nós, em maior ou menor grau. Por exemplo, nunca pensaríamos em julgar um menino ou uma menina segundo o mesmo padrão de julgamento a que os submeteríamos quando maduros, pois um menino ou uma menina não domina totalmente seu caráter; porém, quando uma alma amadurece, o caráter que se manifesta encontra severo julgamento. Não há desculpa para isso agora; todos os seus poderes estão consolidados, e o mal que ela pratica não é o mal de um impulso — é o mal que jaz na atitude.

Quando a alma está consolidada e em retidão com Deus, todo o caráter manifesta algo que tem uma forte semelhança familiar com Jesus Cristo. Há, porém, um período caótico na experiência cristã. Leia o pedido sincero, quase maternal, do apóstolo Paulo aos seus jovens convertidos; ele quase parece *croon* por eles — para usar uma antiga palavra escocesa que significa lamentar —, agonizando no coração por eles, devido ao estado caótico da alma deles. Jesus Cristo assim comissionou Pedro e os demais discípulos por meio dele: "Apascenta os meus cordeiros" (JOÃO 21:15).

7

A ALMA: ESSÊNCIA, EXISTÊNCIA E EXPRESSÃO

A apresentação carnal da alma

1. *No embrião*
   a) Antes da consciência (Gênesis 25:22; Salmo 139:15; Oseias 12:3; Lucas 1:41)
   b) Consciência da respiração (Gênesis 2:7; Isaías 2:22)
   c) Circulação sanguínea (Gênesis 9:4; Levítico 17:10,14)

2. *Na evolução*
   a) O centro da vida (Provérbios 4:23)
   b) O ruído da vida
      1) Sentido da visão (Salmo 119:37)
      2) Sentido da audição (Jó 12:11)
      3) Sentido do paladar (Salmo 119:103)
      4) Sentido do olfato (Gênesis 8:21; 2 Coríntios 2:14-16)
      5) Sentido do tato (Atos 17:27; 1 João 1:1)

3. *Na expressão*
   a) A alegria da vida (Eclesiastes 11:9; Lucas 6:45)
   b) Ele mesmo (Juízes 8:18; Lucas 2:40,52; Efésios 4:13)

Não usamos a palavra *carnal* com o mesmo sentido empregado pelo apóstolo Paulo em suas epístolas; estamos usando-a para denotar o corpo natural. O uso dessa palavra por Paulo, exceto na expressão *carne mortal* (2 CORÍNTIOS 4:11), significa uma inclinação da mente. O tema aqui está dividido em três tópicos: no embrião; na evolução e na expressão. *Embrião* significa início; *Evolução* significa crescimento, o crescimento da alma humana. A evolução é um fato científico e bíblico, se entendermos por *evolução* a existência de crescimento em todas as espécies, mas não o crescimento de uma espécie para formar outra. Há crescimento em uma planta, em um animal e em um ser humano, e essa é a única maneira como usamos a palavra evolução. A última divisão significa simplesmente a *Expressão* da alma no corpo e por meio dele.

1. No embrião

a) Antes da consciência

"Ouvindo esta a saudação de Maria, a criança lhe estremeceu no ventre; então, Isabel ficou possuída do Espírito Santo" (LUCAS 1:41; VEJA GÊNESIS 25:22; OSEIAS 12:3). Bem no início da vida humana, corpo, alma e espírito estão unidos. "Os meus ossos não te foram encobertos, quando no oculto fui formado e entretecido como nas profundezas da terra" (SALMO 139:15). As modernas tendências de pensamento, que têm feito grande estrago, indicam que uma criança não possui alma, antes de nascer neste mundo. A Bíblia diz que corpo, alma e espírito se desenvolvem juntos. Isso pode não parecer importante para a maioria de nós, mas será, quando entrarmos em contato com os pontos de vista atuais, mesmo entre alguns que se dizem professores cristãos, mas que na verdade são lobos entre as ovelhas e cujo ensino vem do abismo sem fundo.

b) Consciência da respiração

"Então, formou o SENHOR Deus ao homem do pó da terra e lhe soprou nas narinas o fôlego de vida, e o homem passou a ser alma vivente" (GÊNESIS 2:7; ISAÍAS 2:22). Em uma infinidade de versículos bíblicos, são identificadas a vida da alma e a respiração do corpo. A Bíblia ensina que não é o corpo quem respira, e sim a alma. No princípio, o corpo não respirou antes de Deus soprar "o fôlego de vida" nas narinas de Adão; assim, a vida consciente da alma depende da nossa respiração. Ao longo de todo o Livro de Deus, a vida da alma está ligada à respiração; de fato, ela está incorporada à nossa ideia de vida de que, quando a respiração é suspensa, a vida acaba. "A alma partiu" é uma frase de uso comum.

c) Circulação sanguínea

"Carne, porém, com sua vida, isto é, com seu sangue, não comereis" (GÊNESIS 9:4; LEVÍTICO 17:10-14). Na Bíblia, a alma está ligada e identificada à respiração e ao sangue — duas coisas físicas e carnais. Em Gênesis 9:4, sangue e alma são termos alternativos; eles são completamente identificados, e os versículos do Livro de Deus que provam isso são inumeráveis. Quando o sangue é derramado, a alma se vai; quando a respiração é tirada, a alma se vai. Toda a vida de uma pessoa consiste, fisicamente, em sua respiração e seu sangue. Entranhando-se no sangue, a alma nunca deixa de transmitir-lhe o caráter peculiar de sua própria vida. Psicologicamente, isso é revelado de maneira muito clara por esta afirmação do nosso Senhor Jesus Cristo: "Se não comerdes a carne do Filho do Homem e não beberdes o seu sangue, não tendes vida em vós mesmos" (JOÃO 6:53).

Uma revelação não óbvia é que, quando eu como, bebo e discirno o corpo de Cristo — ou, em outras palavras, recebo dele meu alimento e bebida —, a nutrição física proveniente disso permite ao meu Senhor se manifestar em minha carne e em meu sangue. Se eu não discernir o corpo de Cristo e não receber dele o meu alimento, a minha nutrição física o humilhará em mim.

A inclinação dominante da alma se mostra no sangue, o sangue físico. Em todos os idiomas, são mencionados: sangue bom e sangue ruim; sangue misericordioso e sangue terno; sangue quente ou frio. Isso se baseia no ensino das Escrituras. Jesus Cristo insiste no fato de que, se formos Seus discípulos, isso será revelado no sangue, isto é: na vida física. A antiga tirania e inclinação da alma, a velha determinação egoísta de perseguir os nossos próprios objetivos, se manifesta em nosso corpo, por meio do nosso sangue. E quando tal inclinação da alma é alterada, a mudança se demonstra imediatamente também no sangue. Em vez de os velhos temperamentos e as antigas paixões se manifestarem em nosso sangue físico, o bom temperamento é revelado. Jamais é adequado deslocar o ensino espiritual de Jesus Cristo para o domínio do fútil e vago — ele precisa ir exatamente aonde o diabo age. Assim como o diabo não trabalha de maneiras vagas, e sim por intermédio de carne e sangue, o Senhor faz o mesmo, e as características da alma, para melhor ou para pior, são manifestas no sangue.

A primeira referência fundamental no versículo 22 de Hebreus 9 — "...e, sem derramamento de sangue, não há remissão" — refere-se, inquestionavelmente, à expiação de nosso Senhor; contudo, há uma referência direta a nós. Será que começamos a saber o que a Bíblia quer dizer com "sangue de Jesus Cristo" (1 PEDRO 1:2)? Sangue e vida são inseparáveis. Na Bíblia, as experiências de salvação e santificação nunca estão dissociadas da maneira como o fazemos; elas são separáveis na experiência, mas, quando o Livro de Deus fala de estarmos "em Cristo", é sempre em termos de plena santificação.

Temos a tendência de considerar o sangue de Cristo como uma espécie de amuleto mágico, em vez de uma transmissão de Sua própria vida. Todo o propósito de nascer de novo e ser identificado com a morte do Senhor Jesus é para que o Seu sangue possa fluir por meio do nosso corpo mortal; então, os temperamentos, as afeições e as inclinações que manifestamos na vida do Senhor — pelo Seu sangue — se manifestarão em nós, em certa medida. O discurso sábio dos dias atuais empurra todo o ensino de Jesus Cristo para um domínio remoto, mas o Novo Testamento conduz o seu ensino diretamente à necessidade essencial da expressão física da vida espiritual. Logo, assim como a má vida da alma se manifesta no corpo, também a vida boa da alma se expressará por meio dele.

A expiação tem dois lados — não é apenas a vida de Cristo *por* mim, e sim Sua vida *em* mim pela minha vida; não há Cristo *para* mim se eu não tenho Cristo *em* mim. Durante todo o tempo, deve haver, em nossa vida corporal, essa prática extenuante e gloriosa das transformações que Deus tem efetuado em nossa alma, por meio do Seu Espírito; e a única prova de nossa sinceridade é manifestarmos a ação divina em nosso interior. Ao aplicarmos essa verdade a nós mesmos, descobriremos, na experiência prática, que Deus altera as paixões, as ousadias e os temperamentos. Deus modifica todas as coisas físicas de um ser humano para que, agora, o seu corpo possa ser usado como servo da nova inclinação. Podemos fazer nossos olhos, ouvidos e cada um de nossos órgãos corporais expressar, como servos, a inclinação transformada de nossa alma.

Lembre-se, então, de que o sangue é a manifestação da vida da alma e que, ao longo de toda a Bíblia, Deus aplica ao sangue características morais. As expressões "sangue inocente" e "sangue culpado" se referem à alma, e a vida da alma precisa manifestar-se na ligação física.

2. Na evolução

a) O centro da vida

"Sobre tudo o que se deve guardar, guarda o coração, porque dele procedem as fontes da vida" (PROVÉRBIOS 4:23). Esse *centro* é como o centro de uma roda; a palavra é usada aqui para indicar o centro da vida da alma, da vida pessoal e da vida espiritual. Isso será tratado mais detalhadamente quando chegarmos aos capítulos que falam do *coração*. A Bíblia atribui ao coração tudo que o psicólogo moderno atribui à cabeça.

b) O ruído da vida

Com *ruído* queremos dizer exatamente o que a palavra implica: uma tremenda confusão. A confusão na vida da alma é provocada pelo exercício dos nossos sentidos. "Na Bíblia, os termos psicológicos não são meramente metáforas, e sim refletem a condição orgânica da alma". O corpo se interioriza por meio da alma, e o espírito se exterioriza por meio da alma. A alma é o elemento que liga os dois. Nenhuma parte do corpo humano foi deixada de fora no Livro de Deus; todas as partes foram criadas e tratadas para ter uma conexão direta com o pecado ou com a santidade. Isso não é acidental: faz parte da revelação divina.

Para a maioria de nós, os cinco sentidos não parecem ter qualquer significado espiritual, mas, na Bíblia, eles têm. Ali, os sentidos não são tratados de maneira superficial, e sim como expressões da vida da alma. As Escrituras revelam que todas as partes da vida física humana estão intimamente ligadas ao pecado ou à salvação, e que qualquer coisa que o pecado tenha estragado, Jesus Cristo pode restaurar. Estamos lidando com a alma como ela se expressa por meio do corpo. Os órgãos do corpo são usados como indicadores do estado da vida espiritual. Mencionamos anteriormente, no que se refere à respiração, que a parte interior do ser de alguém é afetada pelos seus relacionamentos espirituais. Se as suas conexões espirituais não forem agradáveis a Deus, mais cedo ou mais tarde a sua condição corporal manifestará desorganização. Isso é provado repetidamente no caso dos transtornos mentais. Na maioria das pessoas que sofrem com isso, um órgão do corpo é seriamente afetado. O antigo método de lidar com a insanidade era tentar curar esse órgão; o método moderno consiste simplesmente em deixar o órgão de lado e concentrar-se no cérebro[10]. Quando a mente está em ordem, a enfermidade no órgão desaparece.

1) Sentido da visão

"Desvia os meus olhos, para que não vejam a vaidade, e vivifica-me no teu caminho" (SALMO 119:37). Como impedirei que meus olhos vejam coisas desprezíveis? Modificando a inclinação da minha alma. Deus controla tudo, e você descobrirá que também pode controlar, quando Ele tiver dado a você a partida, que é o maravilhoso impulso da salvação advinda de Jesus Cristo. Os nossos olhos registram para o cérebro o que eles olham, mas a nossa inclinação os faz olhar para o que ela quer que eles olhem; em pouco tempo eles não prestarão atenção a qualquer outra coisa. Quando a inclinação é correta, os olhos, literalmente o corpo, podem se voltar para onde você quiser e a inclinação protegerá o

---

[10] Muito provavelmente Chambers está fazendo referência a Jean-Martin Charcot (1825–93), um neurologista francês que, ao tratar dos aspectos de doenças mentais, mostrou, pela técnica que utilizava, que as manifestações psíquicas poderiam se transformar em sintomas corporais. É provável também que se refira a Sigmund Freud (1856–1939), fundador da psicanálise na passagem do século 19 para o século 20. Freud, dedicou-se a pesquisar e desvendar os mecanismos que estão por trás do funcionamento da mente.

que olhos e corpo registram. Esta não é uma figura de linguagem — é uma experiência literal. Deus transforma o desejo de olhar para as coisas para as quais costumávamos olhar, e descobrimos que os nossos olhos estão protegidos porque o Senhor alterou a inclinação da vida da alma.

2) Sentido da audição

"Porventura, o ouvido não submete à prova as palavras?" (JÓ 12:11). Jesus Cristo se referia continuamente a ouvir: "Quem tem ouvidos para ouvir, ouça" (MATEUS 11:15). Dizemos que o Senhor se refere aos ouvidos do nosso coração, mas isso é muito enganoso. Ele se refere aos nossos ouvidos físicos, treinados para ouvir pela inclinação da vida da alma. Certa vez, Deus falou a Jesus, e as pessoas disseram que trovejou; Jesus não pensou que trovejou — pela inclinação da Sua alma, os Seus ouvidos foram treinados para conhecer a voz de Seu Pai (JOÃO 12:28-30). Podemos elaborar esse pensamento infinitamente em todo o Livro de Deus. Sempre ouvirei aquilo a que dou importância, e a inclinação dominante da alma determina o que ouço, assim como a inclinação dominante impede os olhos de ver coisas desprezíveis ou os faz observar nada além delas.

Ao modificar as nossas inclinações, Jesus nos dá o poder de ouvir como Ele ouve. Um operador de telégrafo não ouve o tique-tique do aparelho — seus ouvidos estão treinados para detectar a mensagem; nós detectamos apenas os tinidos e batidas do transmissor, sem entender coisa alguma. Você ouve as pessoas dizerem: "Graças a Deus, eu ouvi a Sua voz!". Como elas a ouviram? A inclinação da alma capacitou os ouvidos a ouvir algo que a alma interpretou imediatamente. É sempre verdadeiro que só ouvimos o que queremos ouvir e abafamos os demais sons por meio de controvérsia e disputa.

"Quem creu em nossa *pregação?*". Literalmente, "O que temos ouvido?"; "E a quem foi revelado o braço do Senhor?" (ISAÍAS 53:1). Ou temos uma inclinação de alma capaz de discernir o braço do Senhor, ou somos exatamente como os animais do campo, que aceitam as coisas como são, e nada conseguem discernir nelas. Asafe declarou: "Eu [...] era como um irracional à tua presença" (SALMO 73:22). Ou seja: desprovido de inteligência espiritual. A inclinação da minha alma determina o que eu vejo e o que eu ouço.

3) Sentido do paladar

"Quão doces são as tuas palavras ao meu paladar! Mais que o mel à minha boca!" (SALMO 119:103). Estamos ficando cada vez mais afastados e mais difíceis de entender pelo ponto de vista comum, não espiritual. Separamos totalmente das condições espirituais o paladar, o olfato, a visão, a audição e o tato, porque a maioria dos obreiros cristãos nunca foram ensinados sobre o que a Bíblia tem a dizer acerca de nós. Pode ser comprovado repetidas vezes, não apenas na experiência pessoal, mas em todo o Livro de Deus, que o Senhor altera o paladar, não apenas paladares mentais, mas paladares físicos, o gosto pela comida e bebida. Há, porém, algo muito mais prático do que isso: a bênção de Deus sobre a vida da alma nos dá uma sensibilidade adicional da alma, semelhante ao paladar, à visão ou à audição.

4) Sentido do olfato

"E o Senhor aspirou o suave cheiro e disse consigo mesmo: Não tornarei a amaldiçoar a terra por causa do homem" (GÊNESIS 8:21; 2 CORÍNTIOS 2:14-16). A Bíblia tem muito a dizer acerca do sentido do olfato; contudo, esse é o único sentido ao qual não damos importância. Para a maioria de nós, esse sentido tem um único significado: um nervo olfatório que nos torna conscientes de coisas agradáveis ou das exatamente opostas. Entretanto, a Bíblia trata do sentido do olfato de outra maneira.

Leia a seguinte citação do livro *The World I Live In* (O mundo em que vivo) escrito por Helen Keller[11]. O texto é do capítulo intitulado "Olfato, o anjo caído". Lembre-se, Helen Keller escreve como alguém incapaz de ver e ouvir.

> *Por algum motivo inexplicável, o sentido do olfato não ocupa a posição elevada que merece entre os demais sentidos. Há nele algo do anjo caído. Quando ele nos seduz com aromas da floresta e a fragrância de belos jardins, é francamente admitido em nosso raciocínio. Porém, quando nos avisa de algo nocivo, próximo a nós, é tratado como se o demônio tivesse vantagem sobre o anjo e relegado às trevas exteriores, punido por seu fiel serviço. É extremamente difícil manter o verdadeiro significado das palavras quando se discutem os preconceitos da humanidade, e acho difícil distinguir percepções olfativas que devem ser, ao mesmo tempo, dignas e confiáveis.*

---

[11] Helen Adams Keller (1880–1968), reconhecida escritora e conferencista, perdeu a visão e audição ainda bebê, aos 19 meses. Até os 6 anos, a falta destes dois sentidos a prejudicou de diversas formas. Contudo sua história começa a mudar pela intervenção da instrutora Anne Sullivan. Esta dedicou-se a ensinar Helen a ler, a escrever e a falar. Sua determinação em triunfar sobre as suas adversidades a levou a galgar meios de interagir com o mundo e a tornar a mulher extraordinária que se tornou. Ela graduou-se com honras, sendo a primeira mulher surda-cega a cursar Ensino Superior. Durante seu incessante trabalho pelo bem-estar de pessoas com deficiência, ela recebeu numerosos prêmios de grande distinção.

> *Em minha experiência, o olfato é o sentido mais importante; acho que temos negligenciado e menosprezado uma grande autoridade para a nobreza desse sentido. Está registrado que o Senhor ordenou que fosse continuamente queimado diante dele incenso de aroma suave. Eu duvido que surja da visão alguma sensação mais deliciosa do que os odores que se filtram pelos ramos aquecidos pelo Sol e sacudidos pelo vento, ou a maré de aromas que aumenta, diminui e volta a aumentar, onda após onda, enchendo o vasto mundo com doçura invisível.*
>
> *Um sopro do Universo nos faz sonhar com mundos que nunca vimos; relembra, em um lampejo, épocas inteiras das nossas mais queridas experiências. Eu nunca sinto o cheiro de margaridas sem reviver as manhãs de êxtase que minha professora e eu passamos vagando pelos campos, enquanto eu aprendia novas palavras e nomes de coisas. O cheiro é um mago poderoso que nos transporta ao longo de mil milhas e de todos os anos que vivemos. O cheiro de frutas me faz flutuar até a minha casa no Sul e as minhas brincadeiras infantis no pomar de pêssegos. Outros odores, instantâneos e fugazes, fazem meu coração dilatar-se de alegria ou contrair-se ao lembrar de alguma tristeza. Quando penso em cheiros, minhas narinas estão repletas de aromas que despertam doces lembranças de verões passados e distantes campos de grãos em amadurecimento.* (Tradução livre)

Em Helen Keller, o sentido do olfato toma o lugar da visão. Esse é um caso que torna a ideia da Bíblia mais familiar para nós.

Que esse assunto seja revisado em nosso estudo da Bíblia, e vejamos se não estamos tratando com indiferença trechos inteiros da nossa vida sensorial, não entendendo que podemos desenvolver e cultivar olhos, nariz, boca, ouvidos e todos os órgãos do corpo de modo a manifestar a inclinação que Jesus Cristo colocou em nós. Todo sentido que foi desorganizado pode ser reorganizado; não apenas os sentidos com que estamos lidando, mas todos os demais sentidos são mencionados no Livro de Deus e são controlados pelo Espírito de Deus ou pelo espírito de Satanás.

Ao referir-se à concupiscência, Paulo nunca a coloca no corpo, e sim na inclinação da alma. "Não reine, portanto, o pecado em vosso corpo mortal, para lhe obedecerdes em suas concupiscências" (ROMANOS 6:12 ARC). Jesus Cristo tinha um corpo carnal como o nosso, mas nunca foi tentado pela concupiscência, porque esta reside na inclinação governante, não no corpo. Quando Deus muda a inclinação governante, o mesmo corpo que foi usado como instrumento do pecado para gerir todo tipo de impureza e injustiça pode, agora, ser usado como servo da nova inclinação. Não é um corpo diferente; é o mesmo corpo com uma nova inclinação.

5) Sentido do tato

"Para buscarem a Deus se, porventura, tateando, o possam achar, bem que não está longe de cada um de nós" (ATOS 17:27). "O que [...] as nossas mãos apalparam, com respeito ao Verbo da vida" (1 JOÃO 1:1). Essas passagens não se referem às sensações mentais, e sim a sensações reais, francas, corporais. Os discípulos haviam sentido Deus encarnado em Jesus Cristo. Aqui está a questão tão forte entre o ensino do Novo Testamento e o ensino unitarista[12]. Deus não ignora a sensação e o sentido do tato; Ele os eleva. O primeiro esforço da alma para harmonizar o corpo com a nova inclinação é um esforço de fé. A alma ainda não colocou o corpo em marcha; portanto, enquanto isso, a sensação precisa ser descontada. Quando a nova inclinação adentra à alma, os primeiros passos são dados no escuro, sem sensações; porém, assim que a alma assume o controle, todos os órgãos do corpo são postos em harmonia física com a inclinação dominante.

3. Na expressão

a) A alegria da vida

Alegra-te, jovem, na tua juventude, e recreie-se o teu coração nos dias da tua mocidade; anda pelos caminhos que satisfazem ao teu coração e agradam aos teus olhos; sabe, porém, que de todas estas coisas Deus te pedirá contas.
(ECLESIASTES 11:9)

"A boca fala do que está cheio o coração" (LUCAS 6:45). Essas passagens referem-se à alegria física da vida. Lembre-se, um homem mau, cuja vida é errada, tem uma vida hilariantemente feliz; um homem bom, cuja vida é reta, tem uma vida de contentamentos. Todas as pessoas situadas entre esses extremos são mais ou menos doentes e enfermas. Há algo errado em algum lugar: o pagão saudável e o santo saudável são os únicos alegres.

Os escritores do Novo Testamento, especialmente o apóstolo Paulo, falam com intensidade sobre a alegria da vida. Entusiasmo

---

[12] O unitarismo rejeita a doutrina cristã da Trindade: Pai, Filho e Espírito Santo. Geralmente, os unitaristas acreditam que Deus é um ser — Deus Pai ou Mãe — conceito do qual deriva o nome desse movimento. Jesus é considerado meramente um homem, não a Deidade encarnada. E para alguns, as noções sobre o Espírito Santo estão relacionadas à forma como compreendem o divino.

é a ideia — inebriado com a vida de Deus. Observe a natureza: se as pessoas não se empolgarem da maneira certa, elas se empolgarão da maneira errada. Se não se empolgarem com o Espírito de Deus, tentarão empolgar-se com bebida forte. Paulo diz "E não vos embriagueis com vinho, no qual há dissolução, mas enchei-vos do Espírito" (EFÉSIOS 5:18). Não devemos estar semimortos espiritualmente, pendurados como tamancos [inúteis] no plano de Deus; não devemos ficar enfermos, exceto se isso for um estágio preparatório para algo melhor ou se Deus estiver cuidando de nós, no decorrer de alguma doença espiritual; porém, se essa for a principal característica da vida, há algo errado em algum lugar.

O Salmo 73 descreve assim os perversos: "...do coração brotam-lhes fantasias" (v.7); essa é a expressão de satisfação da alma sem Deus. Ao dizer que temer ao Senhor será "...saúde para o teu corpo e refrigério, para os teus ossos" (PROVÉRBIOS 3:8), Salomão está falando sobre os ossos físicos, que são surpreendentemente afetados pelo estado da vida da alma.

Em Lucas 11, o nosso Senhor fornece uma descrição do homem mau: "Quando o valente, bem armado, guarda a sua própria casa, ficam em segurança todos os seus bens" (v.21), significando com isso que, quando Satanás, o príncipe deste mundo, protege este mundo, e os bens dele — a alma das pessoas — está em paz; as pessoas estão muito felizes, alegres e cheias de vida. Uma das afirmações mais enganosas é que os mundanos não se divertem; eles se divertem profundamente.

A questão é que a felicidade deles está no nível errado e, quando encontram Jesus Cristo, que é o inimigo de toda essa felicidade, ficam contrariados. As pessoas precisam ser convencidas de que Jesus Cristo tem um tipo de vida superior para elas; caso contrário, sentem que teria sido melhor não o ter encontrado. Quando uma pessoa mundana que é feliz, moral e íntegra entra em contato com Jesus Cristo, que veio para destruir essa tal felicidade e paz e colocá-la em um nível diferente, ela deve ser convencida de que Jesus Cristo é o Ser digno de fazer isso e, em vez de o evangelho ser prontamente atraente, ocorre o oposto. Quando o evangelho é apresentado a uma pessoa não salva, saudável, feliz e alegre, ocorre imediatamente uma violenta oposição.

O evangelho de Jesus Cristo não apresenta o que as pessoas desejam, e sim exatamente aquilo de que elas necessitam. Enquanto você fala sobre estar feliz e em paz, as pessoas gostam de ouvi-lo; agora, fale de ter a inclinação da alma alterada e que, antes de tudo, o jardim da alma precisa ser transformado em um deserto e, depois, em um jardim do Senhor — você encontrará oposição de imediato.

b) Ele mesmo

Com "ele mesmo", queremos dizer o homem, não Deus. "Até que todos cheguemos à unidade da fé e do pleno conhecimento do Filho de Deus, à perfeita varonilidade, à medida da estatura da plenitude de Cristo" (EFÉSIOS 4:13; JUÍZES 8:18; LUCAS 2:40,52). Nessas passagens, encontramos uma esplêndida descrição de um homem pleno, perfeito. Uma pessoa má, mas ilustre (má aos olhos de Deus) é um ser maravilhoso de se olhar; uma pessoa célebre que está em retidão diante de Deus também é um ser maravilhoso de se olhar. Os demais de nós somos simplesmente seres em formação. Há um tremendo fascínio por um homem totalmente mau. Do ponto de vista deste mundo, nada é mais desejável do que uma pessoa má, porém cheia de cultura; entretanto, ela é inimiga de Jesus Cristo e o odeia com todas as forças da alma; refiro-me ao Jesus Cristo do Novo Testamento.

Queira Deus que a inclinação governante da nossa alma seja transformada, de modo a demonstrarmos essa mudança de maneira prática. Se entramos em contato experiencial com a graça de Deus e recebemos o Seu Espírito, estamos demonstrando isso? Todos os órgãos de nosso corpo estão submissos à nova inclinação? Ou estamos usando nossos olhos para o que queremos ver e nosso corpo para o nosso direito a nós mesmos? Se assim for, recebemos a graça de Deus em vão. Que Deus nos permita determinar, por meio de nosso corpo, a vida que Jesus Cristo colocou em nós por Seu Espírito.

8

ALMA: ESSÊNCIA, EXISTÊNCIA E EXPRESSÃO

Passado, presente e futuro da alma

1. *Preexistência*
    a) Especulações espúrias (Deuteronômio 29:29; Apocalipse 5:3)
    b) Passagens surpreendentes (Jeremias 1:5; Malaquias 3:1; Lucas 1:41; Romanos 9:11,13)
    c) Versículos de consolidação
        1) A alma não precede o corpo (Gênesis 1–2)
        2) O destino da alma não é pré-adâmico (Romanos 5:12)
        3) A alma só existe por procriação (Gênesis 5)

Nota: Observe a preexistência do nosso Senhor Jesus Cristo (João 17:5).

2. *Existência presente*
    a) Satisfação da alma (Salmo 66:9,12,16; Isaías 55:3)
    b) Pecados e o ambiente da alma (Salmo 6; Provérbios 18:7; Ezequiel 18:4; 1 Pedro 1:9)
    c) Cenário sobrenatural para a alma (Lucas 9:54-56; 1 Coríntios 10:20-21; Efésios 6:12)

Nota: O espiritualismo é o grande crime da alma. A enfermidade, natural e demoníaca, será examinada.

3. *Existência perpétua*
    a) Aspecto mortal da alma (Jó 14:2; Tiago 4:14)
    b) Aspecto imortal da alma (Lucas 16:19,31; 23:43)
    c) Vida eterna e morte eterna da alma (Mateus 10:28; Romanos 5:21; 6:23)

Concluindo o nosso levantamento geral deste grande tema da alma, propomo-nos a traçar um perfil dos estados passado, presente e futuro da alma.

1. Preexistência

a) Especulações espúrias

Preexistência é a especulação de que as almas existiam num mundo anterior. O aluno pode não ser muito cuidadoso com essas especulações. Não há livro que se preste mais facilmente à especulação do que a Bíblia; contudo, as Escrituras alertam contra isso. Por *especulação* queremos dizer tomar uma série de fatos e tecer todos os tipos de fantasias em torno deles. Os limites do conhecimento humano alusivos à revelação bíblica são razoavelmente bem-marcados: "As coisas encobertas pertencem ao SENHOR, nosso Deus, porém as reveladas nos pertencem, a nós e a nossos filhos, para sempre" (DEUTERONÔMIO 29:29), e "...nem no céu, nem sobre a terra, nem debaixo da terra, ninguém podia abrir o livro, nem mesmo olhar para ele" (APOCALIPSE 5:3). Logo, o que é revelado no Livro de Deus é para nós; o que não é revelado não é para nós. A *especulação* busca naquilo que não é revelado.

O assunto da preexistência, da maneira como é frequentemente ensinado, não é revelado no Livro de Deus; trata-se de uma especulação baseada em certas afirmações na Bíblia. A teosofia[13] se

---

[13] A teosofia (sabedoria de Deus) vem a ser, como dizem, "um corpo de ensinamentos misteriosos revelados somente a poucas pessoas mais avançadas". Esse conhecimento tem recebido o título de doutrina secreta. Nesse sentido, trata-se de um ramo do ocultismo (da palavra latina *ocultus*). Diante disso, tenha em mente a advertência de Paulo sobre as doutrinas que surgiriam nos últimos tempos como ensinos totalmente antagônicos à Palavra de Deus (1 Timóteo 4:1-2).

presta grandemente à especulação; todas as especulações teosóficas e ocultistas são definitivamente perigosas para o equilíbrio mental, moral e espiritual. Especule se quiser, mas nunca ensine qualquer especulação como se fosse uma revelação bíblica.

A especulação atinge a nossa vida de maneiras bastante atraentes. A telepatia é uma maneira chamativa pela qual a especulação da transmigração e da preexistência é introduzida em nossa mente. Telepatia significa eu ser capaz de discernir o pensamento de outra pessoa. Isso abre a linha da autossugestão. Se um indivíduo é capaz de sugerir pensamentos a outro indivíduo, Satanás também é capaz disso; e a consciência da autossugestão, pelo lado humano, abre a mente diabolicamente para ela. A telepatia é mencionada porque todas essas coisas ocultas chegam à nossa vida em fases aparentemente inofensivas.

Por exemplo, o espiritualismo vem por meio de quiromancia, leitura da sorte em xícaras de chá ou cartas de baralho e assim por diante; as pessoas dizem não haver mal em qualquer uma dessas coisas. Nelas há todo o mal e o apoio diabólico. Nada desperta a curiosidade mais rapidamente do que ler a sorte em xícaras de chá ou por meio de baralho. Isso também se aplica a todas as especulações teosóficas; elas chegam diretamente à nossa vida por meio de coisas erroneamente chamadas de psicologia, e despertam uma curiosidade insaciável. Já foi afirmado que a Bíblia não ensina a preexistência.

b) Passagens surpreendentes

Contudo, há algumas passagens surpreendentes que parecem contradizer essa afirmação: Jeremias 1:5, Romanos 9:11-13 e Lucas 1:41. Chamamos essas passagens de *surpreendentes* pela razão óbvia que transmite a ideia de que a Bíblia ensine sobre preexistência.

Há, porém, o que pode ser denominado ideia falsa e ideia verdadeira de preexistência. A ideia falsa de preexistência é que existíamos como seres humanos antes de virmos a este mundo; a ideia verdadeira é a preexistência na mente de Deus. Esse não é um assunto fácil de afirmar, mas é aquilo que é revelado nas Escrituras: a preexistência, na mente de Deus, não apenas no tocante ao grande fato da raça humana, e sim no que se refere à vida individual. A vida individual é a expressão de uma ideia preexistente na mente de Deus; essa é a verdadeira ideia de preexistência. Chame-a de ideal ou da maneira que quiser, mas ela é revelada no Livro de Deus. Nas poucas passagens elencadas acima e em muitas outras, a ideia de preexistência na mente divina é claramente revelada.

Há mais uma coisa em relação à experiência espiritual individual: que a nossa vida individual pode e deve ser uma resposta manifesta às ideias da mente de Deus. "Os passos do homem são dirigidos pelo SENHOR; como, pois, poderá o homem entender o seu caminho?" (PROVÉRBIOS 20:24). Isso confere uma elevada dignidade e grande cuidado com a existência humana. A expressão disso na vida do nosso Senhor está se tornando familiar para nós: Ele nunca agiu por em Seu favor; nunca realizou um milagre porque queria mostrar sua capacidade; jamais falou para mostrar quão maravilhoso era o Seu entendimento da verdade de Deus. Ele declarou: "…o Filho nada pode fazer de si mesmo" (JOÃO 5:19). Ele sempre agiu com base em Seu Pai (JOÃO 14:10).

Por meio de certas memórias raciais que se intrometem na consciência, uma pessoa pode estar nitidamente consciente de uma forma de vida que nunca viveu, podendo ser uma forma de vida de séculos anteriores. A explicação disso não reside no fato de aquele indivíduo específico ter vivido séculos antes, mas em que seus progenitores sim. Assim, existem traços em sua substância nervosa que, por um dos truques incalculáveis da experiência individual, podem emergir subitamente à consciência.

c) Versículos de consolidação

Com isso, queremos nos referir às passagens que consolidam nosso pensamento em uma linha estável de interpretação.

1) A alma não precede o corpo

Na criação do ser humano, a Bíblia revela que primeiro foi criado o seu corpo, não a sua alma. O corpo existiu antes da alma na criação; por isso, não podemos rastrear a história ou o destino da alma humana antes da criação da raça humana. Essa é a primeira e principal linha geral de revelação. Encontramos, em Gênesis 1:26, um esplêndido exemplo de verdadeira preexistência. Deus disse deliberadamente o que tinha em mente, antes de criar o homem: "Façamos o homem à nossa imagem, conforme a nossa semelhança". Revela a preexistência da humanidade na mente divina.

2) O destino da alma não é pré-adâmico

"Portanto, assim como por um só homem entrou o pecado no mundo, e pelo pecado, a morte, assim também a morte passou a todos os homens, porque todos pecaram" (ROMANOS 5:12). O destino da alma teve início *com* a raça humana, não antes dela. Tome qualquer passagem que trate do destino individual — Ezequiel 18, por exemplo — e você encontrará que o destino é determinado durante a vida da alma individual. Todas as especulações referentes à transmigração de alma são estranhas aos ensinos bíblicos.

3) A alma só existe por procriação

Nós não somos criados diretamente pela mão do Todo-poderoso, como Adão foi; somos procriados, gerados, e o espírito, a alma e o corpo de cada pessoa se reúnem no embrião, conforme relatado anteriormente.

Perceba a preexistência do nosso Senhor: "e, agora, glorifica-me, ó Pai, contigo mesmo, com a glória que eu tive junto de ti, antes que houvesse mundo" (JOÃO 17:5). Essa preexistência é muito diferente da fase de preexistência mencionada anteriormente. Essa é a existência de um Ser que era conhecido antes de vir para cá, e a razão de Sua vinda aqui é explicada pelo que Ele era antes de vir. Esse é o único caso de preexistência de uma Pessoa em uma vida anterior. Em nenhum lugar, a Bíblia ensina que os indivíduos existiam em um mundo antes de virem ao mundo; a única preexistência, quanto a isso, está na mente divina.

2. Existência presente

Agora, chegamos a um lugar em que nos sentimos à vontade. No capítulo anterior, abordamos aspectos relacionados à natureza das complexas características da alma; quanto mais pensamos nelas, mais desconcertantes, intrigantes e confusas elas se apresentam. Quando começamos a pensar nas possibilidades da alma humana, nenhum pensamento claro é inicialmente possível.

Chegamos agora às possibilidades e capacidades da alma. Elas podem ser satisfeitas aqui e agora? A Bíblia diz que sim. A afirmação da salvação de Jesus Cristo é que o Espírito de Deus pode satisfazer o último abismo doloroso da alma humana, não só futuramente, mas aqui e agora. Satisfação não significa estagnação; satisfação é o conhecimento de que conquistamos o tipo certo de vida para a nossa alma.

a) Satisfação da alma

"Bendizei, ó povos, o nosso Deus; [...] o que preserva com vida a nossa alma e não permite que nos resvalem os pés" (SALMO 66:8-9,12,16; ISAÍAS 55:3). Dentre inumeráveis passagens do Livro de Deus, essas são indicações que provam que essa complexa alma que temos examinado pode ser, em sua presente existência, satisfeita e colocada em perfeita harmonia consigo mesma e com Deus. O pensamento de que uma alma humana é capaz de cumprir o propósito predestinado por Deus é grandioso.

A alma humana, entretanto, pode ficar estagnada também pela ignorância. No início, não conhecemos as capacidades da nossa alma e nos contentamos em ser ignorantes; porém, quando somos convencidos do pecado, começamos a entender as terríveis e insondáveis profundezas de nossa natureza e a afirmação de Jesus Cristo de que Ele pode solucionar esse abismo. Todo aquele que sabe do que a sua alma é capaz, conhece suas possibilidades e terrores, mas conhece também a salvação proveniente de Deus. Por isso, dará testemunho igual ao da Palavra escrita: de que Jesus Cristo é capaz de satisfazer a alma vivente. Isaías 55:3 é a mensagem do nosso Senhor para a época em que vivemos: "Inclinai os ouvidos e vinde a mim; ouvi, e a vossa alma viverá; porque convosco farei uma aliança perpétua, que consiste nas fiéis misericórdias prometidas a Davi".

Tenha em mente que o diabo satisfaz apenas durante algum tempo. "Os olhos saltam-lhes da gordura; do coração brotam-lhes fantasias" (SALMO 73:7). "Porque não há neles mudança nenhuma, e não temem a Deus" (SALMO 55:19)

b) Pecados e o ambiente da alma

O Salmo 6 se refere ao ambiente da alma na enfermidade corporal e na perplexidade, e seus resultados interiores. O primeiro grau de oração do salmista é "...sara-me, Senhor, porque os meus ossos estão abalados"; o segundo é "...sara-me [...] Também a minha alma está profundamente perturbada", e o terceiro é "...salva-me por tua graça" (SALMO 6:2-4). Esses são três graus de perplexidade que surgem do ambiente da alma, por conta do sofrimento, pois a perspectiva mental é nebulosa e porque Deus não disse uma única palavra.

Quando a alma fica perplexa — e certamente ficará se continuarmos com Deus, pois somos um alvo para Satanás — e os ataques repentinos vêm, como aconteceu na vida de Jó, nós clamamos: "Sara-me por causa da minha dor", mas não há resposta. Então, rogamos: "Sara-me, não porque estou com dor, mas porque a minha alma está perplexa; não consigo ver saída ou por que isso deveria estar acontecendo". Ainda sem receber resposta, finalmente, suplicamos: "Sara-me, Senhor, não por causa da minha dor, nem porque a minha alma está enferma, mas por Tua misericórdia". Então, recebemos a resposta "o Senhor ouviu a minha súplica..." (SALMO 6:9).

O ambiente da alma, as cenas que provêm de nossas ações, produzem perplexidade na alma. A alma não pode ser separada do corpo, e as perplexidades do corpo produzem dificuldades na alma; essas dificuldades se interiorizam e, às vezes, se intrometem no próprio trono de Deus que está no coração.

"Eis que todas as almas são minhas [...] a alma que pecar, essa morrerá" (EZEQUIEL 18:4). Nessa passagem, a vida da alma e o pecado que é punido estão conectados. A tendência de pecar herdada precisa ser purificada, mas somos punidos por todo pecado que cometemos. Contudo, Pedro nos indica isto: "obtendo o fim da vossa fé: a salvação da vossa alma" (1 PEDRO 1:9). *Salvação* se refere a todo o conjunto de uma pessoa — espírito, alma e corpo; assim, tendo "Cristo, as primícias" (1 CORÍNTIOS 15:23) como atingimento definitivo na vida após a morte, nosso espírito, alma e corpo serão semelhantes aos dele em um relacionamento totalmente novo. Na vida presente, a alma pode ser reparada em todas as suas perplexidades e, em todos os ataques e perigos, sendo mantida pelo poder de Deus. O pecado destrói o poder da alma de conhecer o seu pecado; o castigo traz despertamento; o examinar-se traz o castigo e salva a alma da doença do sono, levando-a a uma reparação saudável.

"Eis a razão por que há entre vós muitos fracos e doentes e não poucos que dormem" (1 CORÍNTIOS 11:30), nesse versículo, Paulo faz alusão a uma doença de origem moral, não física. A conexão imediata é a conduta inconveniente, na Ceia do Senhor, dos ex-pagãos convertidos; Paulo diz que essa é a causa das suas doenças corporais. Esta verdade estabelecida permanece: certos tipos de desobediência moral produzem doenças que os remédios físicos não conseguem ter êxito; a obediência é a única cura. Por exemplo, nada consegue resolver as doenças produzidas pelo adultério com o espiritualismo; só existe uma cura — render-se ao Senhor Jesus.

c) Cenário sobrenatural para a alma

"Senhor, queres que mandemos descer fogo do céu para os consumir?" (LUCAS 9:54). Os discípulos conheciam Jesus Cristo suficientemente bem para saber que Ele tinha intimidade com poderes sobrenaturais, mas ainda tinham de aprender que é possível eliminar o pecado e, ao mesmo tempo, servir a si mesmo. "Jesus, porém, voltando-se os repreendeu e disse: Vós não sabeis de que espírito sois" (LUCAS 9:55). É possível fazer o certo com a mentalidade errada. Essas foram as mesmas pessoas que, pouco depois, pediram: "Permite-nos que, na sua glória, nos assentemos um à sua direita e o outro à sua esquerda" (MARCOS 10:37 NAA); e um deles foi enviado por Deus a Samaria, onde percebeu qual era o fogo que Deus enviaria, ou seja: o fogo do Espírito Santo (ATOS 8).

"Porque a nossa luta não é contra o sangue e a carne, e sim contra os principados e potestades" (EFÉSIOS 6:12). Isso não está relacionado com o lado corporal das coisas, e sim com o sobrenatural. Somos prontamente cercados por poderes e forças que não somos capazes de discernir fisicamente. "Não quero que vos torneis associados aos demônios. Não podeis beber o cálice do Senhor e o cálice dos demônios" (1 CORÍNTIOS 10:20-21). Sempre é possível discernir se os cristãos têm mentalidade espiritual analisando-se sua atitude para com o sobrenatural. A moderna atitude quanto à possessão demoníaca é muito instrutiva; muitos adotam a atitude de não existir possessão demoníaca e inferem que o próprio Jesus Cristo sabia muito bem que tal coisa não existia, não vendo que, com tal atitude, se colocam no lugar da pessoa superior e afirmam conhecer todas as opiniões particulares do Todo-poderoso sobre a iniquidade.

Inquestionavelmente, Jesus acreditava no fato da possessão demoníaca. O Novo Testamento é repleto do sobrenatural; Jesus Cristo olhava continuamente para cenários que não vemos e Ele via forças sobrenaturais em ação. "Provai os espíritos se procedem de Deus" (1 JOÃO 4:1). A alma humana pode ser muitíssimo complicada pela interferência do sobrenatural, mas Jesus Cristo pode nos proteger quanto a isso.

Doença, natural e demoníaca. Com *doença natural,* queremos dizer aquela proveniente de causas naturais, não por meio da interferência de qualquer força sobrenatural. A *doença demoníaca* provém de certas partes do corpo infestadas por demônios. Leia os registros de nosso Senhor expulsando demônios. Às vezes, Ele dizia: "Espírito mudo e surdo, eu te ordeno: sai deste jovem" (MARCOS 9:25); em outras ocasiões, nada disse em relação aos demônios ao curar surdos e mudos (VEJA MATEUS 9:32). Ao dirigir-se aos possuídos por demônios, frequentemente o nosso Senhor mencionava o órgão específico afetado. Porém o homem de Gadara estava possuído não apenas em um órgão específico, mas em todo o seu corpo. Quanto espaço o pensamento ocupa? Nenhum! Quantos pensamentos podemos ter em nosso cérebro? Ora, incontáveis! Quanto espaço a personalidade ocupa? Nenhum! Quantas personalidades pode haver em um corpo? Considere esse homem de Gadara. "Perguntou-lhe Jesus: Qual é o teu nome? Respondeu ele: Legião, porque tinham entrado nele muitos demônios" (LUCAS 8:30).

O caso de Judas exemplifica a identificação de uma alma humana com o próprio diabo. Assim como alguém pode se identificar com Jesus Cristo, também pode se identificar com o diabo. Assim como um homem pode nascer de novo, no reino onde Jesus Cristo vive, move-se, tem o Seu ser e pode se identificar com Ele em total santificação, também pode, por assim dizer, nascer de novo no reino do diabo e ser totalmente consagrado a ele. "Entrou nele Satanás" (JOÃO 13:27). Jesus declarou: "Não vos escolhi eu em número de doze? Contudo, um de vós é diabo" (JOÃO 6:70). Esse assunto desperta terrores tremendos, mas esses são fatos revelados no Livro de Deus. Há doenças sobrenaturais do corpo e da alma na vida presente, mas Jesus Cristo pode lidar com todas elas.

3. Existência perpétua

a) Aspecto mortal da alma

"Que é a vossa vida? Sois, apenas, como neblina que aparece por instante e logo se dissipa" (TIAGO 4:14; JÓ 14:2). Por *mortal* entende-se somente nesta ordem de coisas. Ao longo de todo o Livro de Deus, a alma e o ser humano como aparece agora são descritos como mortais em um só aspecto. A alma mantém o corpo e o espírito unidos e, quando o espírito volta para Deus, que o deu, a alma desaparece. Na ressurreição, há outro corpo, um corpo impossível de ser descrito com palavras — glorificado ou um corpo de condenação: "Não vos maravilheis disto, porque vem a hora em que todos os que se acham nos túmulos ouvirão a sua voz e sairão: os que tiverem feito o bem, para a ressurreição da vida; e os que tiverem praticado o mal, para a ressurreição do juízo" (JOÃO 5:28-29) — e, instantaneamente a alma se manifesta novamente. Não temos uma imagem da "ressurreição do juízo"; no entanto, o nosso Senhor afirma que haverá isso (LUCAS 16:19-31).

Temos uma imagem da "ressurreição da vida" no corpo ressuscitado do nosso Senhor, "o qual transformará o nosso corpo de humilhação, para ser igual ao corpo da sua glória" (FILIPENSES 3:21). A vida da alma depende, portanto, plenamente do corpo. As características indeléveis do indivíduo estão em seu espírito; e o Senhor Jesus, que é "as primícias" (1 CORÍNTIOS 15:23), era espírito, alma e corpo. Portanto, a ressurreição não se refere ao espírito, ou à personalidade, que nunca morre, e sim ao corpo e à alma. "Semeia-se corpo natural, ressuscita corpo espiritual" (1 CORÍNTIOS 15:44). Deus cria um corpo glorificado incorruptível como o do Seu próprio Filho — "todo homem em seu próprio regimento", e Jesus Cristo liderando. Assim como o corpo glorificado do nosso Senhor pôde materializar-se durante 40 dias após a Sua ressurreição, o nosso corpo será capaz de materializar-se no dia que há de vir.

b) Aspecto imortal da alma

O aspecto mortal é forte na Bíblia, e o aspecto imortal é igualmente forte. Os aniquilacionistas constroem todos os seus ensinamentos sobre o aspecto mortal; eles dão prova após prova de que, devido à alma e ao corpo serem mortais, somente quem nasceu de novo do Espírito é imortal. A Bíblia revela haver condenação eterna, bem como vida eterna. Nada pode ser aniquilado. Na Escritura, a palavra *destruir* nunca significa "aniquilar".

Neste presente aspecto corporal, a alma é mortal; porém, em outro aspecto é imortal, porque Deus vê a alma em sua união final com o espírito na ressurreição. Veja: "Filho, lembra-te" (LUCAS 16:25-26), e "Jesus lhe respondeu: Em verdade te digo que hoje estarás comigo no paraíso" (23:43). As duas passagens se referem ao estado imediatamente após a morte e revelam que o espírito humano, a personalidade, jamais dorme e nunca morre, no sentido em que o fazem o corpo e a alma.

A heresia do "sono da alma" se insinua aqui. Em parte alguma, a Bíblia diz que a alma dorme; ela diz que o corpo dorme, mas nunca a personalidade; no momento após a morte, o estado é a consciência desimpedida.

c) Vida eterna e morte eterna da alma

"Porque o salário do pecado é a morte, mas o dom gratuito de Deus é a vida eterna em Cristo Jesus, nosso Senhor" (ROMANOS 6:23; MATEUS 10:28; ROMANOS 5:21). Não temos mais base para dizer que existe vida eterna do que para dizer que existe morte eterna. Se Jesus Cristo entende por "vida eterna" o infindável conhecimento consciente de Deus, a morte eterna só pode significar a eterna e consciente separação de Deus. A destruição de uma alma no Hades, ou inferno, é a destruição do último fio de semelhança com Deus.

Marcos usa uma frase estranha: "salgado com fogo" (MARCOS 9:49) — isto é, preservado na morte eterna. Paulo nos diz o que é a morte: "a inclinação da carne é morte" (ROMANOS 8:6 ARC). As pessoas se colocam numa posição insustentável ao dizerem que a condenação eterna não é pessoal, mas a vida eterna é. Não sabemos mais sobre uma do que sobre a outra, e nada sabemos acerca das duas exceto o que a Bíblia nos diz.

Provavelmente, o melhor livro sobre esse assunto, à parte da Bíblia, seja *A personalidade humana*, do Dr. F. W. H. Myers[14]. Ele foi escrito por um célebre homem que tentou provar, não pelo Livro de Deus, e sim simplesmente por especulação, que a alma humana é imortal; ele termina exatamente onde começa, isto é, com suas intuições. Tudo que sabemos em relação à vida eterna, inferno e condenação, somente a Bíblia nos diz. Se afirmamos que Deus é injusto porque revela a morte perene e sugerimos que, portanto, a Bíblia não a ensina, colocamo-nos sob a condenação das passagens dos livros Deuteronômio e Apocalipse às quais já nos referimos. Essas coisas transcendem a razão, mas não contradizem a Razão Encarnada: o nosso Senhor Jesus Cristo. Ele é a autoridade final no assunto. Tudo que esperamos fazer nesses estudos da alma humana é sugerir linhas de pesquisa para o estudante da Bíblia.

---

[14] Fredrich William Henry Myers (1843–1901), mais conhecido por Fredrich Myers, foi erudito literato inglês, famoso pelos seus escritos e estudos sobre os fenômenos espíritas. *A primeira edição, em inglês, do livro A personalidade humana: sobrevivência e manifestações paranormais* (Ed. Edigraf, n/d) foi publicada após sua morte (1903).

9

O CORAÇÃO: A REGIÃO RADICAL DA VIDA

1. *Centro da vida física*

    a) Objetos inanimados (Deuteronômio 4:11; Jonas 2:3; Mateus 12:40)[15]
    b) Menor poder vital (Gênesis 18:5; Juízes 19:5)
    c) Poder vital (Salmo 38:10; Lucas 21:34)
    d) A vida da pessoa íntegra (Atos 14:17; Tiago 5:5)

2. *Centro da vida prática*

    a) Empório (Salmos 5:9; 49:11; 1 Pedro 3:4)
    b) Exportação (Ester 7:5; Marcos 7:21-22)
    c) Importação (Atos 5:3; 16:14; 2 Coríntios 4:6)

Nota: A posição relativa de *cabeça e coração* na Bíblia e no pensamento moderno será explicada. "A cabeça está para a aparência exterior assim como o coração está para a ação da alma.[16]"

1. Centro da vida física

Na Bíblia, o coração, não o cérebro, é revelado como o centro do pensamento. Durante um longo tempo, a ciência sustentou

---

[15] *Nota da edição em inglês:* 1a) e 1b) não aparecem neste capítulo.
[16] *Nota da edição em inglês:* Esta citação parece ser de Eichhorn, citado em *The Tripartite Nature of Man, Spirit, Soul, and Body* (A natureza tripartida do homem, espírito, alma e corpo), de John Bickford Heard.

uma firme oposição ao ponto de vista bíblico, mas, agora, os psicólogos modernos[17] têm lentamente começado a acreditar que, para explicar os fatos da vida consciente, é necessário revisar suas conclusões antibíblicas anteriores. O coração é a primeira coisa a viver fisicamente, e a Bíblia coloca nele todos os fatores ativos que fomos inclinados a depositar no cérebro. A cabeça é a perfeita expressão exterior do coração. No corpo místico de Cristo, Ele é o Cabeça, não o coração. "Cristo é o cabeça da igreja" (EFÉSIOS 5:23; COLOSSENSES 2:19; 1 CORÍNTIOS 11:3).

Então, como as pessoas que não têm um relacionamento correto com Deus, cujas inclinações interiores não foram alteradas, podem ser parte desse corpo, se Cristo é o Cabeça, a verdadeira expressão do corpo, especialmente no centro de sua vida?

No Antigo Testamento, a cabeça tem a proeminência da bênção dada a ela por ser a expressão exterior da condição do coração. "Sobre a cabeça do justo há bênçãos" (PROVÉRBIOS 10:6; GÊNESIS 48:14; 49:26; LEVÍTICO 8:12; SALMO 133:2). Outras passagens se referem ao "semblante", significando não apenas o rosto e a frente da cabeça, e sim todo o corpo que é a expressão exterior da pessoa. O semblante se torna o verdadeiro reflexo do coração quando este teve tempo de manifestar sua verdadeira vida. "Não sabia Moisés que a pele do seu rosto resplandecia, depois de haver Deus falado com ele" (ÊXODO 34:29). "O aspecto do seu rosto testifica contra eles; e, como Sodoma, publicam o seu pecado e não o encobrem" (ISAÍAS 3:9; VEJA TAMBÉM MATEUS 17:2; 2 CORÍNTIOS 3:13; 1 SAMUEL 16:7).

A Bíblia coloca a cabeça na posição de destaque, não na posição central; a cabeça é a manifestação de como é o coração, a expressão exterior do coração, assim como uma árvore é a expressão exterior da raiz. Essa é a relação entre a cabeça e o coração revelada pela Bíblia. Os cientistas materialistas dizem que "o cérebro secreta o

---

[17] A modernidade à qual Chambers (1874–1917) se refere é a de sua época.

pensamento como o fígado secreta a bile"; fazem do cérebro o cerne do pensamento. A Bíblia faz do coração o centro do pensamento, e do cérebro meramente a máquina que o coração utiliza para expressar-se. Este ponto é vital em nosso julgamento das pessoas. Carlyle[18], por exemplo, representa o julgamento de pessoas por aqueles que não aceitam o ponto de vista bíblico acerca desse assunto. Ele julgou as pessoas pelo cérebro delas e chegou à conclusão de que a maior parte da raça humana era tola. Deus nunca julga homens e mulheres pelo cérebro; Ele os julga pelo coração.

O uso do termo bíblico *coração* é mais bem compreendido dizendo simplesmente "eu". O coração não é meramente o lugar das afeições — é o centro de tudo. O coração é o altar central; o corpo é o pátio externo. O que oferecemos no altar do coração acabará sendo transmitido pelas extremidades do corpo. Assim, o coração é o centro da vida, o verdadeiro centro de todas as atividades vitais do corpo, da alma e do espírito. Ao dizer "com o coração se crê" (ROMANOS 10:10), o apóstolo Paulo atribui à palavra *coração* um significado maior do que geralmente damos. A Bíblia sempre confere um significado maior do que somos inclinados a dar. Na Bíblia, o termo *coração* significa o centro de tudo. A alma humana tem o espírito dentro e acima dela, e o corpo junto e ao redor dela; porém, o âmago de tudo é o coração. Quando falamos do coração, em sentido figurativo ou real, queremos dizer a parte mais central de uma pessoa.

O ensino bíblico difere do ensino da ciência porque torna o coração o centro da alma e o centro do espírito. Ao lidar com a Bíblia, o perigo é chegar a ela com uma ideia preconcebida, explorá-la e tirar dela apenas o que se concorda de determinada

---

[18] O autor está se referindo a Thomas Carlyle (1795–1881), escritor e historiador britânico, um dos principais críticos da Inglaterra e da era vitoriana. Ele tornou-se um polêmico crítico social em sua época.

ideia. Se tentarmos, como tem sido tentado por psicólogos, extrair da Bíblia algo que concorde com a ciência moderna, teremos de omitir muitas coisas que a Palavra de Deus diz em relação ao coração. Segundo a Bíblia, o coração é o cerne: o centro da vida física, o centro da memória, o centro da condenação e da salvação, o centro da ação de Deus e o centro da ação do diabo, o centro a partir do qual opera tudo que molda o mecanismo humano.

c) Poder vital

"Acautelai-vos por vós mesmos, para que nunca vos suceda que o vosso coração fique sobrecarregado com as consequências da orgia, da embriaguez e das preocupações deste mundo" (LUCAS 21:34; SALMO 38:10). Essas passagens são características de muitas outras em que o coração se revela o centro de todo o poder vital, físico ou não. Qualquer coisa que faça a frequência cardíaca aumentar contribui para uma manifestação superior ou inferior da vida; o nosso Senhor produz o tipo de vida que altera instantaneamente a vida do coração.

Certas pessoas com quem você entra em contato o "congelam" — você não consegue pensar, as coisas não "andam", tudo parece tenso e ruim; você chega perto de outras pessoas e todas aquelas amarras desaparecem — você fica surpreso com a clareza com que consegue pensar, tudo parece "andar" melhor. Você respira fundo e diz: "Ora, eu me sinto muito diferente; o que aconteceu?". A primeira personalidade trouxe uma atmosfera que congelou o coração, não apenas física, mas psiquicamente; manteve-o frio, abatido e afastado; a segunda personalidade deu ao coração a chance de expandir-se, desenvolver-se e espalhar-se por todo o corpo.

No domínio físico, se as pessoas soubessem que a circulação do sangue e a aceleração da vida do coração removeriam as enfermidades do corpo, muito menos remédios seriam tomados e muito mais caminhadas seriam feitas. O coração é o centro de toda a vida física e de todas as imaginações da mente. Qualquer coisa que mantenha o sangue físico em boa condição e o coração funcionando adequadamente beneficia a vida da alma e a do espírito. Foi por isso que Jesus Cristo disse: "Acautelai-vos por vós mesmos, para que nunca vos suceda que o vosso coração fique sobrecarregado com as consequências da orgia..." (LUCAS 21:34).

Sempre que Paulo menciona certos tipos de pecados, chama-os de idolatria. A cobiça é chamada de idolatria porque, na vida de um indivíduo ambicioso, toda gota de sangue é afastada de Deus espiritualmente. Isso ocorre por sensualidade, embriaguez e vingança. Provavelmente, a vingança é a paixão mais tirânica da mente carnal. A primeira coisa maravilhosa feita pela nova vida que nos é concedida pelo Espírito Santo é aliviar o coração e, à medida que obedecemos ao Espírito, a manifestação na vida se torna mais fácil.

Satanás, porém, é tão sutil quanto Deus é bom; ele tenta falsificar tudo que o Senhor faz e, se não conseguir falsificar, o limitará. Não ignore os estratagemas dele!

d) A vida da pessoa íntegra

"Contudo, não se deixou ficar sem testemunho de si mesmo, fazendo o bem, dando-vos do céu chuvas e estações frutíferas, enchendo o vosso coração de fartura e de alegria" (ATOS 14:17; VEJA TAMBÉM TIAGO 5:5). Essas passagens referem-se ao poder da vida do coração. Se o nosso coração está bem com Deus, percebemos o que é mencionado em Atos 14:17, que tudo nutre e abençoa a vida. Tiago 5:5 indica o outro lado dessa verdade: "Tendes vivido regaladamente sobre a terra; tendes vivido nos prazeres; tendes engordado o vosso coração, em dia de matança". Podemos desenvolver, na vida do coração, tudo o que queremos; não há limite para o possível crescimento e desenvolvimento. Se nos entregarmos à maldade e a Satanás, não haverá fim para o crescimento da crueldade; se nos entregarmos abertamente a Deus, não haverá fim para o nosso desenvolvimento e crescimento em graça. O nosso Senhor não teme as consequências quando o coração está aberto para Ele. Não é de admirar que a Bíblia aconselhe: "Sobre tudo o que se deve guardar, guarda o coração, porque dele procedem as fontes da vida" (PROVÉRBIOS 4:23); Salomão orou por um "*coração* compreensivo" (1 REIS 3:9), e Paulo declara que a paz de Deus "guardará o [nosso] *coração*" (FILIPENSES 4:7).

2. Centro da vida prática

a) Empório

"Pois não têm eles sinceridade nos seus lábios; o seu íntimo é todo crimes" (SALMO 5:9). A palavra "íntimo" é apenas outra palavra para coração; no Salmo 49:11, a frase "pensamento íntimo" significa coração. "Não seja o adorno da esposa o que é exterior [...] seja, porém, o homem interior do coração, unido ao incorruptível trajo de um espírito manso e tranquilo, que é de grande valor diante de Deus" (1 PEDRO 3:3-4).

O coração é a bolsa de valores e o mercado; as nossas palavras e expressões são simplesmente as moedas que usamos, mas a loja se encontra no coração, o empório onde estão todas as mercadorias; e é isso que Deus vê, mas nenhuma outra pessoa consegue ver. É por isso que os julgamentos de Jesus Cristo sempre nos confundem, enquanto não aprendermos a receber, reconhecer e depender do Espírito Santo. A maneira como as pessoas julgaram Jesus em Seu tempo é a maneira como o julgamos hoje. A maneira como a

Bíblia é julgada e Jesus Cristo é julgado é uma indicação de como é o coração se não tivermos recebido o Espírito Santo.

Quando recebemos o Espírito Santo, ficamos na condição dos discípulos após a ressurreição: os olhos deles foram abertos e eles tinham o poder de discernir. Antes de receberem o Espírito Santo, não conseguiam perceber corretamente — simplesmente registravam fisicamente; eles viam que Jesus Cristo era um Ser maravilhoso que acreditavam ser o Messias. Porém, após receberem o Espírito Santo, discerniram o que tinham visto, ouvido e tocado porque seus corações tinham sido conformados; toda a loja interior havia sido reformada e reabastecida pelo Espírito Santo.

Perceba a diferença nas características do indivíduo que faz da cabeça o centro, e da pessoa que faz do coração o centro. Alguém que faz da cabeça o centro se torna um ser intelectual, não avalia as coisas como a Bíblia avalia. Para ele, o pecado é um mero defeito, algo a ser negligenciado e abandonado, e a única coisa que ele despreza é o entusiasmo. Considere o apóstolo Paulo ou qualquer um dos santos do Novo Testamento — a característica da vida deles é o entusiasmo; o coração está em primeiro lugar, não em segundo. Esses são os antípodas da moderna vida intelectual. A mera intelectualidade leva a ausência de sangue e de paixão, ao estoicismo e irrealidade. Quanto mais meramente intelectual uma pessoa se torna, mais irremediavelmente inútil ela é, até degenerar-se em uma mera faculdade de crítica, proferindo os veredictos mais estranhos e selvagens quanto à vida, à Bíblia e ao nosso Senhor.

b) Exportação

"Porque de dentro, do coração dos homens, é que procedem os maus desígnios, a prostituição, os furtos, os homicídios, os adultérios, a avareza, as malícias, o dolo, a lascívia, a inveja, a blasfêmia, a soberba, a loucura" (MARCOS 7:21-22). Para uma pessoa não espiritual, essa passagem é detestável, de absolutamente mau gosto; nove em cada dez pessoas não acreditam nela porque são grosseiramente ignorantes acerca do coração. Nesses versículos, Jesus Cristo diz, em linguagem moderna: "Jamais foi cometido algum crime que todo ser humano não seja capaz de cometer". Eu creio nisso? Você crê? Se não crermos, lembre-se de que damos um veredicto direto para o Senhor Jesus Cristo — dizemos-lhe que Ele não sabe do que está falando. Nós lemos que Jesus "...sabia o que era a natureza humana" (JOÃO 2:25), o que significa que Ele conhecia o coração das pessoas; e o apóstolo Paulo enfatiza a mesma coisa: "Não se glorie na humanidade; confie somente na graça de Deus presente em você e nas outras pessoas". Não admira que Jesus Cristo nos peça para entregarmos a Ele a guarda de nosso coração para que Ele possa enchê-lo com nova vida! Todas as características vistas na vida de Jesus se tornam possíveis em nós ao entregarmos o nosso coração a Ele para sermos plenos do Espírito Santo.

c) Importação

"Então, disse Pedro: Ananias, por que encheu Satanás teu coração, para que mentisses ao Espírito Santo?" (ATOS 5:3). Um mentiroso pentecostal. Essa é uma declaração terrível, totalmente arrepiante. Tal mentira nunca fora mencionada com específica profundidade, mas é aqui mencionada por ser realmente possível o coração tentar enganar o Espírito Santo. "Não mentiste aos homens, mas a Deus" (ATOS 5:4). O nosso Senhor se compromete a preencher toda a região do coração com luz e santidade. "Porque Deus, que disse: Das trevas resplandecerá a luz, ele mesmo resplandeceu em nosso coração, para iluminação do conhecimento da glória de Deus, na face de Cristo" (2 CORÍNTIOS 4:6). Ele pode fazer isso? Eu percebo que preciso que isso seja feito? Ou penso que posso realizá-lo por mim mesmo? Essa é a grande frase da atualidade e está crescendo em popularidade — "Eu preciso me realizar". (Se eu quiser saber como é o meu coração, deixe-me ouvir minha boca, sem restrições, durante cinco minutos!)

Agradeça a Deus por todos os que foram salvos desse caminho perigoso entregando-se ao Senhor Jesus, pedindo-lhe que lhes desse o Espírito Santo e obedecendo à luz que Ele concede!

10

O CORAÇÃO: A REGIÃO RADICAL DA VIDA

O irradiador da vida pessoal, parte 1

1. *Voluntariado*

   a) Determinação (Êxodo 35:21; Ester 7:5; Eclesiastes 8:11; Romanos 6:17; 2 Coríntios 9:7)
   b) Projeto (1 Reis 8:17-18; 10:2; Salmo 21:2; Provérbios 6:18; Isaías 10:7; Atos 11:23; Romanos 10:1)

2. *Versatilidade*

   a) Percepção (Deuteronômio 29:4; Provérbios 14:10; Isaías 32:4; Atos 16:14)
   b) Meditação (Neemias 5:7; Salmos 19:14; 49:3; Isaías 33:18; Lucas 2:19) Isto inclui deliberação e reflexão.
   c) Estimativa (Salmo 33:10-11; Provérbios 16:1,9; 19:21)
   d) Inclinação (Deuteronômio 11:18; 32:46; Josué 24:23; Provérbios 3:3)[19]

3. *Virtudes e vícios*

   a) Todos os graus de alegria (Isaías 65:14; 66:5; Atos 2:46)
   b) Todos os graus de dor (Salmo 109:22; Provérbios 25:20; Atos 21:13; João 16:6)
   c) Todos os graus de mau desejo (Deuteronômio 19:6; Provérbios 23:17; Atos 7:54; Tiago 3:14)

---

[19] *Nota da edição em inglês:* 2d) não aparece neste capítulo.

Um radiador é um corpo que emite raios de luz e calor. Usamos um termo puramente mecânico para representar o que o coração é — o centro que emite raios de luz e calor na estrutura física, na alma e no espírito. Fisicamente, o coração é o centro do corpo; sentimentalmente, é o centro da alma; e espiritualmente, é o centro do espírito. Por *voluntariado* queremos dizer agir por escolha; a escolha é feita no coração, não na cabeça. Por *versatilidade* queremos dizer o poder de passar facilmente de uma coisa para outra. Por *virtudes* queremos dizer excelências morais; por *vícios*, conduta imoral.

1. Voluntariado

A Bíblia revela que o poder da escolha brota do coração e duas coisas precisam ser analisadas: *determinação e projeto*.

a) Determinação

"Mas graças a Deus porque, outrora, escravos do pecado, contudo, viestes a obedecer de coração à forma de doutrina a que fostes entregues" (ROMANOS 6:17; VEJA TAMBÉM ÊXODO 35:21). Essas passagens são típicas de muitas que provam que o ato da escolha está no coração, não no cérebro. Em qualquer pessoa, exceto nas crianças, o impulso é perigoso, sinal de algo instável e não confiável. *Determinação* significa fixar a forma de nossa escolha, e Deus exige que usemos esse poder ao orar. A maioria de nós perde tempo com meros impulsos na oração. Muitos versículos do Livro de Deus se referem a esse poder do coração de escolher voluntariamente. O impulso não é a escolha; ele é muito semelhante ao instinto animal. Ele é a característica da imaturidade e não deve caracterizar homens e mulheres. Em questões espirituais, tome como orientação segura jamais ser guiado por impulso; sempre dê um tempo e controle o seu impulso, reveja-o e analise que forma uma escolha baseada em tal impulso particular tomaria.

"Levando cativo todo pensamento à obediência de Cristo" (2 CORÍNTIOS 10:5) — isso significa a contenção do impulso. Temos em nosso coração o poder de estabelecer a forma de nossa escolha, tanto para o bem quanto para o mal. Não admira a Bíblia dizer: "Sobre tudo o que se deve guardar, guarda o coração, porque dele procedem as fontes da vida" (PROVÉRBIOS 4:23). Espiritualmente, jamais recebemos crédito por dar por impulso. Se, de repente, sentirmos que devemos dar algumas moedas a uma pessoa necessitada, não receberemos crédito algum de Deus por havê-lo dado; não há virtude alguma nisso. Via de regra, esse tipo de doação é um alívio para os nossos sentimentos; não é indicativo de caráter generoso, e sim de falta de generosidade.

Deus nunca estima o que damos por impulso. Nós recebemos crédito por aquilo que, em nosso coração, resolvemos dar, pela doação governada por uma determinação fixa. O Espírito de Deus revoluciona os nossos instintos filantrópicos. Grande parte de nossa filantropia é simplesmente o impulso de evitar uma sensação desagradável. O Espírito Santo transforma tudo isso. Como santos, nossa atitude em relação a doar é que nós o fazemos por amor a Jesus Cristo, e não por algum outro motivo. Deus nos considera responsáveis pela maneira como usamos esse poder de escolha voluntária.

b) Projeto

Em linhas gerais, *projetar* significa planejar. "Já que desejaste edificar uma casa ao meu nome, bem fizeste em o resolver em teu coração" (1 REIS 8:18). Esse é um exemplo típico do fato de que Deus nos dá crédito, não por nossos impulsos, e sim pelos desígnios de nosso coração. Deus pode permitir que o projeto nunca seja executado, mas nos credita o projeto. Quando jantamos bem e nos sentimos extremamente generosos, dizemos: "Se eu tivesse um milhão de dólares, o que poderia fazer com ele!". Não recebemos crédito por isso enquanto não é considerado o que fazemos com o que temos. A prova de que o projeto para o milhão de dólares daria certo é o que fazemos com a quantia atual que temos. Davi planejou em seu coração o que faria para Deus e, embora não houvesse recebido permissão para fazê-lo, o Senhor lhe deu o crédito por ter esse plano em seu coração. Deus lida com os projetos do nosso coração, quer eles sejam para o bem ou para o mal.

Caráter é toda a tendência da vida de alguém, não atos isolados aqui e ali; e Deus lida conosco na linha de construção do caráter. Lembre-se, portanto, de que nós temos o poder de estabelecer a forma da nossa escolha. "Agrada-te do SENHOR, e ele satisfará os desejos do teu coração" (SALMO 37:4). O desejo envolve determinação e projeto. No tocante a esse versículo, algumas pessoas se comportam diante de Deus como fazem com um osso da sorte na ceia de Natal. Elas dizem: "Agora que li esse versículo, gostaria de saber o que devo desejar". Isso não é desejo. *Desejo* é o que determinamos em linhas gerais em nossa mente, e planejamos e estabelecemos em nosso coração; esse é o desejo que Deus cumprirá ao nos deleitarmos nele.

2. Versatilidade

Versatilidade é o poder de mudar de uma coisa para outra; no mundo natural, ela é denominada humor. O poder de mudar de uma coisa para outra se deve a um senso de proporção. Um barco salva-vidas que não emborca dá essa ideia. O pecado destruiu esse poder no povo de Deus. Leia Salmo 106:6 — "Pecamos, como nossos pais". Como eles pecaram? Esquecendo-se do que Deus fizera no passado, não tinham poder para mudar das suas presentes circunstâncias difíceis para o tempo em que as circunstâncias não eram árduas; consequentemente, pecaram contra Deus pela incredulidade. Nós temos o poder de passar da profunda angústia à profunda alegria: "Sinto abatida dentro de mim a minha alma; lembro-me, portanto, de ti" (SALMO 42:6).

Algumas pessoas adotam a característica de serem sempre alegres e pensam que precisam manter esse papel constantemente. Outras adotam o papel de grandes sofredoras e nunca se afastam disso. Na vida de nosso Senhor, encontramos o equilíbrio fundamental desse poder; veja também este argumento de Paulo: "E sabemos que todas as coisas contribuem juntamente para o bem daqueles que amam a Deus…" (ROMANOS 8:28 ARC). Temos de pegar "todas as coisas", quando postas "juntamente", não separadas. Se as suas circunstâncias são difíceis agora, lembre-se do tempo em que elas não eram difíceis; você ficará surpreso com o poder do coração humano de mudar de uma coisa para outra sem emborcar.

Quanta dor e quanta alegria um coração humano pode suportar! Se perdemos o poder de mudar de uma para a outra, perturbamos o equilíbrio. O Espírito de Deus restaura e mantém o equilíbrio correto.

a) Percepção

"Coração para entender […] olhos para ver […] ouvidos para ouvir" (DEUTERONÔMIO 29:4; VEJA TAMBÉM PROVÉRBIOS 14:10). *Percepção* significa o poder de discernir o que ouvimos, vemos e lemos; o poder de discernir a história da nação a qual pertencemos, o poder de discernir em nossa vida pessoal. Esse poder também está no coração. Quantos de nós temos o poder de "ouvir com os ouvidos"? Jesus disse: "Quem tem ouvidos para ouvir, ouça" (MATEUS 11:15).

Nós precisamos ter o poder da percepção para interpretar o que ouvimos. Isaías 53:1 expressa isso da seguinte maneira: "Quem creu em nossa pregação? E a quem foi revelado o braço do Senhor?".

Todos nós vemos as ocorrências comuns de nossa vida diária; mas quem de nós é capaz de perceber o braço do Senhor por trás delas? Quem é capaz de perceber, por trás do trovão, a voz de Deus? Lemos, em João 12, que, quando veio uma voz do Céu, as pessoas que estavam perto disseram que havia trovejado, mas Jesus reconheceu a voz de Seu Pai. Ele tinha percepção; os outros, não. A luz que feriu Saulo de Tarso no caminho para Damasco atordoou e espantou as pessoas que viajavam com ele, mas elas não ouviram a voz; Saulo soube que era o Senhor e respondeu: "Quem és tu, Senhor?" (ATOS 9:5). Um tinha o poder de percepção; os outros, não.

A característica de uma pessoa desprovida do Espírito de Deus é não ter o poder de percepção, não ter como perceber Deus em ação em ocorrências comuns. A característica maravilhosa e inabalável de um santo é discernir o Senhor. Você pode colocar um santo em tribulação, em meio a uma investida de principados e potestades, em perigo, pestilência ou sob espada; você pode colocar um santo em qualquer lugar que quiser; ele é sempre mais do que vencedor. Por quê? Pelo fato de o coração dele estar repleto do amor de Deus, ele tem o poder de perceber e compreender que Deus está por trás de todas essas coisas, fazendo-as cooperar para o seu bem.

"Desvia os meus olhos, para que não vejam a vaidade" (SALMO 119:37). Isso não significa "mantenha meus olhos fechados", e sim "dê-me o poder de direcionar meus olhos corretamente". Uma folha de papel branco pode ser manchada, já um raio de sol não pode ser. Deus mantém Seus santos como luz. Ó, o poder da retidão da plenitude! Agradeça a Deus pela sanidade da Sua salvação! Ele se apossa do nosso coração *e* da nossa cabeça!

b) Meditação

Meditação significa chegar ao meio de algo, não ser como um seixo em um riacho, deixando a água do pensamento passar por nós; isso é *devaneio*, não meditação. Ela é uma atividade espiritual intensa. E significa colocar todas as partes da mente sob controle e concentrar seus poderes; inclui deliberação e reflexão. A deliberação significa sermos capazes de pesar bem o que pensamos, conscientes o tempo todo de que estamos decidindo e meditando. "Depois de ter considerado comigo mesmo" (NEEMIAS 5:7), esse é exatamente o significado da meditação; também — "Maria, porém, guardava todas estas palavras, meditando-as no coração" (LUCAS 2:19).

Muitas pessoas encantadoras confundem meditação com oração; frequentemente, a meditação acompanha a oração, mas não significa oração — é simplesmente o poder do coração natural de chegar ao meio das coisas. Oração é um pedido, por meio do qual Deus coloca processos em funcionamento e cria coisas que não existem até que peçamos. Não é que Ele retenha: mas o Senhor constituiu as coisas, com base na redenção, de modo que elas não podem ser dadas enquanto não pedimos. A oração é uma verdadeira conversa com Deus, em torno da qual, Ele coloca uma atmosfera, e nós recebemos respostas. A meditação tem uma ação reflexa: pessoas totalmente desprovidas do Espírito de Deus podem meditar; mas isso não é oração. Essa distinção fundamental, com frequência, é ofuscada. Maria "meditou" essas coisas em seu coração — foi diretamente ao centro das revelações acerca de seu Filho, mas, pelo que sabemos, nada disse a pessoa alguma.

Leia o evangelho de João e algo maravilhoso lhe ocorrerá. Santo Agostinho chamou o evangelho de João de "o Coração de Jesus Cristo". Lembre-se do que Jesus disse à Sua mãe sobre João: "Mulher, eis aí teu filho!" e a João, acerca de Maria: "Eis aí tua mãe. Dessa hora em diante, o discípulo a tomou para casa" (JOÃO 19:26).

Certamente, é bastante legítimo pensar que as meditações de Maria encontraram uma maravilhosa expressão para João sob a orientação do Espírito de Deus, e um lugar em seu evangelho e suas epístolas.

c) Estimativa

"O coração do homem pode fazer planos, mas a resposta certa dos lábios vem do SENHOR" (PROVÉRBIOS 16:1). *Estimar* significa calcular o valor. As nossas estimativas são feitas no coração, e Deus as modifica. Colocando de forma prática — aqueles de vocês que receberam o Espírito de Deus e conhecem a Sua graça por experiência, observem como Ele transformou a sua avaliação das coisas. Costumava importar muito o que o seu povo mundano pensava de você; quanto isso importa agora? Você costumava estimar muito a boa opinião de certas pessoas; quanto você a estima agora? Você costumava estimar que a conduta imoral era o pior crime da Terra; como você a estima agora?

Nós ficamos horrorizados com a conduta imoral na vida social, mas quantos de nós ficamos tão horrorizados com a soberba quanto Jesus Cristo ficou? Começamos a entender o que Jesus quis dizer ao usar palavras como "raça de víboras" ou "sois semelhantes aos sepulcros caiados" (MATEUS 3:7; 23:27)? A quem Ele estava se dirigindo? Aos escribas e fariseus! Deus altera as nossas estimativas; com isso, descobriremos que Ele nos dá um horror mais profundo à carnalidade do que jamais tivemos à imoralidade; um horror mais profundo à soberba que vive tranquila na sociedade, mas que se levanta contra Deus, do que a qualquer outra coisa. A soberba é a cidadela central da independência de Deus.

Deus também alterará a nossa estimativa da honra. Todos têm alguma espécie de honra; um ladrão tem uma honra, um jogador tem uma honra, todos nós temos algum tipo de honra. Jesus Cristo tinha honra; eles o chamaram de glutão e bebedor de vinho (MATEUS 11:19); disseram que Ele estava fora de si; possuído por demônio, e Ele jamais abriu a boca. Ele se esvaziou de toda reputação (FILIPENSES 2:7). Porém, se a honra de Seu Pai era tocada, tudo mudava. Observe Seu primeiro ministério público em Jerusalém — com um chicote de cordas em Suas mãos, derrubando as mesas dos cambistas e expulsando homens e gado! Onde está o manso, meigo e suave Jesus naquele momento? A honra de Seu Pai estava em jogo.

Nossa estimativa de honra mede o nosso crescimento na graça. Aquilo que defendemos comprova como é o nosso caráter. Se defendemos a nossa reputação, é um sinal de que ela precisa ser defendida! Deus nunca defende os Seus santos; eles não precisam disso. O diabo conta mentiras sobre as pessoas, mas nenhuma calúnia na Terra pode alterar o caráter de alguém. Se a honra de Deus for caluniada, instantaneamente o seu santo "manso" se torna algo mais com que se lidar. Você não é capaz de despertá-lo por conta própria, mas, se começam a caluniar a Deus, um novo senso de honra é despertado, uma nova estimativa entrou em ação. Ele nos capacita a ter a perspectiva correta, a chegar ao lugar onde entendemos que as coisas que se veem são temporais e a estimá-las adequadamente, tendo uma escala correta de julgamento.

3. Virtudes e vícios

a) Todos os graus de alegria

A Bíblia fala abundantemente em alegria, mas em nenhum lugar fala em um cristão "feliz". A felicidade depende do que acontece; a alegria, não. Lembre-se de que Jesus Cristo tinha alegria e orou "...para que tenham a minha alegria completa em si mesmos" (JOÃO 17:13 ARC). Quero fazer uma advertência sobre a Ciência Cristã[20]. Não há objeção ao que a Ciência Cristã faz ao corpo das pessoas, mas há uma tremenda objeção ao seu efeito sobre a mente delas. Seu efeito sobre a mente das pessoas é torná-la intoleravelmente indiferente ao sofrimento físico e, com o tempo, produzir os antípodas do caráter cristão, isto é: um coração duro e insensível.

Todos os graus de alegria encontram-se no coração. Como pode um cristão estar cheio de felicidade (se a felicidade depende das coisas que acontecem), vivendo em um mundo no qual o diabo está se empenhando ao máximo para afastar as almas de Deus, onde pessoas são torturadas fisicamente, onde algumas são oprimidas e não têm qualquer chance? Seria o resultado do mais miserável egoísmo ser feliz em tais condições; porém, um coração alegre nunca é um insulto e a alegria nunca é afetada por condições exteriores. Cuidado ao pregar o evangelho do temperamento em vez do evangelho de Deus. Atualmente, inúmeras pessoas pregam o evangelho do temperamento, o evangelho do "anime-se". A palavra *bem-aventurado* é, às vezes, traduzida como "feliz", mas seu significado é muito mais profundo, incluindo tudo que entendemos por alegria em sua plena fruição. A felicidade é uma característica da infância, e Deus nos condena por tirar a felicidade da vida de uma criança. Todavia, como homens e mulheres, deveríamos ter encerrado o assunto com a felicidade

---

[20] A Ciência Cristã foi fundada por Mary Baker Eddy (1821–1910). É uma mistura de filosofia, sistema de cura e religião; não tem nada de ciência, nem de cristã. Ela nega a existência da matéria, do sofrimento, da enfermidade, do pecado e de todo o mal. Diz que essas são apenas ideias errôneas, pois na realidade tudo é bom, tudo é perfeito. Ensina que Deus — Pai-Mãe de todos — é completamente bom e completamente espiritual e que toda a criação de Deus, incluindo a verdadeira natureza de toda pessoa, é a semelhança espiritual e sem defeito do Divino. Muitas pessoas são enganadas pela hipocrisia do nome e creem que é simplesmente outra igreja cristã.

há muito tempo: deveríamos estar enfrentando as duras questões da vida, sabendo que a graça de Deus é suficiente para todos os problemas que o diabo possa apresentar.

b) Todos os graus de dor

"O que entoa canções junto ao coração aflito é [...] como vinagre sobre salitre" (PROVÉRBIOS 25:20 ARC). Isso é simplesmente o que já foi afirmado: pregar o evangelho do temperamento, o evangelho do "anime-se", quando alguém não consegue se animar; dizer-lhe para ver o lado bom das coisas, quando não há lado bom. É tão ridículo quanto dizer a uma água-viva para escutar um dos oratórios de Händel[21] — primeiramente, ela teria de ser recriada. É igualmente fútil dizer "anime-se" a uma pessoa condenada pelo pecado; ela necessita da graça de Deus para ser transformada e receber a fonte da alegria.

A dor existe no coração e em nenhum outro lugar. Nós tentamos medir a dor no todo, mas não podemos. Quando centenas de pessoas são mortas num grande acidente, ficamos horrorizados, muito mais horrorizados do que quando uma pessoa é morta. Não existe dor em massa: a dor é individual; ninguém pode sentir mais dor do que o máximo dos nervos pode gerar; quanto mais expressão física houver na dor, menos dor haverá. É por nos recursarmos a avaliar as coisas à luz correta que compreendemos mal a direção da dor.

---

[21] Georg Friedrich Händel (1685-1759) foi um compositor alemão, naturalizado inglês, considerado um dos maiores compositores da música barroca. Händel teve, na fé luterana, a motivação profunda para a sua música religiosa e reconstruiu, em maiores dimensões, a polifonia vocal, tendo como origem a polifonia instrumental da música de órgão. Seus oratórios estão no centro de sua obra vocal.

c) Todos os graus de desejo mau

A paixão mais profundamente enraizada na alma humana é a vingança. Embriaguez, sensualidade e cobiça são profundas, mas não tanto quanto a vingança. Alguns pensamentos semelhantes a esse explicam Judas; a Bíblia diz que ele "o beijou" (MARCOS 14:45). Lemos sobre o remorso daquele discípulo, mas não havia nele arrependimento; o fim de sua vida chegou, não havia mais nada pelo que viver. Há registros de pessoas que cometeram homicídio, após um longo caminho de vingança; depois, morreram, por causa do coração partido; não por serem penitentes, mas por não haver mais pelo que viver.

A vingança é a paixão mais profundamente enraizada na alma humana, e sua personificação é o diabo. O diabo tem ódio absoluto de Deus, uma aversão imortal por Ele. O pecado de Satanás está acima de todos os pecados; o nosso pecado está na base de todos os pecados.

Se o pecado não atingiu o seu terrível auge em nós, poderá fazê-lo, a menos que permitamos Deus transformar as fontes do nosso coração.

Graças a Deus por Ele transformar o coração. Quando a Sua nova vida está em nosso coração, podemos trabalhá-la em nossa cabeça e expressá-la em nossa vida.

11

O CORAÇÃO: A REGIÃO RADICAL DA VIDA

O irradiador da vida pessoal, parte 2

1. *Voluntariado*
   a) Amor (Juízes 5:9; Provérbios 23:26; 2 Coríntios 7:3; Filipenses 1:7; 1 Timóteo 1:5)
   b) Ódio (Levítico 19:17; Salmo 105:25)

2. *Versatilidade*
   a) Memória (2 Crônicas 7:11; Isaías 65:17; Jeremias 3:16; Lucas 1:66; 21:14; Atos 7:23; 1 Coríntios 2:9)
   b) Pensamento (Gênesis 8:21; 17:17; 24:45; Eclesiastes 1:16; Mateus 24:48; Hebreus 4:12)
   c) Local de origem das palavras (Êxodo 28:3; Jó 8:10; Salmo 15:2; Mateus 12:34)

3. *Virtudes e vícios*
   a) Todos os graus de medo (Deuteronômio 28:28; Salmo 143:4; Provérbios 12:25; Eclesiastes 2:20; Jeremias 32:40)
   b) Todos os graus de angústia (Levítico 26:36; Josué 5:1; Salmo 102:4; Jeremias 4:19)
   c) Toda a unidade intencional (1 Crônicas 12:38; Jeremias 32:39; Ezequiel 11:19; Atos 4:32)

1. Voluntariado

a) Amor

"Ora, o intuito da presente admoestação visa ao amor que procede de coração puro, e de a consciência boa, e de fé sem hipocrisia" (1 TIMÓTEO 1:5; VEJA TAMBÉM JUÍZES 5:9; PROVÉRBIOS 23:26; FILIPENSES 1:7; 2). Amar é preferir supremamente o outro a mim mesmo. Podemos nos surpreender ao perceber que o amor flui de uma escolha voluntária. O amor a Deus não brota naturalmente do coração humano, mas cabe a nós escolher se queremos que o amor de Deus nos seja transmitido pelo Espírito Santo. "O amor de Deus é derramado em nosso coração pelo Espírito Santo, que nos foi outorgado" (ROMANOS 5:5; VEJA TAMBÉM LUCAS 11:13). Estamos enfatizando, neste momento, a necessidade da escolha voluntária. Não adianta orar "Ó Senhor, concede-me mais amor! Dá-me amor como o Teu; eu quero te amar como mereces" se não começamos pelo princípio, que é escolher receber o Espírito Santo que derramará o amor de Deus em nosso coração.

Cuidado com a tendência de tentar fazer o que somente Deus pode fazer e de culpá-lo por não fazer o que apenas nós podemos fazer. Nós tentamos nos salvar, mas somente Deus pode fazer isso; tentamos nos santificar, mas somente Ele pode fazê-lo. Após Deus haver feito essas obras soberanas da graça em nosso coração, temos de expressá-las em nossa vida. "Desenvolvei a vossa salvação com temor e tremor; porque Deus é quem efetua em vós tanto o querer como o realizar, segundo a sua boa vontade" (FILIPENSES 2:12-13).

O amor de Deus é a grande fonte principal e, por nossa escolha voluntária, podemos ter esse amor derramado em nosso coração; então, se não for impedido pela desobediência, ele passará a se desenvolver no perfeito amor descrito em 1 Coríntios 13.

Temos, então, de fazer a escolha voluntária de receber o Espírito Santo que derramará em nosso coração o amor de Deus. Quando tivermos esse maravilhoso amor em nosso coração, a preferência soberana por Jesus Cristo, o nosso amor pelos outros será concernente a esse amor central. "Porque não nos pregamos a nós mesmos, mas a Cristo Jesus como Senhor e a nós mesmos como vossos servos, *por amor de Jesus*" (2 CORÍNTIOS 4:5).

b) Ódio

"Não aborrecerás teu irmão no teu íntimo" (LEVÍTICO 19:17; VEJA TAMBÉM SALMO 105:25) — As passagens citadas são escolhidas dentre inúmeras que mencionam *ódio*. O exato oposto do amor é o ódio. Atualmente, não ouvimos muito falar de ódio relacionado ao cristianismo. *Ódio* é a suprema aversão de uma personalidade por outra, e a outra pessoa deveria ser o diabo. A Palavra de Deus mostra claramente o mal de odiar outras pessoas, mas Paulo afirma: "a nossa luta não é contra o sangue e a carne", isto é: contra pessoas más, "e sim contra os principados e potestades [...] contra as forças espirituais do mal" (EFÉSIOS 6:12) que estão por trás do ser humano. Pessoas más são simplesmente a manifestação do poder de Satanás.

Se o amor de Deus fosse apresentado como desprovido do ódio ao mal, ao pecado e ao diabo, isso significaria simplesmente que o amor de Deus não é tão forte quanto o nosso. Quanto mais forte, mais elevado e mais enfático o amor, mais intenso é o seu contrário, o ódio. Deus ama tanto o mundo, que odeia, com perfeito ódio, tudo aquilo que afasta as pessoas dele. Sumariamente, os dois antagonistas são Deus e o diabo.

Uma boa maneira de usar os salmos "de maldição" é algo assim: "Não aborreço eu, Senhor, os que te aborrecem? [...] Aborreço-os com ódio consumado" (SALMO 139:21-22). Pergunte a si mesmo: *O que é que odeia a Deus?* Nada nem ninguém odeia tanto a Deus como a disposição perversa que existe em você. A mente carnal é "inimizade contra Deus" (ROMANOS 8:7); o que devemos odiar é esse princípio que cobiça, contrariamente ao Espírito de Deus, e está determinado a conquistar nosso corpo e nossa mente e afastá-los de Deus. O Espírito Santo desperta em nós um incomensurável ódio por esse poder, até que não somente estejamos fartos dele, mas também mortalmente fartos, e façamos, com prazer, a escolha moral de ir ao seu funeral. O significado de Romanos 6:6 é exatamente esse. Dito na linguagem bíblica, "sabendo isto: que foi crucificado com ele o nosso velho homem". O "velho homem" é o que o Espírito de Deus nos ensina a odiar, e o amor de Deus em nosso coração concentra a nossa alma em horror contra o erro. Não dê desculpas. Na próxima vez em que você ler os salmos que as pessoas consideram tão terríveis, use essa interpretação para suportá-los.

Outra coisa: a Bíblia declara que "Deus amou ao mundo de tal maneira que deu o seu Filho unigênito..." (JOÃO 3:16); ainda assim, diz que, se somos amigos do mundo, somos inimigos de Deus. "Não compreendeis que a amizade do mundo é inimiga de Deus?" (TIAGO 4:4). A diferença é que, por amar tanto ao mundo, Deus faz de tudo para remover dele o mal — e nós precisamos ter o mesmo tipo de amor. Qualquer outro tipo de amor pelo mundo simplesmente significa que o aceitamos como é e estamos perfeitamente satisfeitos com ele. Assim sendo, o mundo está certo e estamos muito felizes nele; o pecado, o mal e o diabo são numerosos orientalismos[22]. Esse

---

[22] Segundo a tese de Edward W. Said, em seu livro *Orientalismo: o oriente como invenção do ocidente* (Companhia das letras, 1996), "...os aspectos essenciais da teoria e da práxis orientalistas modernas (das quais deriva o orientalismo de hoje) podem ser entendidos não como um acesso súbito de conhecimento objetivo sobre o Oriente, mas como um conjunto de estruturas herdadas do passado, secularizadas, predispostas e reformadas por disciplinas como a filologia, que por sua vez eram substitutos (ou versões) naturalizados, modernizados e laicizados do sobrenaturalismo cristão".

sentimento é o inimigo de Deus. Nós amamos o mundo, nesse sentido, o suficiente para nos dispormos e nos permitir sermos usados para que Deus possa manifestar a Sua graça, por intermédio de nós, até que o pecado e o mal sejam removidos?

Graças a Deus, essas escolhas voluntárias estão em nosso coração e realizarão um tremendo propósito em nossa vida. Fiz essa escolha voluntária de receber o amor de Deus? Cheguei ao fim de mim mesmo? Sou, de fato, espiritualmente pobre? Percebo, sem qualquer astúcia, que não tenho, em mim mesmo, poder algum para ser santo? Escolho deliberadamente receber de Deus a graça soberana que fará essas coisas em mim? Se assim for, deverei exteriorizar tudo isso com alegre presteza.

2. Versatilidade

Em um estudo anterior, explicamos a *versatilidade* como a capacidade de passar facilmente de uma coisa para outra. Quando você estiver em circunstâncias difíceis, lembre-se de quando elas não eram tão desafiadoras. Deus nos deu esse poder de nos transformarmos pela lembrança; se perdemos esse poder, punimo-nos, e isso nos levará à melancolia e ao perigo das ideias irredutíveis.

a) Memória

Como expressão desse grande e surpreendente poder, considere a memória, que não se encontra no cérebro, e sim no coração. "Assim, Salomão acabou a Casa do Senhor [...] tudo quanto Salomão intentou fazer na Casa do Senhor [...] prosperamente o efetuou" (2 CRÔNICAS 7:11; VEJA TAMBÉM ISAÍAS 65:17; JEREMIAS 3:16; ATOS 7:23; 1 CORÍNTIOS 2:9).

O cérebro não é algo espiritual, e sim físico. A memória é uma coisa espiritual e existe no coração; o cérebro se lembra mais ou menos claramente do que o coração recorda. Numa das parábolas contadas pelo Senhor (LUCAS 16:25), ao mencionar que Abraão disse ao homem rico: "Filho, lembra-te", Jesus não estava se referindo a uma pessoa com cérebro físico nesta ordem de coisas, de modo algum. Outras passagens se referem ao maravilhoso poder de Deus de apagar certas coisas da memória dele. Para nós, esquecer é um defeito; para Deus, é um atributo. "Desfaço as tuas transgressões como a névoa e os teus pecados, como a nuvem" (ISAÍAS 44:22). "Por toda a região montanhosa da Judeia foram divulgadas estas coisas. Todos os que as ouviram guardavam-nas no coração" (LUCAS 1:65-66; LUCAS 21:14). Nessas passagens, a memória é colocada no coração. Nós nunca nos esquecemos, exceto pela soberana graça de Deus; o problema é que não nos lembramos facilmente.

A recordação depende do estado do nosso cérebro físico e, quando as pessoas dizem que têm má memória, querem dizer que têm um péssimo poder de recordar-se. Paulo declara: "esquecendo-me das coisas que para trás ficam" (FILIPENSES 3:13); mas perceba o tipo de coisas de que ele esqueceu. Paulo nunca se esqueceu de que "noutro tempo, era blasfemo, e perseguidor, e insolente" (1 TIMÓTEO 1:13); ele está se referindo às suas realizações espirituais: "Eu me esqueço do que realizei porque estou avançando para algo adiante". Assim que você para de remar, descansa em sua experiência espiritual e diz: "Graças a Deus, realizei isso", você começa a voltar. Esqueça-se do que você alcançou: mantenha os olhos fixos no Senhor Jesus e prossiga. As pessoas dizem que Deus nos ajuda a esquecer o nosso passado, mas isso é verdade? De vez em quando, o Espírito de Deus nos faz lembrar de quem somos e da cova de onde fomos resgatados, para que entendamos que tudo que somos é pela soberana graça divina, não por nossa própria obra; caso contrário, ficaríamos enaltecidos e soberbos.

No caso de pessoas com déficit de memória[23], como é denominado, alguns dizem que seria melhor afastá-las; colocá-las para dormir, se isso fosse legal. Por que eles dizem isso? Porque avaliam erroneamente; fazem-no segundo a perfeição da máquina. Deus olha para o que não podemos ver; isto é: para o coração. Deus não olha para o cérebro, para o que as pessoas olham, nem mesmo reduz as pessoas da maneira como nós o fazemos. O maravilhoso é que, se entregarmos nossa vida a Deus por escolha voluntária e recebermos o Seu Espírito, Ele nos purificará com tamanha profundidade que jamais alcançaríamos. Então, como as pessoas são tolas em não entregar a vida a Ele! "Ele guarda os pés dos seus santos" (1 SAMUEL 2:9). Deus manterá o seu coração tão puro que você estremeceria de espanto, se soubesse quão pura a expiação do Senhor Jesus pode tornar o mais vil coração humano, se apenas nos mantivermos na luz, como Ele está na luz. "Se, porém, andarmos na luz, como ele está na luz, mantemos comunhão uns com os outros, e o sangue de Jesus, seu Filho, nos purifica de todo pecado" (1 JOÃO 1:7). Nós usamos esse versículo com excessiva leviandade; é simplesmente Deus deixando o prumo cair diretamente até as profundezas da experiência de um coração redimido e dizendo "É assim que eu o vejo": purificado pela maravilhosa expiação de Jesus; o último fio de memória purificado por meio do sangue do Seu Filho.

---

[23] Nesse contexto, Chambers não está referenciando reações a casos de simples falha de memória, mas provavelmente fazendo alusão a algumas das síndromes demenciais caracterizadas pela presença de déficit progressivo na função cognitiva, com maior ênfase na perda de memória e interferência nas atividades sociais e ocupacionais.

b) Pensamento

O pensamento ocorre no coração, não no cérebro. Os verdadeiros poderes espirituais de uma pessoa residem no coração, que é o centro da vida física, da vida da alma e da vida espiritual. A expressão do pensamento é transferida ao cérebro e aos lábios porque, por meio desses órgãos, o pensamento se torna articulado. "Porque a palavra de Deus [...] é apta para discernir os pensamentos e propósitos do coração" (HEBREUS 4:12; VEJA TAMBÉM GÊNESIS 8:21; 17:17; 24:45; SALMO 102:4; MATEUS 24:48)

Segundo a Bíblia, o pensamento existe no coração, e essa é a região com a qual o Espírito de Deus lida. Podemos assumir, como regra geral, que Jesus Cristo nunca responde a qualquer pergunta que brota da mente de uma pessoa, visto que as perguntas que surgem do nosso cérebro são sempre emprestadas de algum livro que lemos ou de alguém que ouvimos falar; porém, às perguntas que surgem do nosso coração, aos problemas reais que nos incomodam, Jesus Cristo responde. As questões com que Ele veio lidar são aquelas que aparecem do centro implícito. Esses problemas podem ser difíceis de expressar em palavras, mas são os problemas que Jesus Cristo resolverá.

c) Local de origem das palavras

O coração é a primeira coisa a viver no nascimento físico e no nascimento espiritual. É maravilhoso Deus poder limpar e purificar os pensamentos do nosso coração. É por isso que o nosso Senhor diz: "...a boca fala do que está cheio coração" (LUCAS 6:45). A Bíblia afirma que as palavras nascem no coração, não na cabeça. "Porventura, não te ensinarão os pais, não haverão de falar-te e do próprio entendimento não proferirão estas palavras" (JÓ 8:10; VEJA TAMBÉM MATEUS 12:34).

Jesus Cristo dizia que sempre falava de acordo com a vontade de Seu Pai. Por acaso, Deus escreveu as palavras e disse a Ele para decorá-las? Não! A mola-mestra do coração de Jesus Cristo era a mola-mestra do coração de Deus Pai; consequentemente, as palavras que Jesus Cristo falava eram a exata expressão do pensamento de Deus Pai. Em nosso Senhor Jesus, a língua estava no seu devido lugar; Ele nunca falava a partir de Sua cabeça, e sim sempre a partir de Seu coração. "Se alguém supõe ser religioso, deixando de refrear a língua [...] a sua religião é vã" (TIAGO 1:26), nada há nela. A língua e o cérebro estão sob o nosso controle, não sob o de Deus.

Veja a história das palavras, nos diferentes países da raça humana, ou tome as nossas palavras atuais. Por exemplo: as palavras que aparecem no cabeçalho destes estudos são todas técnicas, não há "coração" nelas. Compare a Bíblia *King James Version* (KJV), que foi traduzida para o linguajar do povo. A nossa linguagem moderna é uma grande ajuda para a hipocrisia interior e se torna uma armadilha, pois é fácil falar piedosamente e viver iniquamente. Falar a partir do coração não significa meramente refinamento da palavra; às vezes, a fala de Jesus Cristo soava como qualquer coisa, exceto agradável aos ouvidos naturais — por exemplo, em Mateus 23. Algumas das palavras usadas pelo Senhor e algumas aplicações que Ele fez de Sua verdade foram terríveis e rudes. Leia a descrição que o nosso Senhor fez acerca do coração. Jesus disse: "Do coração procedem..." e, a seguir, vem a desagradável lista (MATEUS 15:19). Homens e mulheres corretos do mundo simplesmente não acreditam nisso. Ali, Jesus Cristo não falou como um ser humano. Falou como o Mestre de pessoas, com conhecimento absoluto de como é o coração humano. É por isso que Ele demanda tão continuamente que entreguemos a Ele a guarda de nosso coração.

Há uma diferença entre inocência e pureza. Inocência é a verdadeira condição de uma criança; pureza é a característica de homens e mulheres. A inocência sempre tem de ser protegida; a pureza é algo que foi testado e experimentado e triunfou, algo que tem caráter por trás de si, que pode vencer e venceu. Por Seu Espírito, Jesus Cristo pode nos tornar homens e mulheres aptos a enfrentar o sofrimento, o pecado e a discordância da vida, se estivermos dispostos a nos manter em harmonia com Ele.

3. Virtudes e vícios

Todos os graus de medo, todos os graus de angústia e toda unidade consciente estão no coração. Perceba como as virtudes naturais se desintegram visto que as nossas virtudes naturais não são promessas do que seremos, e sim remanescentes do que fomos projetados para ser. Deus não edifica as nossas virtudes naturais e as transforma. Frequentemente, você descobrirá que, quando um mundano bom e correto nasce de novo, suas virtudes naturais falham e a confusão é o primeiro resultado da entrada do Espírito de Deus na vida dele. O próprio Jesus disse: "não vim trazer paz, mas espada" (MATEUS 10:34), isto é, algo que separaria a própria unidade individual de alguém.

Há uma diferença entre a maneira moderna de ver as pessoas e a maneira como a Bíblia as vê. A maneira moderna de ver as pessoas e suas virtudes é dizer: "Que maravilhosa promessa do que a humanidade será; dadas as condições certas, nos desenvolveremos e ficaremos bem". A Bíblia olha para uma pessoa e diz: "Ela precisa nascer de novo; ela é uma ruína e somente o Espírito de Deus pode refazê-la". Não somos capazes de remendar as nossas virtudes naturais e fazê-las chegar ao padrão de Jesus Cristo. Nenhum amor natural, nenhuma paciência natural, nenhuma pureza natural, nenhum perdão natural — nada disso pode chegar perto do que Jesus Cristo exige. Este hino tem razão:

E toda virtude que possuímos,
E toda vitória conquistada,
E todo pensamento de santidade
São somente dele.[24] (tradução livre)

Ao colocarmos cada partícula de nossa máquina corporal em harmonia com a nova vida que Deus colocou em nosso interior, Ele exibirá em nós as virtudes características do Senhor Jesus; assim as virtudes sobrenaturais são feitas naturais. Esse é o significado de aprender a valer-se da vida de Deus para tudo.

a) Todos os graus de medo

"Por isso, dentro de mim esmorece o meu espírito, e o coração se vê turbado" (SALMO 143:4). "Farei com eles aliança eterna [...] e porei o meu temor no seu coração, para que nunca se apartem de mim"» (JEREMIAS 32:40; VEJA TAMBÉM PROVÉRBIOS 12:25; ECLESIASTES 2:20; DEUTERONÔMIO 28:28) . O medo reside no coração. Tome isso fisicamente: se você respira fundo, faz com que seu coração bombeie o sangue mais rapidamente por suas veias, e o medo físico vai embora; o mesmo acontece com o espírito. Deus expulsa o antigo medo, colocando um novo Espírito e uma novo interesse em nós. Qual é esse interesse? O temor a Deus, a fim de que não o entristeçamos.

b) Todos os graus de angústia

"Ah! Meu coração! [...] Não posso calar-me" (JEREMIAS 4:19; VEJA TAMBÉM JOSUÉ 5:1; LEVÍTICO 26:36; SALMO 102:4). Ali, novamente, descobrimos que o centro físico e espiritual é o coração. Toda

---

[24] *Nota da edição em inglês: Our Blest Redeemer* (Nosso bendito Redentor), de Harriet Auber, 1829.

angústia está no coração. Aquilo de que sofremos prova onde está o nosso coração. De que sofria Jesus Cristo? A angústia do coração do nosso Senhor era por conta do pecado contra o Seu Pai. O que causa a angústia do nosso coração? Podemos preencher com "o que resta das aflições de Cristo" (COLOSSENSES 1:24)? Ficamos chocados apenas com os males e erros sociais, ou ficamos profundamente chocados com a soberba contra Deus? Sentimos, tão intensamente quanto Jesus Cristo, a construção da obstinação humana contra Deus? O centro da verdadeira angústia está no coração e, ao corrigir o nosso coração, Deus nos leva à comunhão com Jesus Cristo, e entramos em comunhão com os sofrimentos dele.

c) Toda a unidade intencional

"Todos estes homens de guerra, postos em ordem de batalha, com coração inteiro, vieram a Hebrom para levantar a Davi rei sobre todo o Israel; e também todo o resto de Israel tinha o mesmo coração para levantar a Davi rei" (1 CRÔNICAS 12:38 ARC; VEJA TAMBÉM JEREMIAS 32:39; EZEQUIEL 11:19; ATOS 4:32). O coração é o lugar onde Deus age, e ali reside toda a unidade intencional. Quando o Espírito Santo estiver no coração, levará espírito, alma e corpo à perfeita unidade. Além de Deus, outros poderes podem fazer isso: o mundo, a carne e o diabo. O mundo pode dar ao coração humano uma unidade intencional; a carne e o diabo também podem. O indivíduo que dá lugar à sensualidade, ao mundanismo, ao diabolismo ou à cobiça está perfeitamente satisfeito sem o Senhor. Deus chama isso de idolatria.

Precisamos observar e ver com o que o nosso coração está entrando em unidade; com o que o nosso coração está alinhando a nossa alma e o nosso corpo. "Ó Senhor, Deus nosso, outros senhores têm tido domínio sobre nós..." (ISAÍAS 26:13).

12

O CORAÇÃO: A REGIÃO RADICAL DA VIDA

O *rendez-vous* da vida perfeita

1. *O interior*
    a) O maior amor (Salmo 73:26; Marcos 12:30-31)
    b) A maior licenciosidade (Ezequiel 28:2)
    c) Obscurecido (Romanos 1:21; Efésios 4:18)
    d) Endurecido (Isaías 6:10; Jeremias 16:12; 2 Coríntios 3:14)

2. *O íntimo*
    a) O laboratório da vida (Marcos 7:20-23)
    b) Concupiscências (Marcos 4:15-19; Romanos 1:24)
    c) A lei da natureza (Romanos 2:15)
    d) A lei da graça (Isaías 51:7; Jeremias 31:33)
    e) A sede da consciência (Hebreus 10:22; 1 João 3:19-21)
    f) A sede da crença e da incredulidade (Romanos 10:10; Hebreus 3:12)

3. *O mais íntimo*
    a) A inspiração de Deus (2 Coríntios 8:16)
    b) A inspiração de Satanás (João 13:2)
    c) A habitação de Cristo (Efésios 3:17)
    d) A habitação do Espírito (2 Coríntios 1:22)
    e) A morada da paz (Colossenses 3:15)
    f) A morada do amor (Romanos 5:5)
    g) A morada da luz (2 Pedro 1:19)
    h) A morada da comunhão (Efésios 5:19)

Um *rendez-vous* é um local designado de reunião. O coração é o lugar combinado de encontro, não somente para toda a existência física do corpo, mas também para toda a vida da alma e do espírito. Vimos que o coração é o centro da vida física do corpo, o centro da vida da alma e o centro da vida do espírito, e que a Bíblia atribui ao coração o que a ciência moderna atribui ao cérebro.

Ao longo destes estudos, temos insistido no que a Bíblia insiste: que o corpo é a dádiva mais graciosa que Deus nos deu e que, se entregarmos a Ele a mola-mestra de nossa vida, poderemos expressar, em nossa vida corporal, tudo o que Ele realiza em nosso interior. É por meio da nossa vida corporal que Satanás atua; e, graças a Deus, é por intermédio da nossa vida corporal que o Espírito de Deus age. O Senhor nos concede Sua graça e Seu Espírito: Ele corrige tudo que estava errado; não suprime nem neutraliza, mas reajusta tudo. Então, começa o nosso trabalho: nós temos de expressar o que Deus fez; devemos ter cuidado com a armadilha de culpar a Deus por não fazer aquilo que só nós podemos fazer. Ao dizer "Transformai-vos pela renovação da vossa mente..." (ROMANOS 12:2; VEJA TAMBÉM EFÉSIOS 4:23), Paulo está se referindo ao coração, que é renovado pelo Espírito de Deus. A expressão do coração é feita por meio do mecanismo do cérebro; e a maravilhosa emancipação que ocorre, lenta e seguramente, é que, quando Deus transforma o coração e o enche com um novo Espírito, temos o poder para querer e realizar tudo aquilo que Ele quer que façamos.

Jesus Cristo expressa o teste da seguinte maneira: "Se me amais, guardareis os meus mandamentos" (JOÃO 14:15) — não alguns deles, mas todos eles. Ninguém consegue cumprir os mandamentos de Jesus Cristo se Deus não houver feito uma obra radical em seu coração; todavia, se Ele tiver feito, a prova prática e de bom-senso é esta: a pessoa cumpre os mandamentos de Jesus.

1. O interior

O *interior*, o *íntimo* e o *mais íntimo* — agora chegamos ao âmago da nossa personalidade, sobre a qual nada sabemos além daquilo que Deus revela. O livro de Deus aconselha: "Sobre tudo o que se deve guardar, guarda o coração, porque dele procedem as fontes da vida" (PROVÉRBIOS 4:23). Nós somos demasiadamente complexos para nos compreendermos; precisamos entregar a Deus a guarda do nosso coração. Se pensarmos que somos simples e fáceis de entender, nunca pediremos a Deus que nos salve ou nos guarde; porém, se chegarmos à condição do salmista, entregaremos a Ele a guarda da nossa alma e diremos "Sonda-me, ó Deus, e conhece o meu coração, prova-me e conhece os meus pensamentos" (SALMO 139:23).

a) O maior amor

É preciso colocarmos a ênfase onde a Bíblia coloca: "Deus é a fortaleza do meu coração..." (SALMO 73:26). "Amarás, pois, o Senhor, teu Deus, de todo o teu coração, de toda a tua alma, de todo o teu entendimento e de toda a tua força. O segundo é: Amarás o teu próximo como a ti mesmo" (MARCOS 12:30-31). De acordo com a Bíblia, o maior amor do coração humano não é pela nossa espécie, e sim por Deus. O nosso Senhor ensinou distintamente aos Seus discípulos que, para viver a vida espiritual, eles precisariam trocar o natural por ela; isto é, precisariam renunciar à vida natural. Por vida *natural*, queremos dizer a vida comum, consciente, saudável, com mentalidade mundana. O amor supremo não é natural ao coração humano. De modo natural, não amamos a Deus, não confiamos nele; consequentemente, ao pensar, tendemos a aplicar a Deus o que deveria ser aplicado a Satanás. Ele usa os problemas desta vida para caluniar o caráter de Deus; e nos tenta a fazer pensar que todas as calamidades, sofrimentos e erros procedem do Senhor.

Definimos *amor*, no seu sentido mais elevado, como a suprema preferência de minha pessoa por outra pessoa. O sinal mais seguro de que Deus fez uma obra da graça em meu coração é pelo fato do meu maior amor ser por Jesus Cristo, não de maneira fraca e indistinta, não intelectualmente, mas com paixão, de forma pessoal e devota, suplantando todos os outros amores da minha vida.

"O amor de Deus é derramado em nosso coração pelo Espírito Santo, que nos foi outorgado" (ROMANOS 5:5). Paulo não diz que a capacidade de amar a Deus é derramada em nosso coração; mas sim que "*o amor de Deus* é derramado". A Bíblia conhece somente um amor ligado a isso, que é o amor supremo e dominante de Deus. Jesus Cristo ensina que, se a obra da graça foi realizada em nosso coração, demonstraremos às outras pessoas o mesmo amor que Deus demonstrou por nós. "Novo mandamento vos dou: que vos ameis uns aos outros; assim como eu vos amei, que também vos ameis uns aos outros" (JOÃO 13:34).

Jamais é excessivo repetir que o coração natural não quer o evangelho. Nós receberemos as bênçãos de Deus e Sua misericórdia e prosperidade; mas, quando a proximidade é muita e o Espírito de Deus nos informa de que teremos que desistir de governarmos a nós mesmos e deixar que Ele nos governe, entendemos o que Paulo quer dizer com "o pendor da carne" (que reside no coração): "é inimizade contra Deus" (ROMANOS 8:7). Estamos dispostos a que Deus não suprima ou neutralize, e sim altere totalmente a inclinação do nosso coração à dominação? A maravilhosa obra da graça de Deus é que, por meio da expiação de Cristo, o Senhor pode alterar o centro da minha vida [e da sua] e colocar ali uma devoção suprema e apaixonada pelo próprio Deus.

O indivíduo natural não gosta dos mandamentos de Deus; ele os rejeita, esconde-os e os ignora. Jesus disse que o primeiro mandamento é: "Amarás o Senhor, teu Deus, de todo o teu coração, de toda a tua alma, de todas as tuas forças e de todo o teu entendimento" (LUCAS 10:27). Mas as pessoas colocam o segundo mandamento em primeiro lugar: "Amarás o teu próximo como a ti mesmo". O grande clamor hoje é o amor pela humanidade. O grande clamor de Jesus é amar a Deus em primeiro lugar. Então, esse amor, o maior amor, a suprema e apaixonada devoção da vida, brotará do âmago do ser.

Que descanso vem após o amor de Deus ser derramado em meu coração pelo Espírito Santo! Eu percebo que Deus é amor — não alguém que ama, e sim amor — algo infinitamente maior do que amar. Consequentemente, Ele tem de ser muito severo; Deus nunca ignora o pecado. É aí que as pessoas cometem um grande erro em relação ao amor; elas dizem: "Deus é amor e é claro que perdoará o pecado". Deus é um amor santo e não pode perdoar o pecado. Jesus Cristo não veio para perdoar pecados: Ele veio para nos salvar dos nossos pecados[25]. A salvação de Jesus Cristo remove do meu coração o pecador e planta ali o santo. Essa é a obra maravilhosa da graça de Deus.

O fato de o coração natural da pessoa não querer o evangelho de Deus é provado pelo ressentimento do coração contra a ação do Espírito Santo: "Não, eu não me oponho a ser perdoado, não me importo com ser guiado e abençoado; mas é uma rendição extremamente radical me pedir para desistir do meu direito a mim mesmo e permitir que o Espírito de Deus tenha controle absoluto sobre o meu coração". Esse é o ressentimento natural. Mas, ó, inefável e indizível deleite quando somos feitos um com Deus, um com Jesus Cristo e um com todos os outros cristãos nessa enorme e esmagadora característica do amor, quando a vida se torna possível no plano divino!

---

[25] Nesse trecho, Chambers evidencia que a remissão dos pecados ocorre somente por meio do sacrifício de Jesus, pelo alto preço da expiação (Efésios 1:7; veja também Romanos 5).

b) A maior licenciosidade

Em Ezequiel 28:2 — "dize ao príncipe de Tiro: Assim diz o Senhor Deus: Visto que se eleva o teu coração, e dizes: Eu sou Deus [...] não passas de homem e não és Deus" —, é apresentada a personalidade do pecado; não a imagem da inclinação errada, que todos nós herdamos, mas sim do ser que é o instigador por trás da inclinação errada, incitando à licenciosidade. *Licenciosidade* significa simplesmente: "Não estarei sujeito a lei alguma, exceto às minhas". Esse espírito se ressente da lei de Deus e nada terá a ver com ela — "Eu governarei o meu corpo como eu quiser; governarei os meus relacionamentos sociais e a minha vida religiosa como eu quiser; não permitirei que Deus ou qualquer credo ou doutrina me governe". É assim que a licenciosidade começa a atuar.

Observe com que frequência o apóstolo Paulo nos alerta para não usarmos nossa liberdade "para dar ocasião à carne" (GÁLATAS 5:13). Não use a sua liberdade como licenciosidade. Qual é a diferença entre liberdade e licenciosidade? *Liberdade* é a capacidade de cumprir a Lei; liberdade perfeita para cumprir todas as exigências da Lei. Estar livre da Lei significa que eu sou a lei viva de Deus; não há independência de Deus na minha constituição. *Licenciosidade* é rebelião contra todo tipo de lei. Se o meu coração não se tornar o centro do amor divino, poderá tornar-se o centro da licença diabólica. As pessoas acreditam nisso atualmente? A maioria de nós não aceita as afirmações de Jesus Cristo. Quando as analisamos, sua intensidade e profundidade nos fazem encolher.

Um estudo muito proveitoso e solene é a conexão do conceito de filhos do diabo, usada por Jesus: "Vós sois do diabo, que é vosso pai, e quereis satisfazer-lhe os desejos" (JOÃO 8:44). Ele não está se referindo a pecadores comuns, mas a pecadores religiosos. Os pecadores naturais são chamados de "filhos da ira"; mas, ao referir-se aos filhos do diabo, o nosso Senhor estava se referindo aos incrédulos religiosos: aos que viram a luz; entretanto, se recusaram a andar nela; eles não a desejaram.

Lembre-se das duas alternativas: o nosso coração pode ser o centro do governo divino, tornando-nos um com os pensamentos e propósitos de Deus, ou pode ser o centro do governo do diabo, sendo um com o príncipe deste mundo (o ser que odeia a Deus), um com a vida natural que toma o lugar da vida espiritual.

c) Obscurecido

"Porquanto, tendo conhecimento de Deus, não o glorificaram como Deus [...] antes, se tornaram nulos em seus próprios raciocínios, obscurecendo-se-lhes o coração insensato" (ROMANOS 1:21). "...obscurecidos de entendimento, alheios à vida de Deus por causa da ignorância em que vivem, pela dureza do seu coração..." (EFÉSIOS 4:18). Essas passagens são impressionantes, bastante adequadas no Novo Testamento, como em nenhum outro lugar. Essa não é a escuridão relativa à intensidade de luz: é a recusa de permitir qualquer luz. Leia João 3:19 e você verá como o nosso Senhor usa a palavra trevas. Ele diz: "O julgamento é este", o momento crítico em que "a luz veio ao mundo, e os homens amaram mais as trevas do que a luz; porque as suas obras eram más". Em outra ocasião, Jesus disse: "Portanto, caso a luz que há em ti sejam trevas, que grandes trevas serão!" (MATEUS 6:23). *Trevas* são o meu próprio ponto de vista; ao permitir que o preconceito da minha cabeça bloqueie o testemunho do meu coração, obscureço o meu coração.

Quando Jesus pregou Seu primeiro sermão público em Nazaré, onde havia sido criado, o coração das pessoas o testemunhou maravilhosamente; em seguida, os preconceitos delas se interpuseram e bloquearam o testemunho do coração, elas interromperam-no e tentaram matá-lo. Esse é um exemplo de como é possível sufocar o testemunho do coração pelo preconceito da cabeça. Em João 3,

Jesus estava falando com um homem que corria o risco de bloquear o testemunho de seu coração devido ao seu preconceito judeu. Há alguma luz pela qual alguns de nós têm agradecido a Deus, como diz o salmista: "O Senhor é Deus, ele é a nossa luz; adornai a festa com ramos até às pontas do altar" (SALMO 118:27), há um preconceito se interpondo e bloqueando o testemunho do coração? Se assim for, aí está o início do coração obscurecido; a luz não brilha porque não consegue. Enquanto o Espírito Santo não adentra ao coração, seguimos somente as direções dos nossos preconceitos. Quando permitirmos a Sua entrada, o Espírito Santo soprará para longe os ditames dos nossos preconceitos com Seu poder dinâmico, e nós poderemos começar a caminhar à luz de Deus.

Um coração obscurecido é algo terrível, porque pode fazer com que uma pessoa se torne inerte. Alguém diz: "Meu coração não é mau; eu não estou convencido do pecado. Toda essa conversa acerca de nascer de novo e ser cheio do Espírito Santo é um grande absurdo". O coração natural precisa do evangelho de Jesus, mas não o deseja; lutará contra ele, e é necessário o Espírito de Deus para convencer homens e mulheres ["do pecado, da justiça e do juízo"] a fim de que saibam que precisam experimentar a obra radical da graça em seu coração.

d) Endurecido

"Mas os sentidos deles se embotaram. Pois até ao dia de hoje [...] o mesmo véu permanece, não lhes sendo revelado que, em Cristo, é removido" (2 CORÍNTIOS 3:14). A característica do coração endurecido — cegado — é comum na Bíblia, mas em nenhum outro lugar. Por exemplo, lemos em Êxodo que Deus endureceu o coração de Faraó. Isso não deve ser interpretado no sentido de que Deus endureceu o coração de um homem e depois o condenou por ser duro. Em vez disso, significa que as leis de Deus, por serem as leis divinas, não se alteram; e que, se alguém se recusar a obedecê-la, será endurecido a afastar-se de Deus, por decreto do próprio Deus. Ninguém faz o destino do outro. — cada um faz o seu; porém, a necessidade imperativa de que uma pessoa precisa fazer o seu próprio destino provém de Deus.

Sempre que alguém chega a uma posição exaltada, essa é uma posição em que a pessoa pode demonstrar a maravilhosa graça de Deus ou o endurecimento de seu coração afastado de Deus. Isso é válido para o coração preconceituoso e para o coração endurecido, mas não tanto para o coração obscurecido. Em um coração endurecido, não há testemunho sendo esmagado: o coração está simplesmente duro e intocável. Embora o amor de Deus e as Suas obras estejam por toda parte, ele permanece semelhante ao gelo: ele pode ser esmagado e partido por julgamentos, mas é meramente um gelo sendo quebrado. A única maneira de alterar o coração endurecido é derretê-lo, e o único poder capaz de fazer isso é o fogo do Espírito Santo.

O coração é tão verdadeiramente central que só Deus o conhece; e as ilustrações usadas na Bíblia são exemplos variados para que possamos entender como Deus lida com o coração.

2. O íntimo

a) O laboratório da vida

Um laboratório é um lugar onde coisas são preparadas para uso. O coração nunca morre; ele é tão imortal quanto o Espírito de Deus, porque é o centro do espírito humano. A memória nunca morre, a mente nunca morre; a máquina corporal morre, e a manifestação do coração e da vida no corpo morre, mas o coração jamais morre. As palavras "Filho, lembra-te..." (LUCAS 16:25) foram ditas a um homem que não estava mais em um corpo mortal.

As coisas preparadas para uso são preparadas no coração. "De dentro, do coração dos homens, é que procedem os maus desígnios..." (MARCOS 7:21). Essas são palavras surpreendentes e brotam dos lábios do Mestre do coração humano. Elas não são palpites astutos de um cientista ou simples insinuações de um apóstolo; são a revelação do Deus Todo-poderoso por intermédio de Jesus Cristo. Analise-as e veja se elas não despertam ressentimento em você, a menos que você tenha recebido o Espírito de Deus. Esse versículo revela que ninguém jamais cometeu algum crime impossível de ser cometido por todos. Quantas pessoas acreditam nisso? "É um absurdo, uma bobagem mórbida", dizem elas, o que significa que Jesus Cristo não sabia de que estava falando. Atualmente, as pessoas estão aceitando — desejosa, ansiosa e totalmente — a Ciência Cristã, aquela popularização da crença de que não existe pecado, sofrimento ou morte, que tudo isso é imaginação. A consequência é que as pessoas estão pregando o evangelho da índole — "Alegre-se e veja o lado bom das coisas".

Como pode alguém ver o lado bom das coisas, quando o Espírito de Deus lhe mostrou as possibilidades do inferno interior? Quase todos nós somos chocantemente ignorantes, acerca de nós mesmos, simplesmente porque não estamos dispostos a permitir que o Espírito de Deus revele os enormes perigos que jazem escondidos no centro do nosso espírito. Jesus Cristo ensinou que os perigos nunca vêm de fora, e sim de dentro. Se estivermos dispostos a aceitar o veredicto de Cristo e receber o Espírito de Deus, jamais precisaremos saber, na vida consciente, que o que Ele diz sobre o coração humano é verdadeiro, pois Ele redefinirá o coração em nosso interior.

Vida perfeita não significa perfeição. *Perfeição* significa realização plena em tudo. Vidas perfeitas significam o ajuste preciso de todos os nossos relacionamentos com Deus; nada desconectado, tudo corretamente relacionado. Então, podemos começar a ter uma vida perfeita, isto é, podemos começar a alcançá-la. Uma criança é um ser humano perfeito e um adulto também é; qual é a diferença? A primeira ainda não cresceu e amadureceu; o outro, já. Paulo apresenta as duas perfeições, muito claramente, em Filipenses 3:12-15. Quando você é santificado, torna-se perfeitamente ajustado a Deus; mas lembre-se: Paulo sugere que você ainda não realizou coisa alguma; toda a vida está correta, não merece censura. Agora, comece a realizar, em sua vida corporal, e a provar que está perfeitamente ajustado ao Senhor.

b) Concupiscências

"Por isso, Deus entregou tais homens à imundícia, pelas concupiscências de seu próprio coração..." (ROMANOS 1:24). O que é concupiscência? "Preciso disso já!" Isso é concupiscência, ambição e cobiça. Jesus disse que a ambição destruiria a obra da graça que Ele iniciou em nós: "as demais ambições, concorrendo, sufocam a palavra" (MARCOS 4:19). A palavra *cobiça* é usada também em outras conexões, isto é, com o Espírito de Deus: "o Espírito cobiça contra a carne" (GÁLATAS 5:17 ARC). O Espírito de Deus, que entra no novo nascimento, cobiça este corpo; precisa tê-lo imediatamente para Deus e não tolerará a mente carnal durante um segundo sequer. Consequentemente, quando uma pessoa nasce de novo do Espírito Santo, há uma revelação da inimizade contra Deus. Ninguém sabe que abriga dentro de si essa inimizade enquanto não receber o Espírito Santo. Ao receber o Espírito, a mente carnal é despertada, protesta e não se entrega ao Espírito. Essa guerra é descrita em Gálatas 5:17, a carne contra o Espírito e o Espírito contra a carne, ambos exigindo: "Preciso governar este corpo imediatamente". A qual desses poderes renderemos nosso corpo? Graças a Deus por todos os que dizem:

"Senhor, quero ser identificado com a morte de Jesus e sei que o meu 'velho homem' foi crucificado com Cristo".

Porém, observe a luxúria no outro lado; veja onde ela começa. "Vós corríeis bem; quem vos impediu de continuardes...?" (GÁLATAS 5:7). Pense nas coisas simples que Jesus diz que sufocarão a Sua palavra: "os cuidados do mundo [...] e as demais ambições" (MARCOS 4:19). Basta ficar preocupado para a graça de Deus começar a ser sufocada. Se realmente houvermos forjado em nosso coração e em nossa mente a surpreendente revelação feita por Jesus Cristo — de que Deus é amor e de que nunca conseguiremos nos lembrar de algo de que Ele se esqueça —, a preocupação é impossível. Perceba quão frequentemente Jesus Cristo adverte contra a preocupação. Os cuidados deste mundo produzirão preocupação, e a entrada da ambição de outras coisas sufocará a palavra que Deus colocou em nosso interior. O que pede minha atenção neste momento é aquilo pelo que Deus me salvou e me santificou? Se assim for, a vida está ficando mais simples, o tempo todo, e as concupiscências que gritam e se acumulam não encontram suporte.

A lei da natureza, a lei da graça, a sede da consciência e a sede do crer e da incredulidade — todas elas estão no coração.

c) A lei da natureza

"Quando, pois, os gentios [...] procedem, por natureza, de conformidade com a lei, [...] mostram a norma da lei gravada no seu coração, testemunhando-lhes também a consciência e os seus pensamentos, mutuamente acusando-se ou defendendo-se" (ROMANOS 2:14-15).

d) A lei da graça

"Ouvi-me, vós que conheceis a justiça, vós, povo em cujo coração está a minha lei" (ISAÍAS 51:7).

"Na mente, lhes imprimirei as minhas leis, também no coração lhas inscreverei; eu serei o seu Deus, e eles serão o meu povo" (JEREMIAS 31:33).

e) A sede da consciência

A consciência é "o olho da alma"; a órbita da consciência, aquele maravilhoso gravador, é o coração. "Tendo o coração purificado de má consciência..." (HEBREUS 10:22). Deus coloca a lei da graça onde a lei da natureza opera, isto é, no coração. Graças a Deus por Sua soberana graça capaz de transformar a mola-mestra da vida!

f) A sede do crer e da incredulidade

"Tende cuidado, irmãos, jamais aconteça haver em qualquer de vós perverso coração de incredulidade que vos afaste do Deus vivo" (HEBREUS 3:12). Aqui, a distinção é feita com perfeita clareza: o coração nunca deve ser agnóstico[26]; a cabeça, se você quiser, pode ser. Todo cristão é um agnóstico declarado. Você já pensou nisso? Como eu conheço Deus? Tudo que sei de Deus, aceitei como revelação, mas não descobri pela minha cabeça. "Porventura, desvendarás os arcanos de Deus...?" (JÓ 11:7). Na próxima vez em que você encontrar algum amigo agnóstico, diga algo assim para ele e veja se isso não modifica o problema para ele. Nós temos de

---

[26] Agnóstico é aquele que considera os fenômenos sobrenaturais inacessíveis à compreensão humana. A palavra deriva do termo grego *agnostos* que significa "desconhecido" ou "não cognoscível".

manter a nossa mente aberta acerca de muitas coisas. A razão pela qual as pessoas não creem em Deus não é por não entenderem com a cabeça — nós entendemos pouquíssimas coisas com a cabeça —, e sim porque voltaram o coração delas para outra direção. Por que Jesus Cristo foi tão severo contra a incredulidade? Porque ela nunca provém da cabeça, e sim da direção errada do coração.

Posso ter o coração perverso de incredulidade removido e, no lugar dele, colocado um coração de fé? Graças a Deus, a resposta é sim! "Dar-vos-ei coração novo e porei dentro de vós espírito novo" (EZEQUIEL 36:26). Meu coração impuro e contaminado pode ser tornado puro, tão puro que seja puro aos olhos de Deus? A resposta é sim! "O sangue de Jesus, seu Filho, nos purifica de todo pecado" (1 JOÃO 1:7). Posso ser enchido com o Espírito Santo até cada recôndito estar exatamente sob o senhorio de Deus? Novamente, a resposta é sim! "Aquele que vem depois de mim é mais poderoso do que eu [...]. Ele vos batizará com o Espírito Santo e com fogo. A sua pá, ele a tem na mão e limpará completamente a sua eira" (MATEUS 3:11-12).

A salvação propiciada por Jesus Cristo age primeiramente no centro, não na área periférica. Ninguém é capaz de pensar em nascer, ou em como viverá após nascer, enquanto não nascer; primeiramente, temos de nascer neste mundo antes de podermos pensar nele. "Não te admires de eu te dizer: importa-vos nascer de novo" (JOÃO 3:7). Com isso, Jesus quis dizer: "Primeiramente, você precisa nascer em um novo mundo e, se quiser conhecer a minha doutrina, precisa fazer a minha vontade". Logo, primeiro, é essencial relacionar-se corretamente com Deus. Como podemos ter um relacionamento correto, de coração, com Deus? Aceitando o Seu Santo Espírito; e o Seu Espírito nos levará ao entendimento de como funciona a graça de Deus. Se alguém estiver disposto a receber o Espírito de Deus, descobrirá que Ele o conduzirá a toda a verdade.

3. O mais íntimo

a) A inspiração de Deus

A inspiração de Deus pode habitar nos recônditos mais profundos do meu coração. "Mas graças a Deus, que pôs no coração de Tito a mesma solicitude por amor de vós" (2 CORÍNTIOS 8:16). Você pode se surpreender com a aparente trivialidade dessa passagem. A inspiração para a benevolência e a filantropia surge de Deus, e o Livro de Deus tem algumas revelações severas a fazer em relação à filantropia e benevolência; ele revela que podem brotar de uma motivação totalmente errada. A inspiração de Deus não remenda virtudes naturais; o Senhor refaz todo o nosso ser até descobrirmos que toda *virtude que possuímos vem somente dele*. Deus não entra e remenda as nossas boas obras: Ele insere o Espírito característico de Jesus; assim, Sua paciência, Seu amor, Sua ternura e Sua brandura é que são exibidos por meio de nós. "Quem comer a minha carne e beber o meu sangue…" (JOÃO 6:54). Quando Deus transforma o coração de alguém e implanta o Seu Espírito, as atitudes desse indivíduo têm, por trás delas, a inspiração de Deus; se não têm, podem ter a inspiração de Satanás.

b) A inspiração de Satanás

"Durante a ceia, tendo já o diabo posto no coração de Judas Iscariotes […] que traísse a Jesus" (JOÃO 13:2).

c) A habitação de Cristo

A habitação de Cristo é uma indescritível maravilha! "Habite Cristo no vosso coração, pela fé" (EFÉSIOS 3:17). Essa figura da habitação de Cristo é muito notável; nós somos feitos parte do corpo místico de Cristo para que Cristo possa habitar em nós. O Novo Testamento fornece três imagens de Jesus: primeira, o Jesus histórico; segunda, o Deus Encarnado; terceira, o corpo místico de Cristo, que está sendo agora construído com crentes santificados. Pela obra soberana de Deus e da habitação de Cristo, podemos demonstrar, por meio da nossa vida, de nossas atitudes por meio do corpo, as mesmíssimas características que foram vistas no Senhor Jesus. Dessa forma, as pessoas podem saber que estivemos com Jesus e assim, como disse o nosso Senhor, "vejam as [nossas] boas obras e glorifiquem a [nosso] Pai que está nos céus" (MATEUS 5:16).

O pensamento de que Deus Espírito Santo pode adentrar ao meu coração e enchê-lo tanto a ponto de a vida divina se manifestar por todo o meu corpo — que costumava manifestar exatamente o oposto — é indescritivelmente repleto de glória. Se eu estiver disposto e determinado a manter-me na luz e a obedecer ao Espírito, as características do Cristo que habita em mim se manifestarão.

d) A habitação do Espírito

Isto é algo mais justificável. O espírito, a alma e o corpo do Homem Jesus foram mantidos em perfeita unidade com Deus Pai pelo Espírito Santo. Estude a vida de Jesus Cristo: Seu olhar para cima, para Deus, isto é, Sua vida de oração sempre foi correta; Sua perspectiva das pessoas sempre foi correta; e seu olhar para baixo, para o pecado, o diabo e o inferno, sempre foi correto. Ele não ignorou qualquer um desses fatos, como muitas pessoas têm feito, e Seu Espírito revigorando o nosso espírito produzirá em nós as mesmas características e nos elevará, por Sua maravilhosa expiação, à mesma unidade com Deus. "Para que sejam um, como nós o somos" (JOÃO 17:22), não por absorção, e sim por identificação. O ensino de que seremos absorvidos por um grande Ser infinito não deve prevalecer, pois cada um de nós deve tornar-se um em identidade com Jesus Cristo para ter a inclinação semelhante à dele; consequentemente, estamos interessados somente naquilo em que Ele está interessado; não podemos sentir atração por qualquer outra ideia.

e) A morada da paz

"Seja a paz de Cristo o árbitro em vosso coração" (COLOSSENSES 3:15). Essa é a paz *de* Deus, não paz *com* Deus. Graças a Deus, há uma paz com Ele, mas essa é uma paz diferente.

Cristo declarou: "Deixo-vos a paz, a *minha* paz" (JOÃO 14:27), ou seja, a paz que caracterizava Jesus Cristo deve caracterizar os Seus santos.

f) A morada do amor

"O amor de Deus é derramado em nosso coração" (ROMANOS 5:5) — não a capacidade de amar a Deus, e sim o próprio amor de Deus. Isso é o que Paulo quer dizer com estas palavras com as quais estamos tão familiarizados: "Estou crucificado com Cristo; logo, já não sou eu quem vive, mas Cristo vive em mim; e esse viver que, agora, tenho na carne, vivo pela fé no Filho de Deus" (GÁLATAS 2:19-20). A fé que estava em Jesus está em mim; estou tão identificado com Jesus, que você não consegue detectar uma fonte de vida diferente, porque não há! Paulo declara: "O que me rege não é mais a velha inclinação, e sim a que está em Jesus Cristo". Se você não tiver o Espírito de Deus, pode pensar que o apóstolo está forçando a linguagem além do limite em seu esforço para expressar o que o Espírito Santo faz, isto é, Ele modifica a inclinação dominante, e a pessoa se mostra totalmente transformada.

g) A morada da luz

"Uma candeia que brilha em lugar tenebroso" (2 PEDRO 1:19). Tiago nos fornece uma maravilhosa imagem da Fonte dessa luz: "...do Pai das luzes, em quem não pode existir variação ou sombra de mudança" (TIAGO 1:17), nada a esconder. Essa é a característica de Deus, e o apóstolo Paulo nos aconselha: "...andai como filhos da luz" (EFÉSIOS 5:8).

h) A morada da comunhão

O apóstolo João diz: "Se, porém, andarmos na luz, como ele está na luz, mantemos comunhão uns com os outros" (1 JOÃO 1:7). Essa é uma descrição maravilhosa da comunhão que teremos. Aqui, afinidade natural não conta. Observe como Deus alterou nossas afinidades desde que nos tornamos plenos com o Espírito Santo; nós temos uma afinidade de comunhão com pessoas pelas quais não temos qualquer afinidade natural; temos comunhão com todos os que estão na luz, independentemente de quem sejam, a que nação pertençam ou qualquer outra coisa — uma mudança extremamente extraordinária.

13

NÓS MESMOS: EU, MIM, MEU

Nós mesmos como "conhecedores" – Eu, o ego

1. *Algumas distinções importantes*
   a) Individualidade
   b) Personalidade
   c) Egotismo e egoísmo

2. *Algumas determinações de interesse — João 3:2*
   a) O ego é inescrutável (Isaías 26:9; Salmo 19:12)
   b) O ego é introspectivo (Salmo 139; Provérbios 20:27)
   c) O ego é individual (Ezequiel 18:1-4)

3. *Algumas ilusões importantes — 2 Tessalonicenses 2:7-12*
   a) O ego em ilusões de insanidade
   b) O ego em ilusões de personalidades alternantes
   c) O ego em ilusões de médiuns e possessões

1. Algumas distinções importantes

Nós dividimos este assunto em dois: a parte que conhece, o Ego; e a parte que é conhecida, o Eu. Primeiro, consideraremos essas distinções em sentido geral: individualidade e personalidade; egoísmo e egocentrismo. Descobriremos que a Bíblia nos dá uma visão maravilhosa dessas distinções.

a) Individualidade

Individualidade é um termo menor do que *personalidade*. Falamos de um animal individual, uma pessoa individual, uma coisa individual. Uma pessoa individual é uma por si mesma, ocupa determinado espaço, requer determinados metros cúbicos de ar, e assim por diante.

b) Personalidade

Personalidade é infinitamente mais. Possivelmente, a melhor ilustração que podemos usar é a de uma lâmpada. Uma lâmpada apagada ilustrará a individualidade; uma lâmpada acesa ilustrará a personalidade. Ela não ocupa mais espaço, mas a luz permeia todos os lugares; assim, a influência da personalidade vai muito além daquela da individualidade. O nosso Senhor afirmou: "Vós sois a luz do mundo" (MATEUS 5:14). Individualmente, não ocupamos muito espaço, mas a nossa influência excede em muito o nosso cálculo. Quando empregamos o termo *personalidade,* usamos a maior concepção mental que temos; é por isso que chamamos Deus de Pessoa, porque a palavra *pessoa* tem o maior significado que conhecemos. Não chamamos Deus de indivíduo, nós o chamamos de Pessoa. Ele pode ser muito mais, entretanto, no mínimo, precisa ser isso. É necessário lembrar-se disso quando a personalidade de Deus é negada, e Ele é considerado uma tendência. Se Deus é apenas uma tendência, Ele é muito menos do que nós. A personalidade humana é sempre excessivamente grande para nós. Ao examinarmos as próximas seções e rastrearmos o ensino bíblico, descobriremos que somos demasiadamente complexos para compreendermos a nós mesmos.

Outra ilustração de personalidade, mais frequentemente utilizada, é a seguinte: uma ilha pode ser facilmente explorada; contudo, como ficamos maravilhados ao perceber que ela é o topo de uma montanha, cuja maior parte está escondida sob as ondas do mar e continua até profundidades maiores do que podemos imaginar. A pequena ilha representa a personalidade consciente. A parte de nós da qual temos consciência é muito pequena, a maior parte está por baixo, da qual nada sabemos. Consequentemente, há agitações vindas de baixo as quais não conseguimos explicar.

Não somos capazes de nos compreender de maneira alguma. Começamos pensando que sim, mas temos de chegar ao ponto de vista bíblico de que ninguém se conhece; o único que conhece a pessoa é Deus. "Há caminho que parece direito ao homem, mas afinal são caminhos de morte" (PROVÉRBIOS 16:25).

Individualidade, então, é um termo menor do que personalidade. A personalidade significa aquele ser peculiar e incalculável subentendido quando você fala de si como diferente de todas as outras pessoas. As pessoas dizem: "Ó, eu não consigo me entender"; é claro que não! "Ninguém mais me entende"; é claro que não! Só existe um único Ser que nos entende, e esse é o nosso Criador.

c) Egotismo e egoísmo

É necessário ter em nossa mente uma distinção adequada em relação ao egotismo e egoísmo. *Egotismo* é uma insistência presunçosa em meus próprios modos, maneiras e costumes particulares, um sentimento exagerado de valor pessoal. Ele é uma característica facilmente discernível e, felizmente, é de imediato combatido por pessoas que pensam corretamente. Nós somos inclinados a ignorar o egotismo nos jovens e nas pessoas ignorantes, mas, mesmo neles, o egotismo é detestável e cruel. Do *egoísmo*, apenas coisas boas coisas podem ser ditas. É aquele sistema de pensamento que faz da personalidade humana o centro das coisas. O pensamento que parte de todos os tipos de abstrações é contrário à Bíblia. A maneira bíblica de pensar nos leva diretamente às pessoas como o centro. Aquilo que leva as pessoas a serem corretas e as mantém corretas é a revelação contida no Livro de Deus. Por exemplo, os ensinos do nosso Senhor e do apóstolo Paulo giram continuamente em torno de "Eu"; mas não há egotismo nisso, e sim egoísmo. Na Bíblia, tudo está relacionado à pessoa, à sua salvação, à sua santificação, à sua preservação e assim por diante. Qualquer sistema de pensamento que tenha a pessoa como centro, objetivo e propósito é corretamente denominado *egoísmo*.

2. Algumas determinações de interesse

A personalidade do ser humano é a sua natureza mais íntima; ela é distinta do espírito, da alma e do corpo; contudo, abrange todos eles; ela é o centro mais íntimo do espírito, da alma e do corpo de alguém. Há três coisas a serem ditas sobre o ego.

a) O ego é inescrutável

O ego é inescrutável; não somos capazes de entender ou pesquisá-lo. A Bíblia diz que uma pessoa é incapaz de sondar-se de maneira satisfatória. "Com minha alma te desejei de noite e, com o meu espírito, que está dentro de mim, madrugarei a buscar-te" (ISAÍAS 26:9 ARC). Ali é feita claramente a distinção entre a personalidade mais íntima, chamada, "eu", e o espírito, a alma e o corpo; e essa distinção é mantida em todo o Livro de Deus. Eu posso sondar o meu espírito até certo ponto. Posso sondar a minha alma, mas apenas até certo ponto. Quando alguém começa a sondar-se, começa a descobrir que é inescrutável, não consegue examinar-se completamente. Ela é capaz de fazer certas distinções arbitrárias e chamar a si mesma de corpo, alma e espírito, mas descobre instantaneamente que isso é insatisfatório. Aqueles de vocês que estão familiarizados com livros que tratam desse assunto descobrirão que a palavra *subliminar* (abaixo do limiar) ocorre constantemente. Algo que vem de baixo do limiar da consciência surge ocasionalmente e perturba o nosso aprendizado sobre nós mesmos.

O relacionamento do nosso Senhor com os discípulos os conscientizou de coisas que existiam neles das quais, até então, eles eram inconscientes. Por exemplo, em Mateus 16, lemos que Jesus disse a Pedro: "Bem-aventurado és…" (v.17) e, pouco depois, lhe disse "Arreda, Satanás!" (v.23). Pedro não tinha a menor noção de que Deus Todo-poderoso o havia levantado como uma trombeta e soprado através dele, o que Jesus Cristo reconheceu como a voz de Seu Pai; ou que, pouco depois, Satanás o pegou e soprou através dele, o que Jesus reconheceu como a voz de Satanás. Novamente, se Pedro tivesse sido informado de que negaria o seu Senhor com juramentos e maldições, seria incapaz de entender como alguém pensaria naquilo como possível. Abaixo do limiar de nossa vida, há possibilidades que ninguém, exceto Deus, conhece. Jesus Cristo conduziu Seus discípulos por meio de crises para lhes revelar que eles eram complexos demais para se compreenderem; havia forças dentro deles que destruiriam todas as resoluções que tomassem. "Quem há que possa discernir as próprias faltas? Absolve-me das que me são ocultas" (SALMO 19:12). Esse versículo é simplesmente um tipo da revelação existente ao longo de todo o Livro de Deus. Nós não podemos compreender a nós mesmo; não sabemos o início de nossos sonhos ou de nossas motivações; não conhecemos nossas faltas ocultas — elas estão abaixo da região à qual conseguimos chegar.

b) O ego é introspectivo

Nós somos não apenas inescrutáveis, mas também construídos de maneira a ser obrigados a nos examinar. *Introspecção* significa a observação direta dos processos da nossa mente. Ao longo dessa linha, as pessoas enlouquecem. Se você cortar uma árvore ao meio, poderá dizer quantos anos ela tem, com base no número de anéis em seu interior; e alguém poderá tentar fazer isso psiquicamente, ou seja, tentar cortar sua consciência ao meio e descobrir como ela é feita. Somos também construídos de modo a podermos introspectar. Quando uma pessoa percebe que seu valor é incalculável, ela quer se compreender e, consequentemente, começa a introspectar.

O grande capítulo da Bíblia acerca da sábia introspecção é o Salmo 139, um salmo de *introspecção intercessória*. As palavras são uma contradição em termos, mas transmitem exatamente o significado do salmo. A minha tendência que me faz querer examinar a mim mesmo e conhecer as fontes de meus pensamentos e motivações toma forma de oração: "Sonda-me, ó Deus..." (v.23). O salmista fala do grande Criador que conhece os inícios da manhã e os fins da noite, as profundezas insondáveis e as montanhas tremendas, mas não termina com abstrações vagas; essas coisas estão todas muito bem, mas são inúteis para o seu propósito: ele pede a esse grande Criador que venha sondá-lo. "Meu Deus, há em mim inícios de manhãs e fins de noites que não consigo compreender; há grandes picos de montanhas que não sou capaz de escalar; tal conhecimento é sobremodo maravilhoso para mim; não consigo alcançá-lo, explora-me, sonda-me".

Ou ainda, ele quer dizer: "Sonda o início de meus sonhos, desce até as profundezas que eu não consigo atingir, limpa os meus caminhos até compreenderes o início das minhas motivações e dos meus sonhos, e faze-me saber que Tu me conheces; e a única maneira pela qual eu saberei que me conheces é que me salvarás do caminho da dor, do caminho da autorrealização, do caminho da tristeza e da perversão, e me guiarás pelo caminho eterno". Os filósofos gregos costumavam nos dizer para nos conhecermos, e o ensino de Sócrates segue exatamente a linha desse salmo, mas de um ponto de vista diferente. A sabedoria de Sócrates consistia em descobrir que nada sabia sobre si mesmo; por conta disso foi chamado, por uma sacerdotisa grega, de a pessoa mais sábia da Terra. Nós temos de ser declarados agnósticos acerca de nós mesmos. Começamos pensando saber tudo em relação a nós mesmos; porém, 15 minutos do flagelo de nosso próprio coração perturba todo o nosso pensamento e compreendemos o significado das palavras do salmista: "Sonda-me, ó Deus"!

Note bem: Deus não nos sonda sem o nosso conhecimento. "O espírito do homem é a lâmpada do SENHOR, a qual esquadrinha todo o mais íntimo do corpo" (PROVÉRBIOS 20:27). Deus faz a pessoa saber que Ele a está sondando. Quando vamos ao nosso Senhor, este trecho explica a Sua atitude para com a alma humana: "Se eu não viera [...] pecado não teriam" (JOÃO 15:22). Se Jesus Cristo não houvesse vindo com a Sua luz, e o Espírito Santo não houvesse vindo com a Sua luz, as pessoas nada saberiam acerca do pecado. O apóstolo Paulo é obrigado a usar a frase "vendido à escravidão do pecado" (ROMANOS 7:14) e a saber o significado dela. Paulo havia sido totalmente sondado pela introjeção do Espírito de Deus.

Nós somos inescrutáveis, porém construídos de maneira a nos ser obrigatório uma reflexão. A introspecção sem Deus leva à insanidade. Não conhecemos as fontes do nosso pensamento, não sabemos pelo que somos influenciados, não conhecemos todo o cenário psíquico que Jesus Cristo analisava. O nosso Senhor via continuamente coisas e seres que nós não vemos. Ele falou sobre Satanás, demônios e anjos. Nós não vemos Satanás, nem demônios, nem anjos, mas, inquestionavelmente, Jesus Cristo via — Ele vê a influência deles sobre nós. A pessoa que critica as afirmações de

Jesus Cristo acerca de possessão demoníaca não percebe o que está fazendo. As pessoas sem tendência à introspecção são as descritas, no Novo Testamento, como mortas em delitos e pecados (EFÉSIOS 2:1); elas são muito felizes, muito contentes, muito morais, tudo que desejam está facilmente ao seu alcance, tudo está bem para elas; porém, estão mortas para o mundo ao qual Jesus Cristo pertence, e são necessários Sua voz e Seu Espírito para despertá-las.

c) O ego é individual

Com o termo *indivíduo* queremos dizer, primeiramente, o que afirmamos no início, ao distinguir entre individualidade e personalidade. Em segundo lugar, que toda pessoa é julgada diante de Deus como um ser individual; somente ela é responsável pelo que fez.

> *Veio a mim a palavra do* SENHOR, *dizendo: Que tendes vós, vós que, acerca da terra de Israel, proferis este provérbio, dizendo: Os pais comeram uvas verdes, e os dentes dos filhos é que se embotaram? Tão certo como eu vivo, diz o* SENHOR *Deus, jamais direis este provérbio em Israel. Eis que todas as almas são minhas; como a alma do pai, também a alma do filho é minha; a alma que pecar, essa morrerá* (EZEQUIEL 18:1-4).

Essa linha de revelação percorre toda a Bíblia e mostra o absurdo da crítica que surge da concepção fictícia de que somos punidos pelo pecado de Adão. A Palavra de Deus não diz isso. A Bíblia diz que as pessoas são punidas por seus próprios pecados, isto é, pelos pecados cometidos de modo culpável. A Bíblia diz que "por um só homem entrou o pecado no mundo" (ROMANOS 5:12), mas o pecado não é um ato de minha parte. O pecado é uma inclinação, e eu não sou, de modo algum, responsável por ter a inclinação para o pecado; porém, sou responsável por não permitir que Deus me liberte da inclinação para o pecado, quando vejo que isso é o que Jesus Cristo veio fazer. Eu serei punido e chicoteado pelas coisas erradas que eu fizer, independentemente de quanto eu implore. Por todos os erros que eu cometer, serei inexoravelmente punido e terei de sofrer. A implacável Lei de Deus estabelece que devo ser responsabilizado pelo erro que cometer, ser afligido e punido por ele, independentemente de quem eu seja. A expiação fez provisão para e por aquilo que não sou responsável, isto é, a inclinação para o pecado. O apóstolo João resume: "O julgamento (a crise, o momento crítico) é este: que a luz veio ao mundo, e os homens amaram mais as trevas do que a luz; porque as suas obras eram más" (3:19). O que é luz? Jesus declarou: "Eu sou a luz do mundo..." (JOÃO 8:12) e "...caso a luz que em ti há sejam trevas, que grandes trevas serão!" (MATEUS 6:23). As trevas são o meu próprio ponto de vista.

Na regeneração, Deus age abaixo do limiar da nossa consciência; tudo de que temos consciência é de um súbito irromper, no interior de nossa vida consciente, mas ninguém sabe dizer quando é que Deus começa a trabalhar. Isso enfatiza a importância da oração intercessória. Uma mãe, um marido, uma esposa ou um obreiro cristão orando por outra alma tem uma indicação clara de que o Senhor respondeu à sua oração; exteriormente, a pessoa por quem se orou é exatamente a mesma, não há diferença em sua conduta, mas a oração é atendida. A obra ainda é inconsciente, mas a qualquer segundo pode irromper em vida consciente. Não somos capazes de calcular onde Deus começa a agir, como também não somos capazes de dizer quando aquilo se tornará consciente; é por isso que temos de orar confiando no Espírito Santo. O caminho para nós da paz é nos entregarmos a Deus e pedir-lhe que nos sonde, não o que pensamos ser, ou que as outras pessoas pensam que somos, ou o que nos convencemos de que somos ou gostaríamos de ser, mas: "Sonda-me, ó Deus, explora-me como eu realmente sou à Tua vista".

3. Algumas ilusões importantes

Há poderes e entidades sobrenaturais dos quais não temos consciência; se não formos guarnecidos por Deus, eles poderão brincar conosco como se fôssemos brinquedos, sempre que quiserem. O Novo Testamento transmite isso a nós continuamente. "Porque a nossa luta não é contra o sangue e a carne, e sim contra os principados e potestades, contra os dominadores deste mundo tenebroso, contra as forças espirituais do mal, nas regiões celestes" (EFÉSIOS 6:12). Tudo isso está fora do domínio da nossa consciência. Se, ao orarmos, buscamos apenas resultados terrenos, fomos mal ensinados. Um santo que ora causa muito mais estragos entre as forças invisíveis das trevas do que podemos imaginar. "Muito pode, por sua eficácia, a súplica do justo" (TIAGO 5:16). Nós não temos a mais remota concepção do que é feito pelas nossas orações, nem temos o direito de tentar sondar e compreender isso; tudo que sabemos é que Jesus Cristo deu toda a ênfase à oração. "Aquele que crê em mim fará também as obras que eu faço e outras maiores fará, porque eu vou para junto do Pai. E tudo quanto pedirdes em meu nome, isso farei" (JOÃO 14:12-13).

Apenas quando essas especulações e terrores são despertados em nós é que começamos a ver o significado da expiação de Jesus Cristo. Ela significa proteção no invisível, proteção contra perigos dos quais nada sabemos. "Guardados pelo poder de Deus" (1 PEDRO 1:5)! A arena consciente de nossa vida é uma mera fase; Jesus não morreu e ressuscitou para salvar apenas isso; toda a personalidade humana está incluída. Precisamos ter o cuidado de não apreciar a salvação de Jesus Cristo por nossa própria experiência.

A nossa experiência é uma mera indicação, na vida consciente, de uma salvação onipotente que vai além de qualquer coisa que jamais poderemos experimentar.

Paulo, em 2 Tessalonicenses 2:7-12, descreve o reino fronteiriço das coisas, o qual é difícil de rastrear. O tema não é isolado, percorre toda a Bíblia e indica uma fronteira que não somos capazes de transpor.

a) O ego em ilusões de insanidade

O que é insanidade? Um dos maiores erros cometidos na atualidade é a afirmação de que os casos de possessão demoníaca relatados na Bíblia eram casos de insanidade. A distinção entre as duas é perfeitamente clara; os sintomas sequer são os mesmos. *Insanidade* significa simplesmente que um homem reage às questões da vida de maneira diferente da maioria das outras pessoas e, às vezes, é perigoso. Paulo foi acusado de loucura (ATOS 26:24-25); a mesma acusação foi feita contra Jesus Cristo — "...porque diziam: Está fora de si" (MARCOS 3:21). Você alguma vez percebeu a sabedoria da acusação? Segundo o padrão de sabedoria deste mundo, tanto Jesus Cristo quanto Paulo eram inquestionavelmente loucos; eles reagiam de maneira diferente da maioria das outras pessoas. Consequentemente, por uma questão de autopreservação, deveriam ser eliminados. O nosso Senhor foi crucificado; Paulo, decapitado. Quando estivermos impregnados do Espírito de Jesus Cristo e relacionados à vida como Ele estava, descobriremos que somos considerados igualmente loucos segundo o padrão deste mundo.

Outra coisa dita acerca de pessoas loucas é que elas perderam a razão; isso é tecnicamente inverídico. Uma pessoa louca é aquela que perdeu tudo, exceto a razão. Segundo o padrão universal, um louco perdeu a relação do corpo com sua razão e a relação do mundo exterior com sua razão; contudo, consegue encontrar uma razão para tudo. Qualquer pessoa que saiba alguma coisa sobre o diagnóstico de loucura sabe que isso é verdade.

Leia hoje as exposições do Sermão do Monte e você encontrará algumas das dialéticas mais inteligentes que já foram escritas. Os escritores tentam provar que Jesus não é louco segundo os padrões deste mundo; porém, Ele é louco, absolutamente louco, e não há necessidade de desculpar-se por dizer isso. A atitude moderna em relação às coisas precisa mudar ou declarar que Jesus Cristo é louco. "Buscai, pois, em primeiro lugar, o seu reino e a sua justiça, e todas estas coisas vos serão acrescentadas" (MATEUS 6:33). Livros e livros foram escritos para provar que o Senhor não quis dizer isso, mas Ele o fez. O senso comum afirma: "Isso é absurdo, eu preciso buscar o meu sustento em primeiro lugar, depois dedicar-me ao reino de Deus". Em 1 Coríntios 1, Paulo argumenta que, segundo a visão de Deus, o mundo é que está louco e que alguém só se torna são aos olhos de Deus quando é reajustado a Ele por meio da expiação efetuada por Cristo.

b) O ego em ilusões de personalidades alternantes

A ilusão de personalidades alternantes[27] (VEJA MARCOS 5:1-15) ocorre quando um corpo é a arena de mais de uma personalidade. Isso não é totalmente possessão demoníaca, embora o caso que estamos considerando o seja. O incidente, registrado em Marcos 5, não é um caso de insanidade. Primeiro, você pergunta quem está

---

[27] No contexto contemporâneo, encontra-se o termo "Transtorno dissociativo de identidade" ou "Transtorno de personalidade múltipla". Nesse transtorno, duas ou mais identidades se alternam no controle da mesma pessoa. Além disso, a pessoa não consegue se lembrar de informações de que normalmente se recordaria imediatamente, como eventos rotineiros, informações pessoais importantes e/ou eventos traumáticos ou estressantes. (veja Manual MSD, em: https://www.msdmanuals.com).

falando; o homem com o espírito imundo se prostra diante de Jesus e o adora; ele sabe perfeitamente que Jesus pode libertá-lo; porém, assim que chega lá, a outra personalidade clama contra Jesus Cristo e implora que Ele o trate com misericórdia. Na atualidade, há casos de personalidades alternadas, registros surpreendentes de alguém desaparecendo repentinamente de uma parte do país e vivendo uma vida totalmente diferente em outra parte do país. As ilusões que surgem de personalidades alternadas não podem ser tratadas pela ciência, mas Jesus Cristo pode lidar com elas.

c) O ego em ilusões de médiuns e possessões

"Aconteceu que, indo nós para o lugar de oração, nos saiu ao encontro uma jovem possessa de espírito adivinhador, a qual, adivinhando, dava grande lucro aos seus senhores" (ATOS 16:16). Paulo ficou triste porque aquela jovem era médium[28]. Um médium comete o maior crime psíquico do mundo, isto é, o maior crime contra a alma. Embriaguez e libertinagem são brincadeira de criança em comparação à invocação de espíritos. Segundo a Bíblia, é possível um homem ou mulher tornar-se um médium por meio do qual espíritos invisíveis possam falar com homens e mulheres visíveis. Cuidado ao ouvir: "Renda-se, renuncie à sua vontade". Assegure-se plenamente a quem você está se submetendo. Ninguém tem o direito de render-se a qualquer impressão, influência ou impulso. Quando você se rende, fica suscetível a todos os tipos de poderes e influências sobrenaturais. Há um único Ser a quem você deve se render: o Senhor Jesus Cristo; porém, certifique-se de que é ao Senhor Jesus Cristo a quem você se entrega.

---

[28] Refere-se a "meio", como uma espécie de comunicador entre vivos e de mortos, dentro das práticas ligadas à mediunidade. Inúmeras passagens bíblicas condenam essas práticas (veja Levítico 19:31; 1 Samuel 28:6; Isaías 8:19; Lucas 24:39; Hebreus 9:27).

Em reuniões religiosas, as pessoas facilmente influenciáveis são as perigosas. Quando você tiver de lidar com esse tipo de natureza, ore como nunca, observe como nunca e trabalhe em comunhão como nunca, pois a alma com tendência a ser intermediária entre qualquer força sobrenatural será ela mesma, quase sempre, capturada pelas forças sobrenaturais provenientes de Satanás, em vez das que são pertinentes a Deus. A insanidade é um fato, a possessão demoníaca é um fato e a mediunidade é um fato. A Bíblia diz: "surgirão falsos cristos e falsos profetas operando grandes sinais e prodígios para enganar, se possível, os próprios eleitos" (MATEUS 24:24). Por isso, tome cuidado em relação a quem você se rende. Quando uma natureza é dominada pelo poder soberano de Deus e reconhece a quem está se rendendo, essa natureza é protegida para sempre. Cuidado com impressões e impulsos, a menos que eles sejam condizentes com os padrões estabelecidos por Jesus Cristo.

Jesus disse: "Toda a autoridade me foi dada e [...] vos dei autoridade [...] sobre todo o poder do inimigo" (MATEUS 28:18; LUCAS 10:19).

14

NÓS MESMOS: EU, MIM, MEU

Nós mesmos como "conhecidos" – O eu aparente

1. *O "eu" sensual — Eclesiastes 12:13*
   a) Meu corpo (Romanos 12:1)
   b) Minha benevolência (Hebreus 13:15)
   c) Minhas bênçãos (Romanos 12:13)

2. *O "eu" social — Eclesiastes 7:29*
   a) Meu sucesso (Mateus 5:13-16)
   b) Minha sociabilidade (João 5:40-44)
   c) Minha satisfação (Mateus 10:17-22)

3. *O "eu" espiritual — Efésios 2:6*
   a) Minha mente (Romanos 12:2)
   b) Minha moral (Mateus 5:20)
   c) Meu misticismo (Colossenses 2:20-23)

Por *sensual*, queremos dizer a consciência corporal, material. "Meu corpo" representa um aspecto de "mim". Sob o título "Minha benevolência", devemos considerar nossos relacionamentos de carne e sangue; sob o título "Minhas bênçãos", nosso lar e nossas propriedades e riquezas.

Em "O 'eu' social", consideraremos tudo que significa a minha "classe": se você insulta a minha classe, você me insulta. É importante esclarecer para nós mesmos que Deus reconhece que foi assim que Ele nos criou. O nosso Senhor insiste no aspecto social da nossa vida; Ele mostra claramente que não conseguimos progredir sozinhos.

"O 'eu' espiritual" significa as minhas convicções religiosas — minha mente, minha moral e meu misticismo.

Voltando à nossa primeira afirmação: Se o meu corpo é ferido, considero um ferimento pessoal; se a minha casa ou o meu povo são insultados, é um insulto pessoal; se a minha classe social é ferida, considero um ferimento pessoal; se as minhas convicções religiosas são feridas, perturbadas ou escandalizadas, considero-me ferido e escandalizado.

Sob o ponto de vista bíblico, o "eu" normal não é a pessoa comum. *Normal* significa regular, exato, perpendicular, tudo segundo a regra. *Anormal* significa irregular, longe da perpendicular; e *supranormal* significa aquilo que excede a experiência regular, não a contradizendo, e sim transcendendo-a. O nosso Senhor representa o supranormal. Por meio da salvação que Jesus Cristo nos concede, participamos do normal, do regular, do correto; porém, sem a Sua salvação, somos anormais.

Com o termo *eu*, queremos dizer o total de tudo que uma pessoa chama de seu. Isso significa que não há distinção prática real entre "eu" e "meu". A minha personalidade identifica o "meu" com o "eu" tão completamente que não é necessário fazer distinção entre "eu" e "meu".

1. O "eu" sensual

> *De tudo o que se tem ouvido, a suma é: Teme a Deus e guarda os seus mandamentos; porque isto é o dever de todo homem.* (ECLESIASTÉS 12:13)

Esse versículo é a conclusão, do ponto de vista da sabedoria humana e divina, quanto ao que é toda a finalidade da vida, isto é, *temer a Deus e guardar os Seus mandamentos*.

Sensual significa aquilo que é afetado através dos nossos sentidos ou aquilo a que chegamos por meio deles. A primeira coisa a que chegamos por meio dos nossos sentidos é o corpo. A Bíblia tem muito a nos dizer sobre o nosso corpo. O principal ponto a enfatizar é que a Palavra de Deus revela que o nosso corpo é o meio pelo qual desenvolvemos a nossa vida espiritual. Na Idade Média, o corpo era considerado uma obstrução, um obstáculo, um incômodo, algo que impedia a pessoa de avançar e prejudicava a sua vocação superior; algo que tinha pecado nos próprios corpúsculos de seu sangue, nas células de sua constituição. A Bíblia refuta inteiramente essa visão; ela nos diz que o corpo é "o templo do Espírito Santo" (1 CORÍNTIOS 6:19 ARC), não algo a ser desprezado. De fato, a Bíblia atribui ao corpo um lugar muito elevado.

a) Meu corpo

"Rogo-vos, pois, irmãos, pelas misericórdias de Deus, que apresenteis o vosso corpo por sacrifício vivo..." (ROMANOS 12:1). O apóstolo não diz "apresenteis tudo de vós"; os hinos do *Higher Life*[29] fazem isso e, consequentemente, são insatisfatórios, visto que você jamais saberá quando deu tudo de si. Analise isso à luz do capítulo anterior: se a personalidade for grande demais para entendermos, como saberemos quando oferecemos o nosso todo? A Bíblia nunca diz algo tão vago quanto "apresenteis tudo de vós", e sim "apresenteis o vosso corpo". Nada há de

---

[29] *Vida Superior*, hinário cristão de 1868.

ambíguo ou indefinido acerca de tal afirmação — ela é definida e clara. O *corpo* significa somente uma coisa para todos nós, que é este corpo de carne e sangue.

Faça a si mesmo a seguinte pergunta prática: Quem é a pessoa dominante que se manifesta por meio do meu corpo, das minhas mãos, da minha língua, dos meus olhos, do meu pensamento e do meu amor? É uma pessoa que se autorrealiza, ou é alguém que autorrealiza a Cristo? O corpo deve ser o templo do Espírito Santo, o meio para manifestar a maravilhosa disposição de Jesus Cristo em sua totalidade. Em vez de o nosso corpo ser um obstáculo ao nosso desenvolvimento, é somente por meio dele que somos desenvolvidos.

Nós expressamos o nosso caráter por meio do nosso corpo; é impossível expressar um caráter sem um corpo. Quando falamos de caráter, pensamos em algo de carne e sangue; quando falamos de inclinação, pensamos em algo que não é carne e sangue. Por meio da expiação em Cristo, Deus nos concede a inclinação correta; essa inclinação está dentro do nosso corpo, e devemos manifestá-la em caráter, através do nosso corpo e por meio dele. O significado de controle corporal é que o corpo é o meio obediente para expressar a inclinação correta. Em vez de ignorar o fato de termos um corpo, a Bíblia o exalta. "Ou, não sabeis que o nosso corpo é o templo do Espírito Santo, que habita em vós…?" (1 CORÍNTIOS 6:19 ARC). "Se alguém destruir o templo de Deus, Deus o destruirá…" (1 CORÍNTIOS 3:17 ARC). Em vez de menosprezar as leis da saúde e da retidão e higiene do corpo, a Bíblia insiste nelas pelas consequências, muito mais do que a ciência moderna o faz por afirmação explícita. Retorne ao nosso primeiro tema — "A criação do homem" e você se lembrará de que a principal glória do ser humano não é ser feito espiritualmente à imagem de Deus, e sim ser feito "da Terra, terreno". Essa não é a humilhação de uma pessoa, e sim a sua glória, visto que, por meio do seu corpo mortal, deve ser manifestada a maravilhosa vida e inclinação de Jesus Cristo. "Cristo em vós, a esperança da glória" (COLOSSENSES 1:27).

b) Minha benevolência

"Por meio de Jesus, pois, ofereçamos a Deus, sempre, sacrifício de louvor, que é o fruto de lábios que confessam o seu nome" (HEBREUS 13:15). Esse versículo aparece num capítulo intensamente prático que trata do nosso relacionamento com estranhos, assim como dos nossos relacionamentos nos assuntos mais íntimos e práticos da vida. O relacionamento mais próximo ao meu corpo encontra-se nos meus relacionamentos de sangue, meu pai e minha mãe, minha irmã, meu irmão e meu cônjuge. Você já percebeu que esses são os relacionamentos aos quais Jesus Cristo se refere com maior frequência? Repetidamente, quando o nosso Senhor nos fala de discipulado, é com essa esfera que Ele lida; Jesus coloca os relacionamentos dessa esfera como cruciais. Leia Lucas 14:26-27,33 — nesses versículos, o Senhor coloca que o nosso amor por Ele deve ser maior do que o nosso amor por pai e mãe; de fato, Ele usa uma palavra tremenda: "Se alguém vem a mim e não *aborrece* a seu pai, e mãe [...] não pode ser meu discípulo". Para muitas pessoas, a palavra *aborrece* parece ser uma pedra de tropeço. É bastante concebível que muitas pessoas tenham tão pouca consideração por seus pais e mães, que nada lhes custa separar-se deles; porém, a palavra *aborrece* mostra, por contraste, o tipo de amor que devemos ter por nossos pais: um amor intenso; ainda assim, diz Jesus, o nosso amor por Ele deve ser tão intenso que qualquer outro relacionamento, ao compararmos, seja alvo da nossa aversão se discordar de Suas reivindicações.

O amor pelo Senhor não é algo etéreo, intelectual, onírico; é o amor mais intenso, mais vital, mais apaixonado de que o coração humano é capaz. Raramente a percepção de um amor tão insondável é consciente, exceto em alguma crise suprema semelhante ao martírio. No geral dos nossos dias, o nosso amor por Deus está totalmente arraigado nas profundezas para ser consciente; ele não é alegria, nem paz; é "eu" obcecado por Deus no domínio inconsciente. O amor, para ser amor, é mais profundo do que eu tenho consciência e só é revelado por crise. Esse intenso amor pessoal é o único tipo de amor que existe — não amor divino e humano.

Jesus pregou Seu primeiro sermão em Nazaré, onde Ele tinha sido educado, e disse aos Seus discípulos que deveriam começar em Jerusalém. Jesus Cristo foi extremamente bem-sucedido em Nazaré, onde era conhecido? Não — aconteceu exatamente o oposto. Quando os cidadãos de lá o ouviram falar, ficaram tão irados que interromperam o culto e tentaram matá-lo. O nosso Senhor insiste em que comecemos em "Jerusalém" pelo bem do nosso próprio benevolências; a nossa Jerusalém está, inquestionavelmente, entre as benevolências dos nossos próprios relacionamentos pessoais de carne e sangue. É infinitamente mais fácil oferecer o sacrifício de louvar diante de estranhos do que entre a nossa própria carne e sangue. É aí que entra o *sacrifício* de louvor e é isso o que os recém-convertidos querem pular. É testemunhando à nossa própria carne e sangue que somos confirmados em nosso caráter e em nosso relacionamento com Jesus Cristo.

Em Lucas 4:23-27, está registrado que Jesus disse palavras que irritaram o Seu próprio povo; efetivamente, Ele disse: "A maneira de Deus é enviar a Sua mensagem por meio de estranhos antes de essa mensagem ser aceita". Eles não quiseram aceitá-la por meio dele. Por quê? Porque o conheciam e, se analisarmos essa afirmação, descobriremos que ela revoluciona muitas de nossas concepções. Naturalmente, deveríamos ter dito que, se Jesus tivesse testemunhado entre o Seu próprio povo, eles o teriam recebido de bom grado; contudo, o único lugar em que eles não o receberam, o local onde Ele não conseguiu fazer muitas obras poderosas, foi onde Ele fora criado. O lugar no qual Jesus nos diz, como Seus discípulos, para começarmos a nossa obra está entre a nossa própria carne e sangue, isto é, a nossa Jerusalém; ali, seremos consolidados e saberemos onde está a verdadeira base da nossa vida. Não é frequente juntarmos as palavras *sacrifício e louvor*. *Sacrifício* significa dar o melhor que temos e envolve um elemento de custo. Nossos próprios relacionamentos de carne e sangue têm de ser o cenário do sacrifício de louvor de nossa parte, seja ele aceito ou não. É aí que entra o sacrifício de louvor.

c) Minhas bênçãos

Com *bênçãos*, queremos dizer o nosso lar e a nossa propriedade. "Compartilhai as necessidades dos santos; praticai a hospitalidade" (ROMANOS 12:13). A Bíblia tem muito a dizer sobre a hospitalidade e receber forasteiros. Deus reconhece a enorme importância do nosso círculo imediato. O termo *bênçãos* inclui o meu lar e a minha propriedade, tudo que eu considero distintamente como meu, e devo usá-lo com essa perspectiva de hospitalidade. E, quando o faço, descubro quão pessoal isso é. Se algum estranho critica o meu lar ou o insulta, meu ressentimento é intenso. O meu lar é protegido exatamente da mesma maneira como o meu corpo é protegido. Ele é meu; portanto, faz parte da própria constituição da minha personalidade, e Deus não me permitirá ter exclusividade sobre ele; eu preciso mantê-lo aberto, "[praticar] a hospitalidade".

No Oriente, eles sabem muito mais sobre hospitalidade do que nós. Com *lar*, queremos dizer o que pensamos, especialmente ao mencionar a palavra, isto é, os relacionamentos mais íntimos; esse é o cenário no qual devemos ser dados à hospitalidade. A questão é que devemos "praticar a hospitalidade" segundo o ponto de vista de Deus; não porque outras pessoas a merecem, mas porque Deus a ordena. Esse princípio está presente em todo o ensino do nosso Senhor. Meu corpo, meus relacionamentos de sangue, meu lar — eu devo manter tudo íntimo e correto, reconhecendo em cada um o primeiro dever. Meu corpo é o templo do Espírito Santo, não para eu me esbaldar ou me realizar. É inquestionável que os meus relacionamentos de sangue têm de ser reconhecidos, mas devem ser mantidos em sujeição; neles, o meu primeiro dever é para com Deus; e o meu lar deve ser propenso à hospitalidade. Você já percebeu como a graça de Deus vem para aqueles que são dados à hospitalidade, se forem Seus filhos? A prosperidade no lar, nos negócios e em todos os sentidos provém de seguir, em cada detalhe, as instruções de Deus.

2. O "eu" social

*Eis o que tão-somente achei: que Deus fez
o homem reto, mas ele se meteu em muitas astúcias.*
(ECLESIASTES 7:29)

A palavra *esquemas* é pitoresca. Ela significa estratagemas surgidos do amor-próprio humano. Deus fez o ser humano reto, normal, perpendicular, regular; porém, este procurou muitos estratagemas, muitas distorções engenhosas do normal. O "eu" social significa reconhecimento pela minha classe e esta é uma influência maravilhosa para todos nós. Por exemplo, um menino bom e brando com o pai e a mãe em casa pode xingar como um soldado, quando está com seus amigos, não por ser ruim, mas por desejar reconhecimento daquele grupo. Isso se aplica ao longo de toda a vida, e o Espírito de Deus reconhece tal princípio e o regenera. Nós precisamos ser moldados pela classe a que pertencemos, quer gostemos ou não, e Deus pode, frequentemente, alterar o nosso ambiente especial. Podemos simular qualquer quantidade de individualidade, mas ainda é verdade que rastejamos ou nos pavoneamos conforme a nossa percepção de como somos reconhecidos pela classe à qual pertencemos.

O Livro de Deus insiste em que não conseguimos desenvolver uma vida santa sozinhos; ela seria uma vida egoísta, sem Deus e errônea. Jesus Cristo foi acusado de ser glutão e bebedor de vinho por viver de maneira tão sociável entre as pessoas; em Sua oração sacerdotal, Ele disse: "Não peço que os tires do mundo, e sim que os guardes do mal" (JOÃO 17:15). O primeiro lugar para onde Jesus Cristo conduziu Seus discípulos, após dizer "segue-me", foi uma festa de casamento. "Viremos para ele e faremos nele morada" (JOÃO 14:23), comunhão com a Trindade — essa é a Classe em que o cristão é colocado. Portanto, a nossa preocupação é buscar e viver segundo o reconhecimento dessa Classe e fazer as coisas que agradam a Deus.

a) Meu sucesso

Sucesso significa terminar com vantagem. Qual é o padrão cristão de sucesso? Jesus Cristo reconhece claramente que temos de ser bem-sucedidos e indica o tipo de sucesso que precisamos ter (MATEUS 5:13-16). A vantagem com que devemos terminar é nos tornarmos sal preservador e luz brilhante, não perdendo nosso sabor, mas preservando a saúde; não encobrindo a nossa luz com um cesto, e sim deixando-a brilhar. Se o sal entra em contato com uma ferida, dói e, se os filhos de Deus ficam entre pessoas cruéis para com Deus — toda pessoa imoral é uma ferida aberta para o Senhor —, a presença deles dói. O Sol, que é uma bênção para os olhos fortes, é uma agonia de angústia para os olhos machucados. A ilustração se aplica ao indivíduo que não está em retidão com Deus; ele é como uma ferida aberta e, quando o sal penetra nela, a dor o leva primeiro ao incômodo e angústia, depois a irritação e ódio.

É por isso que Jesus Cristo foi odiado; Ele era um incômodo contínuo. Novamente, nada é mais limpo, mais grandioso ou mais doce do que a luz. A luz não pode ser manchada; um raio de sol consegue brilhar na poça mais suja, mas jamais fica sujo. Uma folha de papel branco pode ser borrada, como quase qualquer substância branca, mas não é possível sujar a luz. Homens e mulheres corretamente relacionados com Deus podem ir trabalhar nas favelas mais degradadas das cidades ou nas partes mais vis do paganismo, onde todos os tipos de imoralidade são praticados, sem ser contaminados, porque Deus os mantém como a luz: imaculados.

b) Minha sociabilidade

Sociabilidade significa boa comunhão. Quanto Deus insiste em que nos mantenhamos em comunhão! No mundo natural, somente nos misturando com outras pessoas, é que as nossas arestas são eliminadas. Essa é a maneira como somos constituídos naturalmente, e Deus toma esse princípio e o transfigura. "Não deixemos de congregar-nos" (HEBREUS 10:25) é uma determinação bíblica.

Em João 5:40-44, o nosso Senhor indica, distintamente, que Ele nada pode ter a ver com certa classe de pessoas — as que aceitam glória umas das outras. Com efeito, Ele diz ser moralmente impossível aquele indivíduo crer nele. O nosso Senhor é uma companhia extremamente boa para os santos — "onde estiverem dois ou três reunidos em meu nome, ali estou no meio deles" (MATEUS 18:20). Cuidado com o isolamento; cuidado com a ideia de ter de desenvolver uma vida santa sozinho. É impossível desenvolver uma vida santa sozinho; você se tornará uma estranheza e uma peculiaridade, algo totalmente diferente do que Deus deseja para você. A única maneira de desenvolver-se espiritualmente é entrar na sociedade dos filhos de Deus; logo, você descobrirá como o Senhor altera a sua classe. Ele não contradiz os nossos instintos sociais: transforma-os. Jesus disse: "Bem-aventurados sois quando os homens vos odiarem e quando vos expulsarem da sua companhia, vos injuriarem e rejeitarem o vosso nome como indigno, por causa do Filho do Homem. Regozijai-vos naquele dia e exultai" (LUCAS 6:22-23), não por alguma noção excêntrica ou ideia caprichosa sua, nem por algum princípio ao qual você se associou, e sim *por amor ao Filho do Homem*. Quando somos fiéis a Jesus Cristo, a nossa sociabilidade é elevada a uma esfera diferente.

"E, juntamente com ele, nos ressuscitou, e nos fez assentar nos lugares celestiais em Cristo Jesus" (EFÉSIOS 2:6). Nós não somos criados sozinhos, e sim juntos. O instinto social é concedido a todos por Deus. Do ponto de vista bíblico, onde quer que alguém fique só, isso sempre ocorre para adequá-lo à sociedade. Isolar-se completamente de todos e manter-se sozinho com Deus é algo tão prejudicial que Ele raramente o permite, a menos que signifique que, depois de um tempo a sós com Deus, desenvolvamos um contato mais próximo com as pessoas. O contato mútuo é o que nos mantém em plena interação e bem equilibrados, não apenas naturalmente, mas também espiritualmente.

c) Minha satisfação

Essas coisas são aplicáveis tanto no mundo natural quanto no espiritual. *Satisfação* significa gratificação confortável. Algumas pessoas dizem que, se você gosta de uma coisa específica, não deve tê-la; elas pensam que qualquer satisfação é um pecado. Satisfação — gratificação confortável — é uma coisa boa, mas precisa ser satisfação "nas coisas lá do alto". Jesus disse: "Bem-aventurados os que têm fome e sede de justiça, porque serão fartos" (MATEUS 5:6), isto é, satisfeitos.

Mateus 10:17-22 pode parecer uma passagem extraordinária para ser tomada no que se refere a isso. A razão para ela ser tomada é porque indica o único lugar onde a satisfação é encontrada, ou seja, em fazer a vontade de Deus. Frequentemente, esses versículos são aplicados a métodos que pessoas adotam ao falar em reuniões. Lembro-me de ouvir um homem dizer: "Não tive muito tempo para me preparar para o discurso desta manhã, então vou entregar a vocês o que o Espírito Santo me dá; espero estar mais bem preparado esta noite" e usar essa mesma passagem como sua justificativa. Quando buscarmos satisfação em Deus, no mundo das pessoas, entraremos em contato com "feridas abertas", e Jesus afirma que as pessoas vão odiar você, irritar e perseguir você sistematicamente por causa do nome dele (MATEUS 10:22; 24:9; MARCOS 13:13; LUCAS 21:17). Você será colocado em todos os tipos situações difíceis, mas não se assuste: nesses momentos, o Espírito de Deus trará à sua lembrança o que você deverá dizer.

Assim, terminamos onde começamos: que o cenário social de nossa vida é o Altíssimo. Em secreto ou em público, a única Classe que ansiamos por agradar é Deus Pai, Deus Filho e Deus Espírito Santo, e os únicos com quem temos real comunhão são aqueles que têm a mesma nota dominante em sua vida. "Porque qualquer que fizer a vontade de meu Pai celeste, esse é meu irmão, irmã e mãe" (MATEUS 12:50).

3. O "eu" espiritual

E, juntamente com ele, nos ressuscitou, e nos fez assentar nos lugares celestiais em Cristo Jesus. (EFÉSIOS 2:6)

Esse versículo se refere ao presente, não ao futuro.

a) Minha mente

Minha mente significa o meu elenco particular de pensamentos e sentimentos; se você ridicularizar isso, você me magoa. Sempre que certo tipo de pensamento é ridicularizado, alguém se magoa. "E não vos conformeis com este século, mas transformai-vos pela renovação da vossa mente, para que experimenteis qual seja a boa, agradável e perfeita vontade de Deus" (ROMANOS 12:2). Uma coisa maravilhosa em nossa experiência espiritual é a maneira como Deus altera e desenvolve a nossa sensibilidade. Houve um tempo em que éramos surpreendentemente sensíveis ao que certas pessoas pensavam; então, Deus alterou isso e nos tornou indiferentes ao que elas pensavam, mas surpreendentemente sensíveis ao que outras pessoas pensavam e, finalmente, somos sensíveis somente ao que Deus pensa. "Todavia, a mim mui pouco se me dá de ser julgado por vós ou por tribunal humano; nem eu tampouco julgo a mim mesmo [...], pois quem me julga é o Senhor" (1 CORÍNTIOS 4:3-4). Nós temos de ser renovados no espírito da nossa mente para um único propósito, que é podermos "[experimentar] qual seja a boa, agradável e perfeita vontade de Deus".

b) Minha moral

Minha moral significa o meu padrão de conduta moral. "Se a vossa justiça não exceder em muito a dos escribas e fariseus, jamais entrareis no reino dos céus" (MATEUS 5:20). O resultado prático dessas palavras é espantoso; significa que o meu padrão de conduta moral precisa, obrigatoriamente, exceder o padrão do homem ou da mulher mais moral e reto que conheço, que viva sem a graça de Deus. Pense no homem ou na mulher mais honrado, na pessoa mais digna que você conhece, que não tenha tido qualquer experiência de receber o Espírito de Deus. Com efeito, Jesus Cristo diz que nós temos de exceder a retidão dessa pessoa. Em vez de rebaixar o padrão de conduta moral, o nosso Senhor o leva a um tremendo extremo. Não nos basta fazer as coisas certas — as nossas motivações têm de ser certas, as fontes do nosso pensamento têm de ser certas, temos de ser tão irrepreensíveis que o próprio Deus nada encontre para censurar em nós. Esse é o padrão de conduta moral quando nascemos de novo do Espírito de Deus e o estamos obedecendo. Qual é o meu padrão de conduta moral? É o padrão de Deus ou o padrão do mundo? O padrão do mundo é resumido em uma palavra: autorrealização. Os dois são diametralmente opostos; entre eles, não há ponto de conciliação.

c) Meu misticismo

Meu misticismo significa a minha comunhão direta e imediata com Deus (COLOSSENSES 2:20-23). Todos, quer sejam religiosos ou não, têm algo desse tipo para dirigir-se diretamente a Deus. O misticismo é um ingrediente natural da constituição de todos, quer se declarem ateus, agnósticos ou cristãos. Deus não altera a necessidade da natureza humana: Ele preenche a necessidade em uma linha totalmente diferente. Nossa personalidade é tão misteriosa; tantas forças agem em nós e à nossa volta que não conseguimos calcular ou enfrentar; e, se nos recusarmos a seguir a orientação de Jesus Cristo, poderemos, e provavelmente, seremos iludidos por forças sobrenaturais muito maiores do que nós. O caminho de Jesus exalta tudo que nos diz respeito: exalta o nosso corpo, exalta os nossos relacionamentos de carne e sangue, exalta o nosso lar, exalta a nossa posição social, exalta todo o interior da nossa vida, nossa mente, moral e misticismo, até termos conciliação com Deus em todos eles.

15

NÓS MESMOS: EU, MIM, MEU

Nós mesmos como "nós mesmos" – O ego

(As passagens aludidas neste esboço provêm exclusivamente do Novo Testamento. O aluno pode incluir ilustrações do Antigo Testamento para seu próprio uso.)

1. *Ego — Lucas 18:9-14*

   a) Elevação (Marcos 12:3; compare com 2 Tessalonicenses 2:3)
   b) Rebaixamento (Lucas 5:8; 15:19)

2. *Autossatisfação — Romanos 15:1-3*

   a) Honra (João 5:41-44; 8:49)
   b) Humildade (Mateus 18:4; Filipenses 2:1-4)

3. *Autoavaliação — João 13:13-17*

   a) Superioridade (Filipenses 2:5-11)
   b) Inferioridade (Mateus 5:19)[30]

Nota: Definições importantes ao considerar este material:
- Eu mesmo — O total de tudo que uma pessoa possa chamar de "eu" e "meu".
- Egoísmo — Tudo que me dá prazer sem considerar os interesses de Cristo.
- Pecado — Independência de Deus.

---

[30] *Nota da edição em inglês:* 3a) e 3b) não aparecem neste capítulo.

O meu ego é a minha personalidade consciente. "O meu completo ego inclui a total sucessão das minhas experiências pessoais; portanto, inclui aquela fase especial da minha vida consciente na qual eu reflito acerca de mim mesmo[31]". Há três divisões para orientar a nossa abordagem deste assunto: o meu eu, a busca de mim mesmo e autoavaliação.

1. Ego

Em última análise, tanto a elevação quanto o rebaixamento (LUCAS 18:9-14) são errados; um rasteja e o outro se engrandece, e os dois expressam condições anormais. O nosso Senhor nunca ensina a aniquilação do próprio eu; Ele revela como o próprio eu pode estar corretamente centrado, sendo o verdadeiro centro o amor perfeito para com Deus (1 CORÍNTIOS 13:4-8). Enquanto o próprio eu não estiver corretamente relacionado a Ele, rastejamos ou nos engrandecemos; as duas atitudes são falsas e precisam ser corrigidas. O verdadeiro centro do próprio eu é Jesus Cristo.

a) Elevação

"O principal é [...] Amarás, pois, o Senhor, teu Deus, de todo o teu coração, de toda a tua alma, de todo o teu entendimento e de toda a tua força" (MARCOS 12:29-30). Esse mandamento está no centro de todas as revelações feitas por Jesus Cristo. Ele revela que o centro correto para o eu é Deus, uma devoção pessoal e apaixonada a Ele; então, sou capaz de demonstrar aos meus

---

[31] *Nota da edição em inglês:* Esta citação parece ter sido extraída de *A Manual of Psychology*, publicado por W. B. Clive, Londres, 1899.

semelhantes o mesmo amor que Deus demonstrou por mim. Enquanto eu não chegar lá, sou como um fariseu ou um publicano: agradeço a Deus por não ser um total pecador e aponto para certas pessoas que são piores do que eu, ou então me rebaixo para o outro extremo. As duas atitudes são erradas por não serem verdadeiramente centradas.

Como poderia o fariseu da parábola de nosso Senhor amar seu próximo como a si mesmo? Era impossível; ele não havia encontrado o verdadeiro centro para si mesmo. Seu centro era a autorrealização e, em vez de amar o cobrador de impostos, aumentava sua própria vaidade em todos os detalhes da comparação. Quando eu me relaciono corretamente com Deus e tenho amor perfeito por Ele, posso ter com meus semelhantes o mesmo relacionamento que Deus tem comigo e posso amá-los como amo a mim mesmo. Ao tornar-se corretamente identificada com Deus pela expiação de Jesus Cristo, ela entende o que o apóstolo Paulo quis dizer com: "Não nos pregamos a nós mesmos", isto é, autorrealização, "mas a Cristo Jesus como Senhor e a nós mesmos como vossos servos, por amor de Jesus" (2 CORÍNTIOS 4:5).

Essa é a única coisa que impede uma pessoa de levar em conta o mal. Se o meu amor é, antes de tudo, por Deus, não levarei em conta a vil ingratidão dos outros, porque a mola mestra do meu serviço ao próximo é o amor a Deus. O argumento é muito prático e claro. Se eu amo uma pessoa e ela me trata sem bondade e generosidade, o próprio fato de eu a amar me faz sentir isso ainda mais; entretanto, Paulo diz que o amor "não suspeita mal" (1 CORÍNTIOS 13:5 ARC), porque o eu está absorvido e tomado de amor por Jesus Cristo.

Se você desejar viver para servir aos seus semelhantes, certamente será acometido por muitas tristezas, porque encontrará mais ingratidão de seus semelhantes do que de um cachorro. Você enfrentará crueldade e falsidade; e, se a sua motivação for o amor pelos outros seres humanos, ficará exausto na batalha da vida. Porém, se a mola mestra do seu serviço for o *amor a Deus,* nenhuma ingratidão, nenhum pecado, nenhum demônio, nenhum anjo poderá impedi-lo de servir aos seus semelhantes, independentemente de como eles o tratarem. Você poderá amar o seu próximo como a si mesmo, não por pena, e sim por ter o seu eu verdadeiramente centrado em Deus.

b) Rebaixamento

"Já não sou digno de ser chamado teu filho; trata-me como um dos teus trabalhadores" (LUCAS 15:19). "Vendo isto, Simão Pedro prostrou-se aos pés de Jesus, dizendo: Senhor, retira-te de mim, porque sou pecador" (LUCAS 5:8). Todos passam por esse estágio, quando são convencidos do pecado; sempre temos uma estimativa errada de nós mesmos, quando estamos sob a convicção do pecado. O filho pródigo se autoavaliou além de como o seu pai o via; a mesma coisa acontece quando o Espírito Santo nos convence do pecado. O equilíbrio é desfeito; a saúde do corpo é perturbada; o equilíbrio é empurrado para longe pela convicção do pecado. O pecado coloca o eu totalmente fora de centro, e a pessoa se torna ex-cêntrica[32].

Quando o Espírito de Deus convence uma pessoa, ela está incorretamente relacionada com tudo; incorretamente relacionada com Deus, com seu próprio corpo, com tudo ao seu redor, e está em estado de abjeta miséria. A imagem de uma pessoa não convencida do pecado é exatamente o oposto. Se você observar as tendências ao nosso redor, atualmente, notará esta disposição: "Ignore o pecado, negue sua existência; se você cometer erros,

---

[32] O "ex" foi separado intencionalmente pelo autor — (ex-) fora do centro —, com o objetivo de reforçar a ideia de "movimento para fora, 'tirado de', para indicar que uma pessoa deixou de ser algo" (Houaiss, 2009).

esqueça-os; viva a vida ensolarada, com mente saudável e coração aberto; não se permita ser convencido acerca do pecado; realize-se e, ao fazê-lo, alcançará a perfeição". Nessa perspectiva, não há convicção de pecados, nem arrependimento, nem perdão de pecados. O Espírito Santo abre não somente os meus olhos, mas também meu coração e minha consciência para o horror do que está errado em meu interior e, quando Ele o faz, eu chego ao estágio do rebaixamento. O salmista diz que a convicção do pecado faz com que a beleza humana seja destruída como que pela traça (SALMO 39:11).

Beleza significa a inteireza perfeitamente ordenada de toda a natureza de uma pessoa. O fariseu não se rebaixa; há certa beleza num indivíduo vaidoso, uma conformidade consigo mesmo; ele tem a natureza de um cristal: límpido, compacto e duro. Quando o Espírito de Deus o convence, toda aquela beleza se desintegra, e ele se despedaça, por assim dizer. Jesus toma a pessoa que foi moída pela convicção do pecado e a torna maleável pela ação do Espírito Santo; remodela-a e faz dela um vaso adequado para a glória de Deus.

Portanto, o eu não deve ser aniquilado, e sim corretamente centrado em Deus. A autorrealização tem de ser transformada em *Cristo*rrealização. O nosso Senhor nunca ensinou "morte mais profunda a si mesmo"; Ele ensinou a morte diretamente ao meu direito a mim mesmo, à *auto*rrealização. Ele ensinou que o principal propósito da nossa criação é "glorificar a Deus, e gozá-lo para sempre"[33]; a totalidade do meu ser deve estar conscientemente centrada em Deus.

---

[33] *Nota da edição em inglês:* Extraído do *Westminster Shorter Catechism* (Breve catecismo de Westminster, Ed. Cultura Cristã, 2001). Questão 1.

2. Autossatisfação

"As injúrias dos que te ultrajavam caíram sobre mim" (ROMANOS 15:3). Que injúrias caíram sobre Jesus? Tudo que foi lançado em calúnia contra Deus feriu o nosso Senhor. As calúnias lançadas contra Ele não o impressionaram; Ele sofreu por Seu Pai. Pelo que você sofre? Você sofre porque pessoas falam mal de você? Leia este versículo: "Considerai, pois, atentamente, aquele que suportou tamanha oposição dos pecadores contra si mesmo, para que não vos fatigueis, desmaiando em vossa alma" (HEBREUS 12:3). O perfeito amor não leva em consideração o mal que lhe foi feito. As calúnias que atingiram e escandalizaram o verdadeiro centro de Sua vida foram aquilo que Jesus Cristo percebeu com dor. Qual era esse verdadeiro centro? Devoção absoluta a Deus Pai e à Sua vontade. Quando, de fato, você se centrar em Cristo, entenderá o que o apóstolo Paulo quis dizer com preencher "o que resta das aflições de Cristo, na minha carne" (COLOSSENSES 1:24). Jesus Cristo não podia ser tocado na linha da autopiedade. Aqui, a ênfase prática é que o nosso serviço não deve ser por dó, e sim por amor pessoal e apaixonado a Deus, por um anseio de ver muitos mais levados ao centro para onde Deus nos levou.

a) Honra

"Replicou Jesus: Eu [...] honro a meu Pai, e vós me desonrais" (JOÃO 8:49; VEJA TAMBÉM JOÃO 5:41-44). A honra fundamental na vida do nosso Senhor era a honra a Seu Pai; Cristo "aniquilou-se a si mesmo..." (FILIPENSES 2:7 ARC). Todo tipo de escândalo que as pessoas podiam conceber era lançado sobre Jesus, e Ele nunca tentava se defender; porém, se alguém demonstrasse uma atitude de desonra para com Seu Pai, Jesus Cristo imediatamente se inflamava por zelo; e "segundo ele é, também nós [sejamos] neste mundo" (1 JOÃO 4:17).

Jesus Cristo muda o centro do nosso amor-próprio. A minha honra é a honra de Deus? Elas são idênticas, como eram em Jesus Cristo? Que estas perguntas possam nos sondar: Por que somos escandalizados pela imoralidade? É pela honra a Deus estar em jogo? Ou seria pela nossa honra social ser prejudicada e hostilizada? Como santos, devemos ficar irritados e sofrer intensamente sempre que vemos soberba, cobiça e autorrealização, pois elas são contrárias à honra de Deus. "Não tendes em vós o amor de Deus", declarou Jesus Cristo aos fariseus, ressaltando que, portanto, era moralmente impossível eles crerem (JOÃO 5:42,44). Ninguém com um padrão de honra que não seja o de Jesus Cristo consegue crer nele. Jesus exalta o padrão de honra e o coloca junto ao trono de Deus.

A verdadeira razão subjacente para o nosso Senhor "[agitar-se] no espírito" (JOÃO 11:33) foi Marta e sua irmã aceitarem um escândalo contra o Seu Pai. Assim que a morte entrou em cena, elas acolheram uma interpretação contrária à bondade e ao amor de Deus. A única coisa que inflamava Jesus Cristo era a honra de Seu Pai cair em descrédito. No Templo, em vez de um Jesus manso e brando, vemos um Ser temível com um chicote de cordas na mão, expulsando os cambistas. Por que Ele não poderia expulsá-los de uma maneira mais branda? Porque o zelo apaixonado, um afã e aversão a tudo que ousava levar a honra de Seu Pai a descrédito, consumia-o; e exatamente a mesma característica é vista nos santos. Você não consegue despertá-los por interesse pessoal, autopiedade ou autorrealização; porém, quando qualquer coisa é contrária à honra de Jesus Cristo, você descobre instantaneamente que esse perfeito ser, manso e bondoso, se torna um santo temível. A expressão "ira do Cordeiro" (APOCALIPSE 6:16) é compreensível nessa linha. O lado oposto do amor é o ódio.

b) Humildade

"Portanto, aquele que se humilhar como esta criança, esse é o maior no reino dos céus" (MATEUS 18:4; VEJA TAMBÉM FILIPENSES 2:1-4). Essas duas passagens são uma revelação maravilhosa; elas mostram que, nesta ordem de coisas, a verdadeira inclinação de um santo é a humildade. Quando os discípulos estavam discutindo sobre quem deveria ser o maior, Jesus pegou uma criança nos braços e afirmou: "se [...] não vos tornardes como crianças, de modo algum entrareis no reino dos céus" (MATEUS 18:3). Ele não considerou uma criança um ideal; se houvesse feito isso, teria destruído todo o princípio de Seu ensino. Se a humildade fosse considerada um ideal, serviria apenas para aumentar a soberba. A *humildade* não é um ideal: é o resultado inconsciente de a vida ser corretamente relacionada a Deus e centrada nele.

O nosso Senhor está lidando com a ambição e, se houvesse colocado uma criança como padrão, isso simplesmente alteraria a manifestação da ambição. O que é uma criança? Todos nós sabemos o que é uma criança até nos perguntarem; então, descobrimos que não sabemos. Podemos mencionar sua extrema bondade ou sua extrema maldade, mas nada disso é a criança em si. Sabemos implicitamente o que é uma criança e sabemos implicitamente o que Jesus Cristo quer dizer, mas, tão logo tentamos expressar com palavras, o pensamento foge. Uma criança age a partir de um princípio inconsciente interior; se nascemos de novo e estamos obedecendo ao Espírito Santo, inconscientemente manifestamos humildade em tudo. Seremos facilmente servos de todas as pessoas, não porque é o nosso ideal, mas porque não conseguimos evitar. Os olhos da pessoa não estão conscientemente no seu próprio bem, mas em servir o seu Salvador.

Nada é mais terrível do que a humildade consciente; ela é o tipo mais satânico de orgulho. Servir conscientemente é ser pior do que o fariseu consumido pela presunção. Jesus Cristo apresentou a humildade como descrição do que seremos inconscientemente, quando estivermos corretamente relacionados com Deus e corretamente centrados em Jesus Cristo. Nossa humildade entre as pessoas só pode ser entendida por quem está centrado em Cristo da mesma maneira. Isso é retratado repetidamente no Novo Testamento. Pedro diz: "estranham que não concorrais com eles ao mesmo excesso de devassidão" (1 PEDRO 4:4) e o nosso Senhor diz: "quando vos expulsarem [...] por causa do Filho do Homem [...] exultai" (LUCAS 6:22-23). O centro da vida é transformado, e o mundano fica desesperadamente perdido ao tentar descobrir o centro com base no qual o cristão age. A análise de um cristão a partir de um ponto de vista mundano resulta, a princípio, não em atração, e sim em ridículo.

O apóstolo Paulo disse que o que ele pregava era uma tolice e inexprimível estupidez para os gregos, para os que buscavam sabedoria; e essa é a atitude para com os santos nesta dispensação. Um santo desperta interesse durante algum tempo; quando as coisas vão mal, desperta profundo interesse; porém, quando as coisas vão bem, o interesse se transforma gradualmente em ridículo e, então, em ser totalmente ignorado, visto que ele está centrado em Alguém que o mundo não vê, ou seja, em Deus. Enquanto um cristão segue os padrões deste mundo, o mundo o reconhece; porém, quando ele age a partir do padrão verdadeiro, que é Deus, o mundo não pode entendê-lo e, consequentemente, ignora-o ou o ridiculariza. Nas epístolas, Jesus Cristo e o Espírito de Deus destacam esse antagonismo entre o espírito do mundo e o Espírito de Deus; ele é um antagonismo profundamente podre e, como cristãos, nós temos de perceber que, se obedecermos ao Espírito de Deus, seremos detestados, ridicularizados e ignorados pelas pessoas cujo centro é a autorrealização.

Nossa atitude, nesta dispensação, se manifesta numa humildade que não pode nos incitar a agir por conta própria. Isso é o que enlouquece o príncipe deste mundo. Quando ele e seus lacaios escandalizam Jesus Cristo e o deturpam, o mais fraco dos santos se torna um gigante, pronto a seguir para o martírio, a qualquer momento e em qualquer lugar do mundo, pelo Senhor Jesus Cristo. Ouvimos dizer que o espírito de martírio se extinguiu; o espírito do martírio está aqui. Se surgisse um escândalo contra Jesus Cristo, atualmente, haveria muitos que permaneceriam fiéis à honra do Senhor Jesus Cristo; no passado, teria existido apenas um.

O que é autossatisfação? Devo ter autossatisfação e, se o meu eu está verdadeiramente centrado, a minha busca é a honra de Deus. A honra de Deus está em jogo em meus olhos, minhas mãos e meus pés; a Sua honra está em jogo onde quer que eu leve o meu corpo. O meu corpo é o templo do Espírito Santo; portanto, tenho de cuidar para que ele seja o escravo obediente da inclinação colocada em mim por Jesus Cristo, a fim de representá-lo. O centro do meu eu deve ser Deus e o amor a Ele. Com frequência, surge a pergunta: "Eu acredito que devo amar a Deus, mas como faço isso? Como devo ter esse tremendo amor por Deus? Concordo que devo amá-lo, mas como posso fazê-lo?". Eis a resposta: "...o amor de Deus é derramado em nosso coração pelo Espírito Santo, que nos foi outorgado" (ROMANOS 5:5). Você recebeu o Espírito Santo? Se não recebeu, Lucas 11:13 o ajudará nisso: "Ora, se vós, que sois maus, sabeis dar boas dádivas aos vossos filhos, quanto mais o Pai celestial dará o Espírito Santo àqueles que lho pedirem?"; e João 17:26: "que o amor com que me amaste esteja neles, e eu neles esteja".

Peça a Deus para responder à oração de Jesus Cristo. Não há desculpa para qualquer um de nós não ter tal problema resolvido em nossa vida. O nosso coração natural não ama a Deus; o Espírito Santo é o único que ama a Deus e, assim que Ele fizer morada em nós, fará de nosso coração o centro do amor a Deus, o centro da pessoal, apaixonada e avassaladora devoção a Jesus Cristo. (Deus e Jesus Cristo são termos sinônimos na experiência prática.) Quando o Espírito Santo habitar em nós, e o pecado e o interesse pessoal estiverem no caminho, Ele os detectará instantaneamente e os eliminará tão logo dermos o nosso consentimento, até nos tornarmos incandescentes com o próprio amor de Deus. "Guardai-vos no amor de Deus" (JUDAS 21). Isso não significa continuar tentando amar a Deus, e sim algo infinitamente mais profundo, que é: "Mantenha abertas as janelas da sua alma para o fato de que Deus ama você"; então, o amor do Senhor fluirá continuamente para os outros através de você.

A psicologia no século 19 usava dois termos que têm importância nesse contexto: *projetivo e ejetivo*. Projetivo significa que eu vejo em outras pessoas as qualidades que desejo, mas não tenho. *Ejetivo* significa que atribuo minhas qualidades ou meus defeitos a outras pessoas. O método ejetivo é visto na questão do julgamento; quando alguém cometeu alguma transgressão contra mim, imputo-lhe imediatamente todos os motivos mesquinhos dos quais eu seria culpado se estivesse nas circunstâncias dela. "Portanto, és indesculpável, ó homem, quando julgas, quem quer que sejas; porque, no que julgas a outro, a ti mesmo te condenas" (ROMANOS 2:1). Em Mateus 6:15, Jesus Cristo diz que o perdão das nossas transgressões se baseia em perdoarmos a quem nos ofendeu. Se adotarmos o método ejetivo, não os perdoamos; simplesmente atribuímos aos outros as infâmias que seríamos capazes de cometer em circunstâncias semelhantes. A afirmação de que só vemos o que conseguimos enxergar é perfeitamente correta. Se eu vejo infâmia, erro e maldade nos outros, que eu possa me julgar imediatamente: eu seria culpado dessas coisas, se estivesse em circunstâncias similares às deles. A luz perscrutadora das Escrituras se repete quanto a isso, e descobrimos que não há lugar para o cinismo em um cristão.

3. Autoavaliação

Esta é uma reiteração do mesmo ponto, isto é, que o eu precisa estar centrado em Deus (JOÃO 13:13-17.) O meu eu é cristocêntrico ou egocêntrico? Quando estou em circunstâncias difíceis, a minha inclinação me faz questionar: "Por que isso deveria acontecer comigo?". O Senhor Jesus nunca teve essa inclinação. Sempre que a Sua percepção era revelada, o que o ocupava era a honra de Seu Pai, não a Sua própria honra. O meu eu é uma edição humana para que Deus seja glorificado. "Tende em vós o mesmo sentimento que houve também em Cristo Jesus" (FILIPENSES 2:5). Poderia algo ser mais prático ou mais profundo do que esse mandamento? A mente de Cristo se mostrava em Suas atitudes e em Seu discurso, e a nossa mente é demonstrada em nosso discurso e em nossas atitudes. O que foi que Satanás antagonizou em Jesus Cristo? A realização em Deus. Satanás queria alterar esse centro: "Faça a obra de Deus à Sua própria maneira. Você é Seu Filho, então aja a partir desse centro". No cerne de cada uma das respostas do nosso Senhor às ofertas com as quais Satanás lhe tentou está: "eu desci do céu, não para fazer a minha própria vontade, e sim a vontade daquele que me enviou" (JOÃO 6:38).

Jesus Cristo foi tentado e nós também seremos quando estivermos corretamente relacionados com Deus. "Tenho, porém, contra ti que abandonaste o teu primeiro amor" (APOCALIPSE 2:4). Tudo mais perde a importância. Tornar "ex-cêntrico", fora do centro, é exatamente o que Satanás deseja. Ele não tenta à imoralidade; a única coisa com a qual ele se ocupa é destronar o governo de Deus no coração do homem. A superioridade do "eu" de Jesus Cristo era ser centrado em Deus. "Quem comigo não ajunta espalha" (MATEUS 12:30), disse o nosso Senhor; e toda moralidade, toda bondade, toda religião e toda espiritualidade que não é centrada em Cristo se afasta de Jesus Cristo o tempo todo. Todos os ensinos de

Jesus envolvem a questão do eu. Não se trata de "ó, ser nada, nulo!" e sim de "ó, ser algo, de valor!". Algo agressivo e poderoso, algo inabalável, posicionado junto ao trono de Deus, sobre a Rocha; ser alguém em quem Deus pode andar, falar, mover-se e fazer o que Ele quiser, visto que o eu está pessoal e apaixonadamente repleto de amor por Deus — não absorvido por Deus, e sim centrado nele.

Egoísmo significa aquilo que me traz satisfação sem considerar os interesses de Jesus Cristo. Fale sobre o lado ruim do egoísmo e todos concordarão com você; porém, fale sobre egoísmo do ponto de vista de Jesus Cristo e você despertará o interesse de poucos e a antipatia de inúmeras pessoas.

Concordar com os meus semelhantes provavelmente despertará antagonismo a Deus. A menos que o meu relacionamento com Ele seja correto, a minha estima às pessoas me desviará e as desviará; porém, quando eu estou bem com Deus, posso amar ao meu próximo como Deus me amou. E de que maneira Deus me amou? Deus me amou até o fim de toda a minha pecaminosidade, o fim de toda a minha obstinação, de todo o meu egoísmo, de toda a minha teimosia, de todo o meu orgulho e de todo o meu interesse próprio. Agora, Ele ordena: "Amem uns aos outros como eu amo vocês" (JOÃO 15:12 NVT). Eu devo demonstrar aos meus semelhantes o mesmo amor que Deus demonstrou por mim. Isso é o cristianismo na prática.

16

NÓS MESMOS: EU, MIM, MEU

Nós mesmos e a consciência

Nota: Abordaremos a meia-verdade em frases como "A consciência é a voz de Deus" e "A consciência pode ser educada".

1. *Consciência anterior à queda* — Gênesis 2:16-17; 3:2-3
   a) Consciência de si mesmo (Gênesis 3:1-24)
   b) Consciência do mundo (Gênesis 3:1-24)
   c) Consciência de Deus (Gênesis 3:1-24)
   Estes três são os vários lados da vida pessoal do homem.

2. *Consciência após a queda* — João 3:19-21
   a) O padrão da pessoa natural (Romanos 2:12-15)
   b) O padrão das nações: pagão (Mateus 25:31-46)
   c) O padrão do naturalmente piedoso (João 16:2; Atos 26:9)

3. *Consciência nos fiéis* — 1 Coríntios 8:7,12
   a) Consciência e caráter no santo (João 17:22; Romanos 9:1)
   b) Consciência e conduta no santo (2 Coríntios 1:12)
   c) Consciência e comunhão dos santos (Efésios 4:13; Hebreus 4:14; 1 João 1:7)

"Consciência é a lei inata da natureza pela qual o homem sabe que é conhecido." Sob todos os pontos de vista, essa é uma definição garantida sobre a consciência.

Se a consciência fosse a voz de Deus, seria a voz mais contraditória que alguém já ouviu. Por exemplo, uma mãe hindu obedece à sua consciência ao tratar seu filho com severidade; uma mãe cristã obedece à sua consciência, ao enviar seu filho à escola bíblica e o criar, no geral, "...na disciplina e na admoestação do Senhor" (EFÉSIOS 6:4). Se a consciência fosse a voz de Deus, contrastes desse tipo jamais aconteceriam. "A consciência se liga ao sistema de coisas que o homem considera o mais elevado"; consequentemente, a consciência se estabelece de variadas formas em diferentes pessoas. A consciência da mãe hindu se apega ao mais elevado que ela conhece: a religião hindu; a consciência da mãe cristã se apega ao mais elevado que ela conhece: a revelação de Deus no Senhor Jesus.

Provavelmente, a melhor ilustração de consciência é o olho humano. Ele registra aquilo que vê; a consciência pode ser retratada como o olho da alma, registrando o que ela olha e, como o olho, sempre registrará exatamente aquilo para onde está voltada. Nós somos propensos a perder aquilo que John Ruskin[34] denominou "olhar inocente". A maioria de nós sabe para onde olhamos e tentamos dizer a nós mesmos o que nossos olhos veem. Um artista não usa as suas faculdades lógicas: ele registra exatamente a partir do olhar inocente. Quando os estudantes de artes estão sendo treinados para fazer esboços observando a natureza, você descobrirá que, ao olhar para uma colina distante envolta em névoa azul, com pequenos toques de branco ou de cor aqui e ali, o iniciante não esboçará o que vê, e sim o que sabe que aquelas manchas indicam, isto é, casas. Enquanto isso, o artista apresenta

---

[34] John Ruskin (1819–1900) foi um escritor, crítico de arte, de arquitetura, desenhista e aquarelista, crítico social e filósofo britânico. Não foi diretamente um arquiteto, mas seus escritos tiveram profunda influência na arquitetura da Era Vitoriana. Ruskin publicou várias obras e, em 1870, foi nomeado professor de Belas Artes na Universidade de Oxford.

a você o que ele vê, não o que sabe que vê. Algo muito semelhante ocorre com a consciência. O poder de registro da consciência pode ser distorcido ou pervertido, e a consciência pode ser cauterizada. "...alguns apostatarão da fé [...] têm cauterizada a própria consciência" (1 TIMÓTEO 4:1-2).

Novamente, se você lança uma luz branca nas árvores, o olho registra que as árvores são verdes; se você lança uma luz amarela nas árvores, o olho registra que as árvores são azuis; se lança uma luz vermelha nas árvores, o olho registra que as árvores são marrons. As suas faculdades lógicas lhe dirão o tempo todo que as árvores são verdes, mas o objetivo da ilustração é que o olho não tem outra função além de registrar aquilo para o que ele olha; e o mesmo ocorre com a consciência.

Voltando à ilustração da mãe hindu e da mãe cristã. A consciência da mãe hindu atenta para o que a sua religião lhe ensina como deus e registra em conformidade e, raciocinando sobre os registros de sua consciência, comporta-se cruelmente de acordo com ela. A consciência da mãe cristã atenta para Deus como Ele é visto à "luz branca" de Jesus Cristo e, raciocinando sobre o que a sua consciência registra, comporta-se conforme deve uma mãe cristã. Assim, nunca pode ser correto chamar a consciência de "voz de Deus". A diferença nos registros da consciência ocorre pelas diferentes religiões tradicionais e assim por diante. Quer a pessoa seja religiosa ou não, a consciência se apega ao mais elevado que a pessoa conhece e, raciocinando sobre isso, a vida é orientada conformemente.

A frase: "A consciência pode ser educada" tem algo de verdade. Estritamente falando, a consciência não pode ser educada. O que é alterado e educado é o raciocínio de uma pessoa. Uma pessoa raciocina não apenas sobre o que os seus sentidos lhe trazem, mas também sobre o que o registro da sua consciência lhe acarreta. Quando você enfrenta uma pessoa com a luz branca de

Jesus Cristo (a luz branca é pura e verdadeira, e abrange todas as tonalidades de cor), a consciência dela registra exatamente o que ela vê, o raciocínio dela fica surpreso e atônito, e a consciência dela a condena sob todas as perspectivas.

1. Consciência anterior à queda

Originalmente, as palavras *conhecimento* e *consciência* significavam a mesma coisa; não é mais assim. Em Consciência anterior à queda, abordaremos os três aspectos da vida pessoal de um ser humano: Conhecimento de si mesmo, Conhecimento do mundo e Conhecimento de Deus. "E o Senhor Deus lhe deu esta ordem: De toda árvore do jardim comerás livremente, mas da árvore do conhecimento do bem e do mal não comerás; porque, no dia em que dela comeres, certamente morrerás" (GÊNESIS 2:16-17). "Respondeu-lhe a mulher: Do fruto das árvores do jardim podemos comer, mas do fruto da árvore que está no meio do jardim, disse Deus: Dele não comereis, nem tocareis nele, para que não morrais" (GÊNESIS 3:2-3). Nessas passagens, os três aspectos são claros — consciência de si mesmo, do mundo e de Deus. O conhecimento de Deus foi o mais notavelmente obscurecido pela queda.

a) Consciência de si mesmo

Isso nos leva de volta ao assunto geral do Homem. Quando as outras criações desfilaram diante de Adão "para ver que nome lhes daria [...] para o homem não se achava uma auxiliadora que fosse semelhante a ele" (GÊNESIS 2:19-20 NAA). O ser humano não tem afinidade com o animal; isso se distingue instantaneamente, de maneira clara e enfática, os seres humanos da criação animal ao seu redor. Não há evidência de que um animal tenha consciência de si mesmo; mas um ser humano é ostensivamente consciente de si mesmo.

b) Consciência do mundo

Com o *mundo*, queremos dizer aquilo que não é o meu eu; e com *continuum*, aquilo que continua a existir fora de mim. Percebendo como entramos em contato com aquilo que não é o nosso próprio eu, percebemos nossas barreiras e limitações. Por exemplo, jamais conseguiremos compreender a consciência de um anjo ou o de um cão, visto que essas duas criações são constituídas de maneira diferente daquela como somos constituídos.

Como entramos em contato com o que não é o nosso eu? Por meio de um sistema nervoso; consequentemente, sempre podemos dizer, até certo ponto, como outro ser humano vê as coisas exteriores ao seu eu. Como os anjos entram em contato com o que não é angelical? Certamente, não por meio de um sistema nervoso; portanto, não temos possibilidade alguma de saber como um anjo entra em contato com o que não é angelical. Leia na Bíblia os registros de aparições angélicas e das aparições de Jesus após a Sua ressurreição; barreiras físicas simplesmente não existiam para o Senhor ou para os anjos. Barreiras físicas existem para nós devido ao nosso sistema nervoso. Anjos podem entrar e sair por rochas e portas, podem aparecer e desaparecer de um modo que não somos capazes de entender. A consciência deles é superior à nossa, diferente dela. Quando alguém tentar explicar a você como um anjo vê e conhece as coisas, diga a si mesmo: "Especulação particular". Você sempre descobrirá que a Bíblia coloca claramente a barreira até certo ponto e não além dele. Jesus Cristo não adotou a consciência de um anjo; Ele veio para onde estava a humanidade, ao mundo em que vivemos, e assumiu um corpo e um sistema nervoso semelhante ao nosso. Jesus Cristo viu o mundo como nós o vemos e comunicou-se com ele como nós o fazemos (VEJA HEBREUS 2:16-18).

Nós só temos consciência de nós mesmos e do que nos é exterior por meio de um sistema nervoso; a nossa vida consciente depende totalmente dos nossos nervos. Quando estamos dormindo, não temos consciência alguma. O que acontece quando dormimos? O mundo "some"; o sistema nervoso não está trabalhando. Um anestésico faz o mundo "sumir". A razão pela qual colocamos um lunático num hospício[35] é o sistema nervoso dele relacioná-lo com o mundo de maneira diferente da maioria das pessoas. Ele não registra o que vê no exterior como nós; consequentemente, torna-se tão diferente — e, possivelmente, perigoso — que precisa ser confinado.

Agora, pense nos animais inferiores. Muito se fala sobre a inteligência dos cães, e muito se fala sobre *insight,* falsamente assim chamado, da natureza de um cão. Um cão é o mais humano de todos os animais, mas ainda assim não temos meios de saber como um cão vê o que não é o seu eu. Não temos mais meios de saber como um cão vê do que de saber como um anjo vê; simplesmente tomamos a nossa própria consciência e a transferimos para o cão. O reconhecimento dessas barreiras acima e abaixo de nós é fundamental para a consciência e nos mantém cientes das nossas limitações. Os espíritas negam a existência de barreiras; eles afirmam que podemos entrar em contato com anjos e entender como os anjos veem as coisas.

Lembre-se de que o corpo de uma pessoa é a sua glória, não a sua desvantagem. É por meio do corpo que o caráter humano é formado e se manifesta. O corpo é essencial para a ordem de

---

[35] Na época, hospícios ou manicômios, eram locais comuns para se levar pessoas que apresentavam transtornos mentais.

criação a que pertencemos; Paulo diz: "o vosso corpo é santuário do Espírito Santo" (1 CORÍNTIOS 6:19); nós somos responsáveis pela forma como manifestamos ao mundo esse fato. Quando uma pessoa experimenta uma grande transformação interior, seu sistema nervoso é alterado. Isso explica o que Paulo diz, em 2 Coríntios 5:17: "...se alguém está em Cristo, é nova criatura; as coisas antigas já passaram; eis que se fizeram novas". Onde quer que a graça de Deus aja efetivamente na natureza interior de uma pessoa, seu sistema nervoso é modificado e o mundo exterior começa a adquirir uma nova aparência. Por quê? Porque tem uma nova inclinação. Se ela "está em Cristo", o seu sistema nervoso provará que ela é uma "nova criatura" e começará a ver as coisas de maneira diferente.

Hoje o céu é mais azul,
E mais belo, o amanhecer;
Algo vive em toda cor,
Mas sem Cristo não se vê;
Aves cantam — que canções!
Flores têm o brilho seu,
Pois eu sei, agora sei:
Eu sou Dele, Ele é meu.[36]

Isso não é apenas poesia: é fato.

c) Conhecimento de Deus

Esses três tipos de conhecimento são claramente manifestados na maneira como Eva respondeu à serpente (GÊNESIS 3:2-3). Eva

---

[36] *Nota da edição em inglês*: *Loved with Everlasting Love* (Sou amado, tal amor pela graça conheci), de George Wade Robinson, 1876. (hinario.org 284).

tinha conhecimento de si mesma, conhecimento de seu entorno e conhecimento de Deus. Em nosso Senhor Jesus Cristo, esses três aspectos da consciência eram perfeitamente claros. Em nós, o conhecimento de Deus foi obliterado e chamamos erroneamente de "Deus" todo tipo de coisa. Uma pessoa tende a chamar de Deus ao sistema de coisas que considera mais elevado. Em Adão, o conhecimento de Deus era diferente do nosso conhecimento natural; pois era o mesmo que havia em nosso Senhor. Jesus Cristo restaura os três aspectos da vida pessoal de alguém ao seu vigor puro: entramos em comunhão real e definitiva com Deus por meio de Jesus Cristo; entramos em um relacionamento correto com os nossos semelhantes e com o mundo exterior e chegamos a um relacionamento correto com nós mesmos; tornamo-nos centrados em Deus em vez de centrados em nós mesmos.

2. Consciência após a queda

Trata-se de onde vivemos hoje, isto é, uma mistura de cristãos e não cristãos, e muitos que não são nem um, nem outro. João 3:19-21 é a análise fundamental: "a luz veio ao mundo, e os homens amaram mais as trevas do que a luz; porque as suas obras eram más". O que é a luz? Jesus o declarou: "Eu sou a luz" (JOÃO 8:12). Ele também disse: "Portanto, caso a luz que em ti há sejam trevas, que grandes trevas serão!" (MATEUS 6:23). Nesse contexto, as trevas são o meu próprio ponto de vista. Quando uma pessoa vê Jesus Cristo e compreende quem Ele é, naquele instante ela é criticada e autocondenada; não há mais desculpa. Nosso Senhor é o padrão definitivo.

a) O padrão da pessoa natural

A *pessoa natural* significa aquela que nunca viu ou ouviu falar de Jesus Cristo. Em Romanos 2:12-15, o contraste é traçado clara e enfaticamente entre o que podemos chamar de pessoas religiosas e irreligiosas. Qual é o padrão de julgamento? Os gentios nada sabiam acerca de Jesus Cristo ou da Lei de Deus como padrão exterior e eles foram julgados em conformidade com a consciência deles. Tome o caso mais grosseiro que você possa imaginar — em lugar algum há qualquer registro de uma tribo canibal pensando ser certo comer um ser humano; eles sempre ocultam isso.[37]

b) O padrão das nações: pagão

As nações são pagãs, que também nada sabem sobre Jesus Cristo (MATEUS 25:31-46). Esses versículos são frequentemente aplicados aos cristãos, mas, primariamente, se refere ao julgamento das nações. Esses versículos de Mateus 25 não são o padrão para os cristãos; o padrão para os cristãos é o nosso Senhor Jesus Cristo. Em Mateus 25 a interpretação magnânima de Deus dos atos de certas pessoas é revelada, e elas ficam maravilhadas e surpresas — "quando foi que te vimos com fome [ou] enfermo?" (vv.37-39). Nunca havíamos ouvido falar de ti. "Sempre que o fizestes a um destes meus pequeninos irmãos, a mim o fizestes" (v.40). O padrão de julgamento para a pessoa natural é a consciência, e o padrão de julgamento para as nações é a consciência.

---

[37] Provavelmente Chambers se refere a ausência do pensamento, por ele mencionado, em registros da referida cultura. Esse exemplo poderia ser aplicável na época, porém atualmente é obsoleto. A última tribo antropófaga que existe não faz isso, inclusive, com dúvidas e até por uma questão de purificação entre o próprio povo. Por mais errado que fosse, seus praticantes não entendiam dessa maneira e não tentavam ocultar suas razões para tal prática. Havia tipos de canibalismo: rituais, combate, vingança, respeito e homenagem.

c) O padrão do naturalmente piedoso

"Na verdade, a mim me parecia" — segundo a consciência — "que muitas coisas devia eu praticar contra o nome de Jesus, o Nazareno" (ATOS 26:9). Se a consciência é a "voz de Deus", temos um belo problema para resolver! Saulo foi o apogeu da consciência. O nosso Senhor se refere à mesma coisa: "Eles vos expulsarão das sinagogas; mas vem a hora em que todo o que vos matar julgará com isso tributar culto a Deus" (JOÃO 16:2) — pensarão que servem a Deus ao matar vocês. Esse é o resultado da obediência ao que se entende por consciência. Ninguém que leu a vida do apóstolo Paulo e seus registros de si mesmo poderia acusá-lo de não ser consciencioso — ele era hiperzeloso. A consciência é o padrão pelo qual homens e mulheres devem ser julgados enquanto não são colocados em contato com o Senhor Jesus Cristo. Para um cristão, não é suficiente viver à luz da sua consciência; ele precisa viver sob uma luz mais austera, a luz do Senhor Jesus Cristo. A *consciência* sempre registrará Deus quando for confrontada por Deus.

3. Consciência nos fiéis

Paulo em 1 Coríntios 8:7-12 mostra que podemos ser "óculos" para outros cristãos. Quando a visão natural está defeituosa, os óculos são usados para corrigir a visão. Nós temos de ser como essas lentes para os outros. Muitos cristãos são míopes, muitos são hipermetropes e muitos não têm o tipo certo de visão; seja óculos para eles! Uma posição muito humilde, mas muito útil.

Em 1 Coríntios 7, Paulo faz uma distinção entre direitos iguais e deveres iguais. Os coríntios vinham criticando o apóstolo e, desse capítulo em diante, ele está lidando com as questões daquele povo; evidentemente, tudo gira em torno da questão dos direitos iguais.

É como se ele estivesse dizendo: "Não! Deveres iguais, mas não direitos iguais". Todos nós temos deveres iguais para cumprir com Deus, mas não direitos iguais. Paulo trata do assunto de maneira semelhante à de um estadista.

Há uma diferença entre "ofensa" e "tropeço". "E escandalizavam-se nele. Jesus, porém, lhes disse: Não há profeta sem honra, senão na sua terra e na sua casa" (MATEUS 13:57). "Mas Jesus, sabendo por si mesmo que eles murmuravam a respeito de suas palavras, interpelou-os: Isto vos escandaliza?" (JOÃO 6:61; VEJA TAMBÉM MATEUS 5:29; 11:6; 13:41; 16:23; 17:27; 28:6-7). *Ofensa* significa ser contrário à opinião particular de alguém e, às vezes, é nosso dever moral ofender. Jesus Cristo sabia que estava ofendendo a opinião particular dos fariseus ao permitir que Seus discípulos colhessem espigas de milho e as comessem no dia de sábado? Ele sabia que os estava ofendendo quando curou os enfermos no sábado? Certamente, sim; contudo, o nosso Senhor nunca criou uma oportunidade de tropeço no caminho de qualquer pessoa. A passagem que faz alusão a Ele como: "pedra de tropeço e rocha de ofensa" tem outra referência (1 PEDRO 2:8).

Então, *tropeço* é diferente de ofensa. Por exemplo, alguém que não conhece a Deus tão bem quanto você conhece, ama você e, continuamente, faz o que você faz por amar você; ao observar essa pessoa, você começa a discernir que ela está se degenerando espiritualmente e, para sua surpresa, você descobre que é por ela estar fazendo o que você tem feito. Nenhuma ofensa foi dada, mas ela está tropeçando, claramente tropeçando. Paulo em 1 Coríntios 8-9 explica isso sob todas as perspectivas. É como se estivesse afirmando: "Enquanto eu viver, nunca mais farei as coisas que fazem meu irmão tropeçar; reservo-me o direito de sofrer a perda de tudo em vez de ser obstáculo ao evangelho: não insistirei nos meus direitos, na minha liberdade de consciência, e sim somente no meu direito de renunciar aos meus direitos". Renuncie à sua própria liberdade de consciência se isso for o meio para alguém tropeçar. A aplicação disso é o que o nosso Senhor ensina no Sermão do Monte, em experiência prática. Grosso modo, o Sermão do Monte simplesmente significa que, se você for um discípulo de Jesus Cristo, sempre fará mais do que o seu dever, sempre fará algo equivalente a andar a segunda milha. As pessoas dizem: "Que tolo você é! Por que não insiste nos seus direitos?". E Jesus Cristo diria algo assim: "Se você for Meu discípulo, insistirá somente no seu direito de renunciar aos seus direitos".

Deus educa a cada um de nós desde os grandes princípios gerais até os escrúpulos. Frequentemente, as pessoas que estão bem com Deus são culpadas das características mais terríveis e você se surpreende por elas não perceberem isso; porém, espere; se elas continuarem com Deus, lenta e seguramente o Espírito de Deus as educará desde os princípios gerais até os detalhes, até que, após algum tempo, elas serem tão cuidadosas quanto possível até os pormenores da sua vida, provando assim sua santificação na crescente manifestação da nova inclinação que Deus lhes deu. Não admira que o Livro de Deus nos aconselhe a sermos pacientes com nós mesmos e uns com os outros!

a) Consciência e caráter no santo

"Digo a verdade em Cristo, não minto, testemunhando comigo, no Espírito Santo, a minha própria consciência" (ROMANOS 9:1; VEJA JOÃO 17:22). *Caráter* é a plenitude dos atos de uma pessoa. Você não pode julgar uma pessoa pelas coisas boas que ela, às vezes, faz; você precisa juntar todas as vezes e, se na maior parte das vezes ela faz coisas ruins, é mau-caráter, apesar das coisas nobres que faz intermitentemente. Você não pode julgar o seu caráter pela única vez em que falou gentilmente com a sua avó se, na maioria das outras vezes você lhe falou com rudeza. O fato de as pessoas dizerem de alguém: "Bem, ele faz coisas boas ocasionalmente" prova que ele é mau-caráter; a própria afirmação é uma condenação. Em um santo, o caráter significa a inclinação de Jesus Cristo persistentemente demonstrada. Você não pode apelar a um santo com interesse próprio; apenas pode recorrer a ele ou ela de acordo com os interesses de Jesus Cristo. O santo mais débil e fraco se torna um terror santo quando Jesus Cristo é escandalizado. De quem é a honra que estamos buscando?

b) Consciência e conduta no santo

"Porque a nossa glória é esta: o testemunho da nossa consciência, de que, com santidade e sinceridade de Deus, não com sabedoria humana, mas, na graça divina, temos vivido no mundo e mais especialmente para convosco" (2 CORÍNTIOS 1:12). O argumento é importante: o conhecimento do mal que veio por meio da queda dá a alguém uma mente liberal, mas paralisa sua ação. A restauração de uma pessoa pelo nosso Senhor lhe dá simplicidade, e esta sempre se mostra nas atitudes. Não confunda simplicidade com estupidez. Por *simplicidade* entende-se a brandura que havia em Jesus Cristo. Paulo diz "receio que [...] seja corrompida a vossa mente e se aparte da simplicidade e pureza devidas a Cristo" (2 CORÍNTIOS 11:3). No mundo há homens e mulheres cuja mente está envenenada por todos os tipos de mal; eles são maravilhosamente generosos quanto à sua noção das outras pessoas, mas nada podem *fazer*; cada parte de seu conhecimento e mente liberal os paralisa. A essência do evangelho de Deus agindo por meio da consciência e conduta é que se revela imediatamente em ação. Deus pode tornar pessoas ardilosas e astutas em simples e inocentes; essa é a maravilha da graça de Deus. Ela pode tirar da mente e da imaginação de uma pessoa os fios de maldade e perversão e torná-la simples para com Deus, de modo que sua vida se torne radiantemente bela pelo milagre da graça divina.

c) Consciência e comunhão dos santos

"Se, porém, andarmos na luz, como ele está na luz, mantemos comunhão uns com os outros" (1 JOÃO 1:7; VEJA TAMBÉM EFÉSIOS 4:13; HEBREUS 4:14). Essas referências enfatizam o aspecto "comunhão". Em nenhum lugar na Bíblia é mencionado "entusiasmo pela humanidade"; essa é uma expressão terrena. Entusiasmo pela comunhão dos santos é comumente mencionado, e nesses versículos e em muitos outros o argumento é que, se mantivermos a nossa consciência aberta para Deus conforme revelado em Jesus Cristo, descobriremos que Ele levará outras almas à unidade com Ele por nosso intermédio.

"Todavia, a mim mui pouco se me dá de ser julgado por vós ou por tribunal humano; nem eu tampouco julgo a mim mesmo. Porque de nada me argui a consciência; contudo, nem por isso me dou por justificado, pois quem me julga é o Senhor" (1 CORÍNTIOS 4:3-4). O apóstolo Paulo menciona três padrões de julgamento que ele deixou para trás:

1. Julgamento segundo o padrão da classe especial – "mui pouco se me dá de ser julgado por vós".
2. O padrão de julgamento humano universal – "ou por um tribunal humano".
3. O padrão da consciência – "nem eu tampouco julgo a mim mesmo".

O padrão que Paulo aceita como definitivo é o do nosso Senhor — "pois quem me julga é o Senhor".

As trevas que não vêm em decorrência de pecado são uma das maiores disciplinas da vida espiritual, e isso porque o Espírito de Deus o leva de andar na luz da sua consciência para andar na luz do Senhor. Os defensores da fé tendem a ser amargos enquanto não aprendem a andar na luz do Senhor. Quando você aprende a andar na luz do Senhor, a amargura e as contendas são impossíveis.

17

O ESPÍRITO: SEU DOMÍNIO E TERRITÓRIO

O processo da Trindade

Nota: "Todo o domínio da vida, tanto em suas formas ou estágios mais inferiores quanto em seus mais elevados, é o domínio do espírito". (Observação da edição em inglês: Esta citação pode ser de J. T. Beck, *Outlines of Biblical Psychology* [Esboços da psicologia bíblica], traduzido do alemão em 1877.)

1. Um paralelo instrutivo — 1 Coríntios 2:1-14

2. O que a Bíblia diz acerca da Divindade — João 4:24

    A natureza essencial de Deus Pai, Deus Filho e Deus Espírito Santo
    a) Vontade (Êxodo 3:14; João 10:17-18; 16:8-11)
    b) Amor (Romanos 5:5; 1 João 4:8; Apocalipse 1:5)
    c) Luz (João 8:12; 16:13; 1 João 1:5)

O Espírito é o primeiro poder que experimentamos na prática, mas o último que passamos a compreender. É muito mais fácil de experimentar o agir do Espírito de Deus do que tentar compreendê-lo, visto que formamos as nossas ideias a partir daquilo que vimos, podemos tocar e segurar; mas quando passamos a pensar sobre a divindade e o Espírito Santo, a linguagem é forçada ao seu limite e tudo que podemos fazer é usar imagens para tentar transmitir as nossas ideias. Entretanto, apesar da dificuldade, é muito necessário pensarmos como cristãos, bem como vivermos como cristãos. Não é suficiente experimentar a realidade do Espírito de Deus dentro de nós e Sua obra maravilhosa; temos que alinhar a nossa mente com a nossa experiência para poder pensar e compreender de acordo com princípios cristãos. Devido a pouquíssimos pensarem segundo os princípios cristãos, é fácil adentrarem em ensinos e doutrinas erradas, especialmente no que se refere ao Espírito Santo.

1. Um paralelo instrutivo

Porque qual dos homens sabe as coisas do homem, senão o seu próprio espírito, que nele está? Assim, também as coisas de Deus, ninguém as conhece, senão o Espírito de Deus. (1 CORÍNTIOS 2:11)

Nesse versículo, o apóstolo Paulo está se referindo à base de como pensar. Ele diz que a maneira como compreendemos as coisas de qualquer pessoa é pelo espírito dessa pessoa; e a maneira como entendemos as coisas de Deus é pelo Espírito de Deus; que, assim como o espírito de um indivíduo conhece as coisas daquele indivíduo, somente o Espírito Santo conhece as coisas de Deus. Esse é o primeiro princípio estabelecido pelo apóstolo Paulo; devemos cuidar de o entendermos, e o fazermos notoriamente. O próximo passo é claro, isto é, não podemos explicar as coisas divinas se não tivermos o Espírito de Deus. Paulo diz haver uma analogia: assim como há, no mundo natural, uma lei segundo a qual raciocinamos, pensamos e argumentamos acerca das coisas naturais, há também uma lei no mundo espiritual; porém, a lei que cruza o mundo natural não é a mesma no mundo espiritual. Nós só podemos discernir o mundo espiritual pelo Espírito de Deus, não por nosso espírito humano. Se não tivermos recebido o Espírito de Deus, jamais discerniremos ou compreenderemos as coisas espirituais; nos moveremos continuamente num mundo de trevas e, lentamente, chegaremos à conclusão de que a linguagem do Novo Testamento é muito exagerada. Porém, quando recebemos o Espírito de Deus, começamos a "[conhecer] o que por Deus nos foi dado gratuitamente" (v.12), "não em palavras ensinadas pela sabedoria do homem, mas ensinadas pelo Espírito", e a comparar "coisas espirituais com espirituais" (v.13).

Aqui, o apóstolo Paulo está no cerne das coisas — como sempre, pois não é apenas inspirado pelo Espírito de Deus, da maneira como a inspiração é geralmente entendida, e sim "movido pelo Espírito Santo" de maneira especial para explicar a alicerce da doutrina cristã.

As coisas de Deus não podem ser explicadas pelo espírito de ser humano algum, e somente pelo Espírito de Deus. "Ora, o homem natural não aceita as coisas do Espírito de Deus, porque lhe são loucura; e não pode entendê-las, porque elas se discernem espiritualmente" (v.14). Por exemplo, considere a atitude do "mestre em Israel" (JOÃO 3:10) para com Jesus Cristo. Nicodemos acreditava que a origem da vida estava nele e em todas as pessoas semelhantes a ele; porém, o nosso Senhor trouxe a tal mestre essa verdade que Paulo está explicando: "O que é nascido da carne é carne; e o que é nascido do Espírito é espírito. Não te admires de eu te dizer: importa-vos nascer de novo" (JOÃO 3:6-7).

Coloquemos de maneira clara em nossa mente essa distinção fundamental: nós não somos capazes de penetrar nas coisas de Deus e compreendê-las pela inteligência humana; a única maneira de compreendermos as coisas divinas é pelo Espírito de Deus. Inquestionavelmente, todo cristão é mentalmente agnóstico, ou seja, tudo que sabemos a respeito de Deus aceitamos por revelação, não descobrimos por nós mesmos. Não nos dedicamos a pensar naquilo. Ou a resolvê-lo por raciocínio. Não dizemos: "Porque isto e aquilo é verdadeiro no mundo natural, só pode ser verdadeiro no mundo espiritual". Não conseguimos encontrar a Deus dessa maneira. Jesus disse algo como: "Se você quiser conhecer a Minha doutrina" — ou seja, a Minha lógica, o Meu raciocínio e o Meu pensamento —, "primeiro faça a Minha vontade, creia em mim, entregue-se a mim, obedeça-me; então, 'conhecerá se ela é de Deus ou se eu falo de mim mesmo'" (VEJA JOÃO 7:17).

Atualmente, há por aí muito ensino que diz que temos o Espírito de Deus em nós e tudo o que é necessário é que ele seja desenvolvido; se as pessoas estiverem nas condições certas, o espírito que habita nelas se desenvolverá e crescerá e, desse modo, elas compreenderão tudo sobre Deus. Isso é contrário a tudo que Jesus Cristo ensinou, e contrário a todo o Novo Testamento. Nós temos de chegar ao estágio de perceber que somos indigentes em nosso próprio espírito; não temos poder para compreender Deus, sequer conseguimos começar a compreendê-lo. Para compreender o Senhor, precisamos receber o Seu Espírito; então, Ele começará a nos explicar as coisas de Deus. Nós compreendemos as coisas do mundo pela nossa inteligência natural, e as coisas de Deus, pelo "Espírito que vem de Deus" (1 CORÍNTIOS 2:12).

2. O que a Bíblia diz sobre a divindade

Deus é espírito; e importa que os seus adoradores o adorem em espírito e em verdade" (JOÃO 4:24). Jesus Cristo não está indicando que me é obrigatório adorar a Deus sinceramente; "em espírito" não se refere ao meu espírito, à sinceridade humana, e sim ao Espírito de Deus. Eu preciso ter o mesmo Espírito em mim antes de poder adorar a Deus.

"Deus é Espírito." O que é espírito? Instantaneamente, encontramos insuperáveis barreiras ao pensamento. Você já tentou pensar em Deus durante um minuto? Nós não conseguimos pensar em um Ser que não teve início e não tem fim; consequentemente, as pessoas desprovidas do Espírito de Deus criam deuses a partir de suas próprias ideias. É um grande momento de nossa vida ao percebermos que precisamos ser ignorantes acerca de Deus, que não conseguimos nos apossar dele. Então, vem a revelação de que Jesus Cristo nos dará o Espírito Santo e este nos elevará até um novo domínio e nos capacitará a entender tudo que Ele revela e a viver a vida que Deus deseja que vivamos.

A natureza essencial de Deus Pai, Deus Filho e Deus Espírito Santo inclui vontade, amor e luz.

A primeira coisa a perceber é que o que é verdadeiro em relação a Deus Pai é igualmente verdadeiro sobre Deus Filho e Deus Espírito Santo, pois eles são um. As principais características iguais no Pai, no Filho e no Espírito Santo são Vontade, Amor e Luz. O ponto a enfatizar é que a natureza essencial de uma pessoa da Trindade é a natureza essencial das outras pessoas da Trindade. Se compreendermos Deus Espírito Santo, entenderemos Deus Filho e Deus Pai (MATEUS 11:27); portanto, a primeira coisa que temos a fazer é receber o Espírito Santo (LUCAS 11:13).

A natureza essencial de Deus Pai é Espírito. Para demonstrar a dificuldade de expressar isso em palavras, pergunte a si mesmo quanto espaço o pensamento ocupa. Ora, espaço nenhum, porque o pensamento é da natureza do espírito. É por meio do nosso espírito que entendemos as coisas com que entramos em contato. "Deus é espírito" (JOÃO 4:24); portanto, se quisermos entender o Senhor Deus, devemos ter o Espírito de Deus. O espírito humano não ocupa espaço e o Espírito de Deus não ocupa espaço — eles agem e interagem. O meu espírito não tem, em si mesmo, poder para apropriar-se de Deus; porém, quando o Espírito de Deus adentra meu espírito, Ele o revigora, então o restante depende de mim. Se eu não obedecer ao Espírito de Deus, não trazendo à luz as coisas erradas que Ele revela e não o deixando lidar com elas, eu o entristecerei e com isso poderei afastá-lo de mim.

a) Vontade

Deus disse a Moisés: "EU SOU O QUE SOU". Em seguida, disse: "Assim dirás aos filhos de Israel: EU SOU me enviou a vós outros" (ÊXODO 3:14). A primeira característica fundamental de Deus Pai, o Deus Todo-poderoso, é o *puro livre-arbítrio*. Não existe puro livre-arbítrio em ser humano algum; Deus Todo-poderoso é o único Ser que tem o poder do puro livre-arbítrio. Por Sua vontade Ele criou o que o Seu sopro sustenta. A revelação bíblica é de que a natureza essencial de Deus é esse poder do livre-arbítrio.

Qual é a característica de Deus Filho? Jesus declarou: "Eu dou a minha vida para a reassumir. Ninguém a tira de mim; pelo contrário, eu espontaneamente a dou. Tenho autoridade para a entregar e para reavê-la. Este mandato recebi de meu Pai" (JOÃO 10:17-18). Ninguém tem o poder de entregar a sua vida da maneira como Jesus Cristo está se referindo. Lembre-se, Jesus Cristo é Deus Encarnado, e a característica fundamental de Deus Pai é a característica fundamental de Deus Filho. De certa forma, o nosso Senhor está dizendo: "Eu dou a Minha vida porque decido entregá-la e a retomo porque decido fazê-lo".

"Quando ele vier, convencerá o mundo do pecado, da justiça e do juízo" (JOÃO 16:8). O tema do livre-arbítrio humano é quase sempre superestimado ou subestimado. No espírito humano há uma predeterminação que faz com que uma pessoa deseje ao longo de certas linhas; porém, ninguém tem o poder de realizar um ato de puro livre-arbítrio. Quando o Espírito de Deus habita em alguém, Ele traz a sua própria força de vontade geradora e faz a pessoa desejar o mesmo que Deus, e temos a surpreendente revelação de que o livre-arbítrio dos santos é a predeterminação de Deus. Na psicologia cristã, é extremamente maravilhoso um santo escolher exatamente o que Deus predeterminou que ele deveria escolher. Se você nunca recebeu o Espírito de Deus, essa será uma das coisas que você considerará loucura; porém, se o recebeu e está obedecendo a Ele, você descobre que Ele conduz o seu espírito em total harmonia com Deus, assim o som dos seus passos e o som dos passos de Deus são um só.

Religiões como Nova Teologia, a Ciência Cristã e a Teosofia ensinam que Deus criou o Ser chamado Seu Filho para realizar a si mesmo. Elas dizem, de fato, que o termo "Filho de Deus" significa não somente o nosso Senhor Jesus Cristo, e sim toda a criação da humanidade. Deus é Tudo, e a criação da humanidade ocorreu para ajudar Deus a realizar-se. O resultado prático dessa linha de pensamento é levar as pessoas dizerem: "É absurdo falar sobre pecado e a queda; o pecado é meramente um defeito, e falar sobre a necessidade de uma expiação é um disparate". Em lugar algum a Bíblia diz que Deus criou o mundo para se autorrealizar. A Bíblia revela que Deus era plenamente autossuficiente e que a manifestação do Filho de Deus ocorreu por um propósito totalmente diferente, isto é, para a solução do gigantesco problema causado pelo pecado. A maravilha da criação do ser humano é ele ser feito "da Terra, terreno". Deus permitiu que o inimigo agisse nessa criação humana de maneira que ele não conseguiria agir em nenhuma outra criação, mas, no fim, Deus derrubará o governo do Seu inimigo por intermédio de um ser um pouco inferior aos anjos, isto é, o ser humano. Quando Deus entrou nesta ordem de coisas, não veio como um anjo — veio como um Homem, tomou sobre si a nossa natureza humana. Essa é a maravilha da encarnação.

Nada sabemos acerca de Deus Pai, exceto o que Jesus Cristo revelou dele. "Replicou-lhe Filipe: Senhor, mostra-nos o Pai [...]. Disse-lhe Jesus: Filipe, há tanto tempo estou convosco, e não me tens conhecido? Quem me vê a mim vê o Pai" (JOÃO 14:8-9). As características do Deus Todo-poderoso são refletidas para nós em Jesus Cristo; portanto, se quisermos saber como Deus é, precisamos conhecer Jesus Cristo.

A primeira característica fundamental da natureza poderosa de Deus é a vontade; consequentemente, quando o Espírito de Deus adentra nosso espírito, podemos desejar fazer o que Deus deseja que façamos, "porque Deus é quem efetua em vós tanto o querer como o realizar, segundo a sua boa vontade" (FILIPENSES 2:13). A vontade não é uma faculdade. Dizemos que uma pessoa tem vontade fraca ou forte, mas isso é enganoso. *Vontade* significa toda a natureza ativa e, quando somos vivificados pelo Espírito de Deus, somos capacitados a fazer o que não podíamos antes, isto é, somos capazes de obedecer a Deus.

b) Amor

A próxima grande característica fundamental de Deus Pai é o amor. "Deus é amor" (1 JOÃO 4:8). A Bíblia não diz que Deus é amoroso, e sim que Deus é amor. A frase: "a benignidade de Deus" é usada com frequência, mas, quando a natureza de Deus é revelada, a Bíblia não diz que Deus é um Ser amoroso — ela afirma: "Deus é amor".

A mesma característica é revelada em Deus Filho, isto é, o amor, e instantaneamente esse tipo de amor é demonstrado: "Àquele que nos ama, e, pelo seu sangue, nos libertou dos nossos pecados" (APOCALIPSE 1:5). Este não é um amor que negligencia o pecado, e sim um amor cuja natureza essencial é libertar do pecado.

"O amor de Deus é derramado em nosso coração pelo Espírito Santo, que nos foi outorgado" (ROMANOS 5:5). Isso não significa que, quando recebemos o Espírito Santo, Ele nos capacita a ter a capacidade de amar a Deus, e sim que Ele derrama em nosso coração *o amor de Deus*, algo muito mais fundamental e maravilhoso.

É patético o número de pessoas que tentam piamente fazer seu pobre coração humano amar a Deus! O Espírito Santo derrama em meu coração, não o poder de amar a Deus, mas a própria natureza de Deus; e a natureza divina, em mim, torna-me parte da consciência de Deus, em vez de torná-lo parte da minha consciência. Eu não tenho consciência de Deus porque fui levado à Sua consciência. Paulo expressa isso em Gálatas 2:19-20 (texto com o qual estamos perfeitamente familiarizados, mas que nenhum de nós jamais compreenderá, independentemente de quanto tempo vivamos ou de quanto experimentemos da graça de Deus): "Estou crucificado com Cristo; logo, já não sou eu quem vive, mas Cristo vive em mim; e esse viver que, agora, tenho na carne, vivo pela fé no Filho de Deus, que me amou e a si mesmo se entregou por mim". Nessa mesma carta, Paulo se refere ao recebimento da própria natureza de Jesus Cristo: "Quando, porém, ao que me separou antes de eu nascer e me chamou pela sua graça, aprouve revelar seu Filho em mim" (GÁLATAS 1:15-16). Essa é a verdadeira ideia de um santo. Ele não é alguém que está tentando ser bom, através do esforço, oração, anseio e obediência alcançar o maior número possível de características de santidade; um *santo* é um ser que foi recriado. "Se alguém está em Cristo, é nova criatura" (2 CORÍNTIOS 5:17).

Temos de ser solenemente cuidadosos para não deturpar e menosprezar a obra de Deus e a expiação do Senhor Jesus Cristo. Se a menosprezarmos minimamente, embora possamos fazê-lo em ignorância, certamente sofreremos. A primeira coisa que nos fará menosprezar a expiação é deixar a sintonia com Deus e passar à sintonia com as pessoas, porque quando fazemos isso, começamos a arrastar para baixo a tremenda revelação de que a natureza essencial de Deus é Vontade, Amor e Luz, e que essas características é que nos são transmitidas pelo Espírito Santo. Nós não temos essas características naturalmente. Por natureza, o nosso coração está em trevas e afastado de Deus. Não temos poder para gerar vontade dentro de nós mesmos; não temos poder para amar a Deus quando queremos, e o nosso coração está obscurecido.

c) Luz

Novamente, a natureza essencial de Deus Pai é Luz. "Ora, a mensagem que, da parte dele, temos ouvido e vos anunciamos é esta: que Deus é luz, e não há nele treva nenhuma" (1 JOÃO 1:5). Em Deus não há qualquer "variação nem sombra de mudança" (TIAGO 1:17 NVT). Somos ensinados de que onde há luz e matéria obrigatoriamente existe sombra; porém, em Deus não há sombra — absolutamente nenhuma.

O que Jesus Cristo diz de si mesmo? "Eu sou a luz do mundo" (JOÃO 8:12) — nenhuma sombra há em Jesus Cristo. E, acerca do Espírito Santo, Jesus afirmou: "quando vier, porém, o Espírito da verdade, ele vos guiará a toda a verdade; porque não falará por si mesmo, mas dirá tudo o que tiver ouvido e vos anunciará as coisas que hão de vir" (JOÃO 16:13).

Vontade ativa, Amor onipresente mostrando-se como Luz em Deus Pai; Vontade ativa, Amor penetrante mostrando-se como Luz no Senhor Jesus Cristo; poder e vontade que a tudo permeia e Amor totalmente onipresente mostrando-se como Luz no Espírito Santo. Essas são as características fundamentais da divindade.

Revisando: "Deus é amor". Jamais alguém que seja naturalmente desperto, e que tenha recebido o Espírito de Deus, creu em algum momento que isso lhe soe como tolice. No Sermão do Monte, Jesus Cristo diz, de fato, que quando, como Seus discípulos, fomos introduzidos ao tipo de vida que Ele vive, fundamentamo-nos no conhecimento de que Deus é nosso Pai celestial e que Ele é amor. Então vem o maravilhoso desenvolver desse conhecimento em nossa vida; não é que não nos preocuparemos, e sim que chegamos ao lugar onde somos incapazes de nos preocupar, pois o Espírito Santo derramou o amor de Deus em nosso coração e descobrimos que nunca conseguiremos pensar em algo de que nosso Pai celestial se esquecerá. Embora possam surgir grandes nuvens e perplexidades, como ocorreu no caso de Jó, do apóstolo Paulo e de todos os santos, elas nunca atingem o lugar secreto do Altíssimo. "Portanto, não temeremos ainda que a terra se transtorne e os montes se abalem no seio dos mares" (SALMO 46:2). O Espírito Santo nos centrou tanto em Deus, e tudo está tão bem ajustado, que não somos dominados pelo medo.

Não podemos conceder o Espírito Santo a nós mesmos; o Espírito Santo é o presente do Deus Todo-poderoso se simplesmente nos esvaziamos a ponto de pedir por Ele. "Ora, se vós, que sois maus, sabeis dar boas dádivas aos vossos filhos, quanto mais o Pai celestial dará o Espírito Santo àqueles que lho pedirem?" (LUCAS 11:13). Porém, quando o Espírito Santo adentrou a nossa vida, há algo que nós podemos fazer e Deus não pode: podemos obedecê-lo. Se não obedecermos a Ele, o entristeceremos. "E não entristeçais o Espírito Santo de Deus" (EFÉSIOS 4:30). Precisamos ser constantemente lembrados do conselho de Paulo: "desenvolvei a vossa salvação com temor e tremor; porque Deus é quem efetua em vós tanto o querer como o realizar, segundo a sua boa vontade" (FILIPENSES 2:12-13). Graças a Deus, é gloriosa e majestosamente verdadeiro que o Espírito Santo pode desenvolver em nós a exata natureza de Jesus Cristo se o obedecermos, até que em nossa carne mortal e por meio dela sejam manifestas as obras que farão as pessoas glorificarem o nosso Pai celestial e saberem que estivemos com Jesus.

A luz é a mais maravilhosa descrição de um caráter moral límpido e belo sob o ponto de vista de Deus. "Se [...] andarmos na luz, como ele está na luz, mantemos comunhão uns com os outros, e o sangue de Jesus, seu Filho, nos purifica de todo pecado" (1 JOÃO 1:7).

"Se andarmos na luz" — que luz?
"Como ele está na luz" — que luz?
"Eu sou a luz do mundo" — que luz?
A luz do Espírito Santo!

Jesus disse: "O julgamento é este: que a luz veio ao mundo, e os homens amaram mais as *trevas* do que a luz; porque as suas obras eram más" (JOÃO 3:19). As *trevas* são meu próprio ponto de vista, meus preconceitos e minhas determinações preconcebidas; se o Espírito de Deus concordar com isso, muito bem; se não, seguirei o meu próprio caminho.

O desmame que ocorre quando uma alma está sendo retirada de andar à luz das suas próprias convicções para andar na luz de Deus é um tempo de perigo. Quando uma criança está sendo desmamada, o período é turbulento; quando Deus está tentando nos desmamar das nossas próprias maneiras de enxergar as coisas para nos levar à plena luz do Espírito Santo, nós também somos turbulentos. Se persistirmos em nos apegar às nossas próprias convicções, terminaremos em trevas; porém, se andarmos na luz, como Deus está na luz, reconhecendo o Espírito Santo e confiando nele, seremos levados à plena compreensão do caminho de Deus e teremos "comunhão uns com os outros", com todos os que estão andando na mesma luz.

Então, algo maravilhosos acontece — teremos pureza de vida aos olhos de Deus, excessivamente pura para começarmos a entender; "E o sangue de Jesus, seu Filho, nos purifica de todo pecado" (1 JOÃO 1:7). Qualquer coisa menos que isso — digo medindo cada palavra —, seria blasfêmia. Se Deus não pode nos purificar de todo pecado e nos tornar "santos e irrepreensíveis" (EFÉSIOS 1:4) aos Seus olhos, Jesus Cristo nos enganou totalmente e a expiação não é o que afirma ser. Ó, se apenas tomássemos o caminho de levar as nossas limitações diante de Deus e dizer a Ele que Ele não pode fazer essas coisas, começaríamos a ver a terrível perversidade da incredulidade, visto que o nosso Senhor foi tão vigoroso contra ela, e o apóstolo João coloca o medo e a incredulidade encabeçando a lista de todos os pecados mais terríveis (VEJA APOCALIPSE 21:8). Quando o Espírito Santo passa a habitar em nós, a incredulidade é dissipada e o vigor de Deus é colocado em nós, e somos capacitados a desejar e a cumprir a Sua boa vontade. Quando o Espírito Santo faz Sua morada em nós, derrama o amor do Senhor em nosso coração para podermos demonstrar aos outros o mesmo amor que Deus demonstrou por nós. Quando o Espírito Santo chega, torna-nos luz e a nossa justiça excederá a justiça da pessoa natural mais correta, visto que o sobrenatural foi tornado natural em nós.

18

O ESPÍRITO: SEU DOMÍNIO E TERRITÓRIO

O universo mundano

O espírito como força física

a) O mundo da matéria (Salmos 33:6; 104:30; 2 Pedro 3:5)
b) O mundo da natureza (Gênesis 1:2; Jó 26:13)
c) O mundo do eu (Ezequiel 1:20; João 6:63; Tiago 2:26; Apocalipse 11:11)

Nota: O leitor descobrirá que nós afirmamos que a Bíblia fornece a explicação funcional de todas as coisas.

No capítulo anterior, vimos que as características fundamentais da divindade são Vontade, Amor e Luz; que Deus é o único Ser que pode desejar a vontade pura e que, quando recebemos o Espírito Santo, Ele vivifica o nosso espírito para podermos fazer a vontade divina. Os dias atuais são a dispensação do Espírito Santo. Estamos familiarizados com a frase, mas compreendemos suficientemente quem o Espírito Santo é? O Espírito Santo é idêntico a Deus Pai e a Deus Filho e, sendo uma pessoa, Ele deve exercer certa influência. Quanto mais notável é uma pessoa, mais poderosa é a sua influência; porém, temos de reconhecer que, hoje em dia, a maioria das pessoas não conhece o Espírito Santo como pessoa, e sim apenas como uma influência.

O espírito como força física

Universo mundano significa o mundo terrestre em que vivemos — o solo, as rochas, as árvores e as pessoas com quem entramos em contato. Quando tratamos do mundo físico, descobrimos que tudo nos leva de volta à revelação da Bíblia, ou seja, que por trás de tudo há uma força espiritual — não matéria e coisas materiais, e sim espírito. Qual é essa tremenda força? A Bíblia revela que a força que está por trás de tudo é o grande Espírito de Deus. Uma grande mudança ocorreu no que chamamos ciência material, e os cientistas estão voltando à perspectiva bíblica, isto é, que por trás de tudo há espírito; que o mundo material se mantém em existência pelo espírito. No passado, quando as pessoas tentavam explicar o mundo material, diziam que era constituído por moléculas; depois, elas descobriram que essas moléculas podiam ser divididas e os elementos divisíveis foram denominados átomos; então, elas descobriram que os átomos podiam ser divididos e que os átomos divididos eram compostos por nêutrons, prótons e elétrons; depois, elas descobriram que essas mesmas partículas são semelhantes a sistemas solares inteiros.

Esses fatos são importantes porque destacam o absurdo do clamor de que a Bíblia e a ciência moderna não concordam; como poderiam concordar? Se a Bíblia concordasse com a ciência moderna, dentro de aproximadamente 50 anos as duas estariam desatualizadas. Todas as descobertas científicas já foram modernas. A ciência é simplesmente a tentativa de explicar o que as pessoas, de certa forma, já conhecem.

Um comentário importante — não menospreze a Bíblia e diga que ela só tem a ver com a salvação. A Bíblia é um universo de fatos revelados que explica o mundo em que vivemos; dizer, como alguns professores modernos, que a Bíblia não pretende nos dizer como o mundo veio a existir é simplesmente "fazer um agrado a

Satanás". A Bíblia afirma ser a única exposição de como o mundo veio à existência e continua a existir, pois é o único Livro que nos diz como podemos compreender o mundo.

a) O mundo da matéria

"Pela palavra do S<small>ENHOR</small> foram feitos os céus; e todo o exército deles, pelo espírito da sua boca" (SALMO 33:6 ARC; VEJA SALMO 104:30; 2 PEDRO 3:5).

Essas passagens simplesmente expressam o que é revelado em toda a Bíblia, ou seja, que Deus criou o mundo a partir do nada. As Escrituras não dizem que Deus *emanou* o mundo. Os expoentes da inteligente ideia moderna de emanação dizem que Deus evoluiu o planeta a partir de si mesmo. A Bíblia diz que Ele criou o mundo "pelo sopro de sua boca" (SALMO 33:6). Medite durante um momento na palavra *criação* e veja quão sobrenatural ela é. Nenhum filósofo jamais pensou nela, nenhum expositor da história natural jamais imaginou tal palavra. Nós somos capazes de compreender *evolução e emanação*, mas simplesmente não sabemos o que significa criação. Só existe um Ser que sabe e esse é o próprio Deus, e a Bíblia diz que Deus *criou* os Céus e a Terra.

O que é o *mundo da matéria?* Por exemplo, enquanto observo um livro, vejo que ele é encadernado com uma capa vermelha, é flexível e tem marcas pretas. Pelos meus sentidos, consigo explicar a vermelhidão, as características das marcas e a flexibilidade, mas a única coisa que não sou capaz de descrever é o que desperta essas sensações. Eu vejo um relógio e, provavelmente, o descreveria da mesma maneira que você — rígido e liso, marrom e branco; posso ouvir o *tic-tac* e ver sua aparência, e assim por diante; tudo isso pode ser descrito como resultado das minhas sensações, mas o que me faz ter essas sensações? A maneira como vemos as coisas depende do nosso sistema nervoso, mas não sabemos o que, em si mesmo, nos faz ver as coisas de uma maneira específica; isto é, nós não sabemos o que é a matéria. A Bíblia diz que o mundo da matéria foi criado por Deus; a maneira como o interpretamos dependerá de qual espírito tivermos.

b) O mundo da natureza

O *mundo da natureza* (GÊNESIS 1:2; JÓ 26:13) é a ordem em que as coisas materiais aparecem para mim. Eu explico o mundo exterior a mim pelo pensamento; então, se sou capaz de explicar o mundo exterior a mim pela minha mente, deve ter havido uma Mente que o criou. Isso é lógico, simples e claro; consequentemente, o ateísmo é o que a Bíblia o chama — a crença dos insensatos. "Diz o insensato no seu coração: Não há Deus" (SALMO 53:1). Um ateu é alguém que diz: "Sou capaz de explicar pela minha mente, até certo ponto, como são as coisas exteriores, mas por trás delas não há uma mente que as criou".

No princípio, Deus criou as coisas a partir do nada; a matéria não existia antes de Deus a criar. Foi Deus quem a criou — do nada, não de si mesmo. "A terra, porém, estava sem forma e vazia; havia trevas sobre a face do abismo, e o Espírito de Deus pairava por sobre as águas" (GÊNESIS 1:2). Esse versículo se refere à reconstrução das coisas a partir do caos. Como já abordamos ao tratar do tema do Homem, com toda probabilidade havia anteriormente uma ordem de coisas que foi arruinada pela desobediência, produzindo assim o caos a partir do qual Deus reconstruiu a ordem das coisas que conhecemos e, tão diferentemente, interpretamos.

"Nele, foram criadas todas as coisas, nos céus e sobre a terra, as visíveis e as invisíveis, sejam tronos, sejam soberanias, quer principados, quer potestades. Tudo foi criado por meio dele e para ele" (COLOSSENSES 1:16). Ouvimos dizer que, se Deus criou tudo que foi criado, Ele é responsável pela presença do pecado.

Em toda a sua extensão, a Bíblia revela que o Senhor assumiu a responsabilidade pelo pecado. Que prova Ele tem? O Calvário! Deus criou tudo que foi criado; criou o ser que se tornou Satanás e criou o ser que se tornou o pecador. Porém, o pecado não é uma criação, e sim o resultado de um relacionamento incorreto estabelecido entre duas das criações de Deus. Desde o início, o Senhor considerou a possibilidade de pecado, visto que de antemão Ele afirma que há nomes não "escritos no Livro da Vida" (APOCALIPSE 13:8). Em lugar algum a Bíblia diz que Deus responsabiliza as pessoas por terem a inclinação para o pecado; mas responsabiliza as pessoas por se recusarem a permitir que Ele as livre dessa hereditariedade quando elas veem e entendem que foi isso o que Jesus Cristo veio fazer. Esta é a palavra final acerca de condenação: "O julgamento é este: que a luz veio ao mundo, e os homens amaram mais as trevas do que a luz; porque as suas obras eram más" (JOÃO 3:19).

Vimos que Deus é responsável pela ordem estabelecida da natureza; há, porém, visões conflitantes acerca do mundo da natureza. Se você ler o livro de Jó com atenção, descobrirá que o mundo da natureza é uma incontrolável contradição; você não consegue explicá-lo de maneira satisfatória. Se você começar dizendo que Deus é bom, encontrará alguns fatos que parecem provar que Ele não é. Como se explica chegarmos a diferentes conclusões sobre o mundo: uma pessoa ver tudo tão mau quanto possível enquanto outro indivíduo vê tudo tão bom quanto possível? Tudo depende do espírito que está em seu interior. Pode haver tantos relatos do mundo da natureza quanto o número de seres humanos. É por isso que o mundo da natureza parece ser tão contraditório. O espírito que habita na pessoa explica a maneira como ela interpreta o que vê exteriormente no mundo; se eu não tiver o Espírito de Deus, jamais interpretarei o mundo exterior como Deus o interpreta. Assim, terei de, continuamente, fechar os olhos e negar certos fatos. Farei o que os adeptos da Ciência Cristã fazem: negar que fatos são fatos.

Nessa linha, vemos as limitações de tentar discutir com alguém que diz que Deus não existe: não há como contestá-lo; porém, leve-o a receber o Espírito Santo e sua lógica se alterará imediatamente. Esse é o argumento de Paulo em 1 Coríntios 2: que o espírito humano compreende as coisas do ser humano, mas é incapaz de compreender as coisas de Deus. Se eu não tiver o Espírito Santo, nunca interpretarei o mundo da natureza da maneira como Deus o faz; para mim, a Bíblia será simplesmente uma tradição oriental, uma fábula engenhosamente inventada. Para entendê-la, preciso ter o Espírito de Deus.

Como cristãos, reconhecemos que precisamos ter o Espírito Santo para uma vida prática, mas percebemos a necessidade do Espírito de Deus para pensar? Os obreiros cristãos utilizam armas perigosas contra o que consideram ser os inimigos do Cristianismo (mas, na verdade, contra o próprio Senhor) simplesmente por não serem renovados no espírito da mente; eles não pensarão sob a orientação de Deus, recusam-se a fazer a mente trabalhar. Não devemos ignorar a maneira como o Senhor criou o mundo ou ser incapazes de discernir o braço de Deus por trás das coisas. Após transformar a nossa vida prática, o Espírito Santo começa a agitar a nossa mente e a questão é: colocaremos a nossa mente em harmonia com a nova maneira de viver? Jesus Cristo estabeleceu um notável princípio para a vida prática e para o pensamento prático: ensinou Seus discípulos a pensarem por meio de analogias: "Eu sou a videira verdadeira" (JOÃO 15:1). A videira natural é falsa? Não, a videira natural é a sombra do real. "O verdadeiro pão do céu é meu Pai quem vos dá" (JOÃO 6:36). O pão que comemos é falso? Não, ele é a sombra do verdadeiro Pão. "Eu sou a porta" (JOÃO 10:7) e assim por diante.

Se tivermos o Espírito de Deus em nosso interior, seremos capazes de interpretar o que vemos com os nossos olhos, ouvimos com os nossos ouvidos e entendemos com a nossa mente à luz do Senhor. "Nunca mais te servirá o sol para luz do dia, nem com o seu resplendor a lua te alumiará; mas o Senhor será a tua luz perpétua" (ISAÍAS 60:19). Isso não poderia significar que os dias e noites comuns nos trazem fatos que não conseguimos explicar, mas que, quando recebemos o Espírito de Deus, obtemos uma linha de explicação? Por exemplo, não conseguimos explicar a vida, mas é um fato muito comum estarmos vivos. Não conseguimos explicar o amor; não conseguimos explicar a morte; não conseguimos explicar o pecado; no entanto, todos esses são fatos cotidianos. O mundo da natureza é uma confusão; nada é claro a seu respeito; ele é um caos confuso e indomável. Quando recebemos o Espírito de Deus, Ele potencializa o nosso espírito não somente para a vida prática, como também para o pensamento prático, e começamos a discernir o braço do Senhor, isto é, a ver a ordem de Deus no caos e através de todo o caos.

"Graças te dou, ó Pai, Senhor do céu e da terra, porque ocultaste estas coisas aos sábios e instruídos e as revelaste aos pequeninos" (MATEUS 11:25). Jesus agradeceu a Seu Pai por Ele ser o único meio que o Pai tinha para revelar-se; e o convite "Vinde a mim" é feito aos discípulos, não aos pecadores. Observe a si mesmo, se você nasceu de novo do Espírito de Deus compreenderá a condição mental a qual Jesus Cristo está se referindo — "todos os que estais cansados e sobrecarregados"; tentando pensar o que não pode ser pensado, e a mensagem de Jesus Cristo a todos esses é "Vinde a mim [...] e eu vos aliviarei" (MATEUS 11:28). "Eu sou o caminho" (JOÃO 14:6). "Não te admires de eu te dizer: importa-vos nascer de novo" (JOÃO 3:7), nascido de novo para o pensamento prático, bem como para a vida prática. Em suma, seria isto: "Se o Meu Espírito for concedido a você, você começará a ver as coisas como Eu as vejo".

A maneira indiscriminada como somos ensinados a pensar como pagãos e a viver como cristãos é estranha. Muitas de nossas explicações do pensamento são pagãs; pessoas que estão sendo treinadas para ensinar outras são ensinadas a pensar como pagãs, e a consequência é o que estamos vendo. Temos de alinhar o nosso pensamento com o Espírito vivo de Deus, esforçarmo-nos para pensar, para meditar sobre essas coisas (1 TIMÓTEO 4:15), "levando cativo todo pensamento à obediência de Cristo" (2 CORÍNTIOS 10:5). Jamais permita que a sua mente se perca em especulações ferozes; é aí que o perigo começa: "Desejo descobrir isso e aquilo". O pecado de Eva tem início sempre que permitimos à mente sair pela tangente das especulações. "Vinde a mim", disse Jesus. "Eu sou o caminho", não apenas o caminho para você ser salvo e santificado e viver como cristão, e sim o caminho para pensar como um cristão. "Ninguém conhece o Pai, senão o Filho e aquele a quem o Filho o quiser revelar" (MATEUS 11:27) — e Jesus revelará o Pai a todo o quer for a Ele.

c) O mundo do eu

"O espírito é o que vivifica; a carne para nada aproveita; as palavras que eu vos tenho dito são espírito e são vida" (JOÃO 6:63; VEJA TAMBÉM TIAGO 2:26; EZEQUIEL 1:20; APOCALIPSE 11:11). Jesus Cristo pode falar comigo hoje? Certamente, por intermédio do Espírito Santo; porém, se eu guardar as palavras de Jesus sem o Seu Espírito, elas não me serão valiosas. Eu posso conjurar com elas, posso fazer todo tipo de coisas com elas, mas elas não são espírito e vida. Quando o Espírito Santo habita em mim, Ele trará à minha lembrança o que Jesus disse e tornará as Palavras dele vivas. O Espírito que habita em mim me permite assimilar as palavras de Jesus. O Espírito Santo exerce um poder incrível no sentido de que, frequentemente, tirará um texto do seu contexto bíblico e o colocará no contexto da nossa vida. Todos nós já tivemos a experiência de um versículo vir a nós diretamente do seu cenário bíblico e se tornar vivo em nossa própria vida, e essa palavra se tornar um bem precioso e secreto. Cuide para mantê-la em segredo, não lance as suas pérolas aos porcos (MATEUS 7:6), essas são as fortes palavras do nosso Senhor.

Usando um símbolo engenhoso — lemos que, quando Jesus foi levado para ser crucificado, "[chegou] a um lugar chamado Gólgota, que significa Lugar da Caveira" (MATEUS 27:33), e é nesse lugar que Jesus Cristo é sempre crucificado[38]; que Ele é envergonhado atualmente, na cabeça das pessoas que não querem alinhar os seus pensamentos aos do Espírito de Deus. Se as pessoas são inspiradas pelo Espírito Santo, suas palavras são edificadas na Palavra de Deus. Paulo nos exorta a sermos renovados no espírito da nossa mente; e a maneira como somos renovados não é por impulsos ou impressões, e sim por nos agarramos à Palavra de Deus. O hábito de receber uma palavra divina é correto; não desista enquanto não receber. Jamais siga uma impressão: ela passará, é vazia; nada é duradouro enquanto uma palavra não é vivificada; quando isso acontece, é porque o Espírito Santo trouxe de volta à sua lembrança alguma palavra de Jesus Cristo.

Dessa maneira, somos capazes de discernir o braço do Senhor, e o "mundo do eu" se torna o que Jesus Cristo quer que ele seja; porém, se formos governados por um espírito diferente do Espírito de Deus — por exemplo, o espírito do meu direito a mim mesmo —, explicaremos o mundo do eu segundo esse espírito. Nunca explicaremos as coisas como Jesus Cristo as explica — começaremos a desdenhar dele; ou, se não ousarmos desdenhar de Jesus Cristo,

---

[38] Chambers usa o gólgota, traduzido também como lugar da caveira ou crânio, para trazer essa analogia prática quanto ao cenário mental, pois é na cabeça que as pessoas julgam, desprezam, condenam e matam Jesus. Aqui ele usa o fato da crucificação para ilustrar, de forma simbólica, o que as pessoas continuam fazendo com Jesus a partir de suas atitudes e pensamentos pessoais hoje.

desdenharemos do apóstolo Paulo. Tudo para parecer atualizado, porque, independentemente de quão culto, moral e religioso, ou de quão favorável possa parecer às pessoas, se o espírito que está em uma pessoa não for habitado pelo Espírito de Deus, só poderá estar se afastando de Jesus Cristo. "Quem comigo não ajunta espalha" (MATEUS 12:30).

"Para onde o espírito queria ir, iam, pois o espírito os impelia; e as rodas se elevavam juntamente com eles, porque nelas havia o espírito dos seres viventes" (EZEQUIEL 1:20). Essa é uma imagem da operação definitiva de tudo em harmonia com Deus pelo Seu Espírito. "Andando os querubins, andavam as rodas juntamente com eles; e, levantando os querubins as suas asas, para se elevarem de sobre a terra, as rodas não se separavam deles" (EZEQUIEL 10:16). No Antigo Testamento, os querubins são uma figura do corpo místico de Cristo. Moisés foi instruído a fazer dois querubins: "Farás dois querubins de ouro; de ouro batido os farás, nas duas extremidades do propiciatório" (ÊXODO 25:18); no entanto, Deus disse: "Não farás para ti imagem de escultura, nem semelhança alguma do que há em cima nos céus, nem embaixo na terra, nem nas águas debaixo da terra" (ÊXODO 20:4). Os querubins não são semelhantes a coisa alguma existente no Céu, em cima, ou na Terra, embaixo, e sim a algo que está sendo criado agora, isto é, o corpo místico de Cristo. Isso é prefigurado em Gênesis; quando Adão e Eva foram expulsos do Jardim do Éden, foram colocados "querubins ao oriente do jardim do Éden e o refulgir de uma espada que se revolvia, para guardar o caminho da árvore da vida" (GÊNESIS 3:24). Os querubins são os guardiões do que é mais santo e, quando o corpo místico de Cristo estiver completo, todo o mecanismo desta Terra será movido e conduzido pelo Espírito de Deus.

Ser *salvo* e *santificado* significa ser tomado pelo Espírito, não apenas para viver, mas também para pensar. Se levarmos o nosso pensamento cativo ao Espírito Santo, formaremos o que é denominado *nous*. *Nous* é uma palavra grega que significa inteligência responsável. Sempre que atingimos esse ponto de inteligência responsável, chegamos a uma linha de pensamento correta. Enquanto o *nous* não é formado na vida natural nem na vida espiritual, alcançamos as coisas por intuição, por impulso, mas sem inteligência responsável. O autor de Hebreus coloca isso da seguinte forma: A esta altura vocês deveriam ser mestres, mas querem novamente alimento para bebês; já deveriam ser robustos e maduros, não mais crianças ou insensatos, e sim homens e mulheres capazes de distinguir entre o certo e o errado, entre o bom e o mau, com uma inteligência totalmente esclarecida e responsável. (VEJA HEBREUS 5:12-14). Quantos de nós permitiríamos que o Espírito de Deus nos levasse até lá e nos capacitasse a pensar segundo a linha de Jesus Cristo? Ou, quando esses assuntos são referidos, temos de dizer: "Ó, eu deixo essas coisas para outras pessoas"? Não temos de falar assim; devemos dar o nosso melhor para Deus. Não temos de ser apenas bons servos de Deus, mas também bons pensadores, e é somente nessa linha que podemos "[provar] os espíritos, se procedem de Deus" (1 JOÃO 4:1).

Como testaremos o ensino amplamente existente na atualidade? Um homem ou uma mulher pode ter uma experiência cristã verdadeira, mas, se a mente não é informada e disciplinada, a inteligência se torna um terreno fértil para heresias. O nosso pensamento seria revolucionado se alinhássemos a nossa imaginação ao contexto da Bíblia, isto é, o coração de Deus. A Bíblia não apenas explica Deus — ela explica o mundo em que vivemos; explica não apenas as coisas certas, mas também as erradas. Se tivermos como ponto de partida a ideia de que tudo está indo bem e tudo é brilhante e feliz, e então ocorre um terremoto, alguém é morto por um raio, há inundações tremendas, um assassinato chocante ou um crime pior, a ideia da qual partimos será totalmente contradita pelo mundo exterior, ou seja, pelos fatos que vemos e conhecemos. A Bíblia e o mundo exterior concordam, mas tanto a Bíblia quanto o mundo exterior são, para nós, um enigma absoluto enquanto não recebemos o Espírito Santo. Quando recebemos o Seu Espírito, somos elevados a um reino totalmente novo e, se colocarmos a nossa mente em harmonia com o que é revelado por Ele, começarmos a nos disciplinar e a levar todos os pensamentos cativos, não apenas começaremos a discernir a ordem de Deus na Bíblia, mas também os nossos olhos serão abertos e os segredos do mundo serão compreendidos e apreendidos. Ao lermos os registros da história, começaremos a descobrir a maneira pela qual Deus tem agido e, ao olharmos para a nossa própria vida, descobriremos não uma série de momentos aleatórios, e sim alguma ideia preconcebida sobre Deus, que não sabíamos estar sendo elaboradas. Começaremos a descobrir, para nossa surpresa, que a nossa vida é resposta às orações do Espírito Santo e que, por trás de tudo, está a mente de Deus.

Paulo diz: "Nós, porém, temos a mente de Cristo" (1 CORÍNTIOS 2:16). Ter a mente de Cristo significa muito mais do que ter o Espírito de Cristo. Ter a mente de Cristo significa pensar como Jesus pensava, e Ele sempre pensava a partir de um único centro: Deus. "Porque eu não tenho falado por mim mesmo, mas o Pai, que me enviou, esse me tem prescrito o que dizer e o que anunciar" (JOÃO 12:49). De onde o nosso Senhor obtinha as Suas palavras? Do Espírito que estava nele. A língua do nosso Senhor Jesus Cristo ia ao lugar certo porque Ele nunca falava pelo espírito do Seu direito a si mesmo; e a nossa língua e o nosso cérebro só estarão no lugar certo quando aprendermos a obedecer ao Espírito de Deus ao pensar. Graças a Deus, recebemos uma linha de explicação para tudo que está debaixo do Céu. Quando recebemos o Espírito Santo e o obedecemos, descobrimos que Jesus Cristo preenche o último abismo dolente da nossa mente e do nosso coração. A única palavra que ressoa sobre a nossa vida mental é "Obedeça! Obedeça!". Quem conhecer o significado de obediência na esfera moral, leve-a à esfera intelectual. Você está levando cativo todo pensamento à obediência de Cristo? Você tem continuamente se renovado no espírito da sua mente? O seu pensamento está em absoluta harmonia com o pensamento de Jesus Cristo?

O tempo em que vivemos é um tempo de imaginações incontroláveis por toda parte — imaginação desenfreada na música, na literatura e, o pior de tudo, na interpretação das Escrituras. As pessoas estão se entregando a especulações selvagens; elas se apossam de uma única linha e saem pela tangente tentando explicar tudo naquela linha, depois partem para outra linha; nada disso está em conformidade com o Espírito de Deus. Não existe uma estrada real para colocar o nosso cérebro em harmonia com o Espírito que Deus colocou em nosso coração; não chegamos lá de repente, e sim somente por disciplina constante.

19

O ESPÍRITO: SEU DOMÍNIO E TERRITÓRIO

O universo do homem, parte 1

Na sua mão está a alma de todo ser vivente e o espírito de todo o gênero humano (JÓ 12:10).

Nota: Aqui, tratamos especificamente do espírito no homem natural.

1. *O espírito no homem natural*
    a) *Nous* natural (Romanos 1:20)
    b) *Nous* confuso (2 Coríntios 11:3; Gálatas 3:1)
    c) *Nous* espiritual (1 Coríntios 2:16)

2. *O espírito como poder criador da alma*
    a) Forma particular (Gênesis 2:7; 6:17)
    b) Forma pessoal (Números 16:22; 27:16; Salmo 51:10; Isaías 19:3; Zacarias 12:1)
    c) Forma física (Gênesis 7:22; Jó 32:8; 34:14-15; Habacuque 2:19; Apocalipse 13:15)

3. *O espírito na carne*
    a) Independente (1 Coríntios 2:11-14)
    b) Dependente (Salmo 32:2; 2 Coríntios 7:1; Tiago 3:15)
    c) Morte (Romanos 7:18-23; 8:5-7; 1 Pedro 3:19)

1. O espírito no homem natural

Primeiramente, trataremos do *nous*. Como já afirmamos, *nous* significa inteligência responsável, tanto em uma pessoa natural quanto em uma pessoa espiritual. Jesus Cristo é a expressão da inteligência responsável de Deus. Ele é *Logos*, a Palavra de Deus encarnada. Há a mesma coisa em uma pessoa, isto é, há o espírito.

a) *Nous* natural

No momento em que a inteligência responsável começa, a vida natural se modifica; algumas pessoas parecem nunca a alcançar, vivem como crianças e morrem como crianças ou mais simplórias do que crianças. Elas têm impulsos, imaginações e fantasias, mas jamais chegam a uma inteligência responsável. Uma criança não é responsável, mas as afirmações de pessoas de inteligência madura são responsáveis; consequentemente, somos julgados por nossas palavras. É bem verdade que há momentos em que temos de dizer "Responda ao que eu quero dizer, não às minhas palavras", mas esses momentos são excepcionais. As coisas que expressamos, as afirmações que fazemos e os pensamentos que formamos, tudo isso está marcado por responsabilidade.

Uma pessoa separada do Espírito de Deus tem a capacidade de saber que existe um Deus. "Porque os atributos invisíveis de Deus, assim o seu eterno poder, como também a sua própria divindade, claramente se reconhecem, desde o princípio do mundo, sendo percebidos por meio das coisas que foram criadas" (ROMANOS 1:20). Estamos falando de *nous* natural totalmente separado da obra da graça. Assim que alguém se torna responsavelmente inteligente, chega à conclusão de que precisa haver uma inteligência responsável não inferior à sua por trás de tudo que existe, e Deus concede a todos os indivíduos a responsabilidade de saber disso.

"É necessário que aquele que se aproxima de Deus creia que ele existe" (HEBREUS 11:6).

A ordenança de Deus é colocada na constituição natural de uma pessoa e, quando alguém se torna responsavelmente inteligente, é capaz de discernir muitas coisas, que ele chama de "justiça" e "retidão"; o apóstolo Paulo afirma que os pagãos são julgados pela consciência (ROMANOS 1:20-21). Estamos nos aproximando do ponto em que a consciência se torna o poder responsável atuante na vida de uma pessoa. Quando lidamos com a consciência, a chamamos de "olho da alma", que olha para Deus, e a maneira como ela registra depende totalmente da luz lançada sobre Deus. O *nous*, ou inteligência responsável, que é quase o mesmo que consciência, discerne a ordenança de Deus escrita no espírito humano; portanto, dizer que as pessoas não são responsáveis por fazer o mal não é condizente com a experiência e a revelação. A Bíblia diz que uma pessoa sabe, pela maneira como é constituída, que certas coisas estão erradas; ela será julgada conforme obedecer ou desobedecer à ordenança de Deus escrita em seu espírito.

"Pela fé, entendemos que foi o universo formado pela palavra de Deus, de maneira que o visível veio a existir das coisas que não aparecem" (HEBREUS 11:3). Não se trata de engolir uma revelação, e sim de compreender a maneira como o mundo foi feito com inteligência responsável. Essa é simplesmente uma nova ênfase no que foi ressaltado o tempo todo, isto é, a responsabilidade daqueles de nós que são cristãos em experiência o serem também em inteligência responsável. Se somos capazes de formar inteligência responsável como pessoas naturais, precisamos formá-la também como pessoas espirituais. A Bíblia não ensina apenas o caminho da salvação, mas também o caminho da sanidade espiritual.

b) *Nous* confuso

Em 2 Coríntios 11:3, Paulo está se referindo ao diabo enganando Eva com sua sutileza, e a confundindo tanto que ela não conseguia entender a vontade de Deus ou obedecê-la; ele diz: "temo que [...] sejam de alguma sorte corrompidos os vossos sentidos e se apartem da simplicidade que há em Cristo" (ARC); ao escrever aos gálatas, ele questiona: "Quem vos fascinou para não obedecerdes à verdade...?" (GÁLATAS 3:1 ARC). Essa confusão da inteligência responsável ocorre no início da vida cristã e as pessoas correm o risco de se tornar legalistas. Paulo declara: "Receio de vós tenha eu trabalhado em vão para convosco" (GÁLATAS 4:11) — para que vocês não se tornem totalmente errados, pois estão voltando às antigas noções da lei e tentando tornar-se perfeitos dessa maneira. É nessa linha que a sutileza de Satanás enfeitiça e afasta de Deus uma vida que estava se colocando sob o Seu domínio. O nosso Senhor faz alusão à mesma coisa ao afirmar: "as demais ambições, concorrendo, sufocam a palavra" (MARCOS 4:19), ou seja, elas confundem você. Não admira que a primeira lei de uma alma nascida de novo seja a concentração. Nós ouvimos muito a respeito da consagração, mas não tanto acerca de concentração.

"Homem de ânimo dobre, inconstante em todos os seus caminhos" (TIAGO 1:8). Uma pessoa de ânimo dobre é hesitante; essa é a descrição de uma alma confusa, com a inteligência responsável da pessoa natural puxando para um lado e a inteligência responsável do Espírito de Cristo puxando para o outro, e ela sem saber qual caminho seguir. "Não suponha esse homem que alcançará do Senhor alguma coisa" (TIAGO 1:7). Uma pessoa precisa decidir se deseja identificar-se com a morte de Jesus Cristo, o que significará o afastamento não apenas do "velho homem", mas também da velha inteligência responsável, da velha escravidão, do velho legalismo, das coisas que costumavam guiar a vida anteriormente, e a formação de uma mente totalmente nova. Isso funciona da seguinte maneira: em sua vida prática, você chega a uma crise em que há dois caminhos diferentes diante de si — um, o caminho do senso comum, forte e moral; e o outro, o caminho de esperar em Deus até estar formada a mente capaz de compreender a Sua vontade. Todo apoio será dado a você para o primeiro caminho — o apoio de pessoas mundanas e de pessoas semicristãs, mas você sentirá a advertência, o puxão do Espírito de Deus; se você esperar em Deus, estudar a Sua Palavra e observá-lo agindo em suas circunstâncias, será levado a uma decisão ao longo da linha de Deus; seus apoiadores mundanos e semicristãos se afastarão de você com asco e dirão: "É absurdo, você está tornando-se fanático".

"Porque o pendor da carne dá para a morte, mas o do Espírito, para a vida e paz" (ROMANOS 8:6). Nós estamos familiarizados com a mente carnal no aspecto moral: sua inimizade contra Deus, seus anseios e buscas errados; porém, é preciso ter muita coragem para enfrentar o fato de que a mente da pessoa natural é errada em seu pensamento responsável, isto é, emitirá veredictos contra o que Jesus Cristo diz; decidirá imediatamente que a inteligência responsável do Senhor é a de um louco, ou a inteligência irresponsável de um mero sonhador. Estamos usando a frase "mente carnal" neste contexto para significar o que é denominado bom-senso, a inteligência responsável e madura de um ser humano não regenerado, e repetidamente descobrimos como isso colide com o ensino de Jesus antes de se harmonizar a ele. Agora, estamos construindo uma ponte entre a mente confusa e o *nous* espiritual. Quando o Espírito Santo adentra, confunde a inteligência razoável de uma pessoa e vira seu pensamento de cabeça para baixo, e ela fica totalmente confusa (MATEUS 10:34). Aqui, não estamos tratando com a mente carnal no sentido moral profundo, e sim com a inteligência responsável que se opõe ao entendimento espiritual e se recusa a reconciliar-se com ele, da mesma maneira como é possível recusar a reconciliar-se com ele moralmente; e, enquanto o senso comum não se tornar senso santificado (não "senso comum santificado", que não é uma frase bíblica, nem tem significado bíblico) e a inteligência responsável não tiver sido transformada pelo Espírito de Deus, esse antagonismo continuará. Quando começamos a pensar ao longo da linha de Deus, há em nós um surpreendente choque contra certas coisas que havíamos aceitado como direitos inalienáveis para todos. Pois o ensino de Jesus Cristo age sob outro ponto de vista; esse choque traz confusão e perplexidade durante algum tempo, enquanto não resolvemos nos afastar totalmente das velhas maneiras de ver as coisas e olhar para tudo pelo ponto de vista da mente de Cristo. "Se alguém está em Cristo, é nova criatura" (2 CORÍNTIOS 5:17) — não somente o espírito, e sim o espírito, a alma e o corpo — e, lentamente, a nova criação é vista por completo.

c) *Nous* espiritual

"Pois quem conheceu a mente do Senhor, que o possa instruir? Nós, porém, temos a mente de Cristo" (1 CORÍNTIOS 2:16). A grande bênção da graça de Deus é que as pessoas que parecem não ter *nous* natural são capacitadas a construir *nous* no reino espiritual pelo Espírito de Deus e usá-la adequadamente no templo do Espírito Santo. Inicialmente, uma criança não tem inteligência responsável; isso é assim também no domínio espiritual. Ao iniciarmos a vida espiritual, temos o Espírito de Cristo, mas não a mente dele. Ter "a mente de Cristo" significa muito mais do que ter o Seu Espírito; significa ter o entendimento responsável de Cristo. Quando nascemos de novo, descobrimos, que, por vezes, o Espírito de Deus que habita em nós está lutando para nos fazer entender como Deus entende, e somos muito tolos na maneira como confundimos as coisas que o Espírito Santo tenta nos ensinar; porém, quando, em total santificação, o Filho de Deus é formado em nós (GÁLATAS 4:19), compreendemos com inteligência responsável da maneira como Jesus Cristo entendia; consequentemente, nos tornamos responsáveis por fazer, por meio do nosso corpo, tudo que percebemos que Deus deseja que façamos. Jesus Cristo falou o que Ele sabia que Seu Pai queria que Ele falasse, e nada além daquilo; nós precisamos fazer o mesmo se tivermos a mente de Cristo. Jesus fez somente as obras que Ele sabia serem a expressão exata de Seu Pai: "Meu Pai trabalha até agora, e eu trabalho também" (JOÃO 5:17). Nós temos a obrigação de fazer o mesmo. Formar um *nous* espiritual significa não apenas que o Espírito Santo revitaliza o nosso espírito, e sim que nós permitimos que Ele desenvolva em nós uma inteligência responsável.

"Também sabemos que o Filho de Deus é vindo e nos tem dado entendimento para reconhecermos o verdadeiro" (1 JOÃO 5:20). A palavra *entendimento* não significa algo necromântico, e sim que entendemos, com inteligência responsável, o que vem de Deus; e Deus nos responsabiliza por não atentarmos para isso. Não se trata de alguma influência espiritual misteriosa ou de uma intuição espiritual instantânea, e sim de ter o *nous,* a nossa inteligência responsável, tão obediente ao Espírito Santo que possamos entender o que é de Deus e o que não é. Dessa maneira, começamos a formar uma inteligência espiritual responsável e precisamos tomar cuidado para não entristecer o Espírito de Deus nesse sentido.

"Porque esta é a aliança que firmarei [...] diz o Senhor: na sua mente imprimirei as minhas leis, também sobre o seu coração as inscreverei; e eu serei o seu Deus, e eles serão o meu povo" (HEBREUS 8:10). Isso abrange tudo — uma inteligência plena, madura e de entendimento por parte do povo de Deus, não estando à mercê de impulsos espirituais, impulsionado por todo vento de doutrina, e sim tornando-se pessoas maduras, de mente vigorosa, que não somente entendem qual é a vontade de Deus, e sim que a cumprem.

2. O espírito como poder criador da alma

Aqui, estamos tratando especificamente do espírito no indivíduo natural.

Lembre-se de que todo o significado da alma é expressar o espírito, e a luta do espírito é fazer-se expressar na alma. Na vida natural, quando uma mente imatura tenta se expressar, tremendas lutas e todos os tipos de empenhos e esforços físicos ocorrem. Ela não tem inteligência responsável, nem vocabulário; frequentemente, a irritação de uma criança é uma tentativa de expressar-se. Quando uma vida jovem está tentando se expressar, experimenta um sofrimento extraordinário; ela corre para a música, corre para os cinemas, corre para a literatura — qualquer coisa para tentar obter o poder de expressar seu anseio; se uma vida se mantiver excessivamente nessas linhas, jamais formará uma inteligência responsável; pelo contrário, se tornará quase totalmente impraticável. A disciplina da máquina da vida nos permite obter o poder de expressar o que está em nós. Esse é o valor da linguagem. Há uma grande diferença de linguagens; por exemplo, tome a linguagem bíblica e a linguagem que usamos atualmente. As palavras da Bíblia expressam a alma interior; as palavras que usamos hoje são quase todas técnicas, emprestadas de algum outro lugar, e as nossas palavras mais modernas não expressam o espírito; em vez disso, o encobrem astuciosamente e não lhe dão expressão.

Frequentemente, ouve-se de um jovem uma frase do tipo: "Ah, não me entendo" ou "Ninguém me entende!". Ora, é claro, não mesmo; mas nós somos responsáveis por não ter uma inteligência responsável sobre onde podemos ser compreendidos (SALMO 139). O significado de educação não é embutir algo estranho, e sim extrair o que está dentro para fins de expressão. Quando uma vida jovem está tentando se expressar, um dos maiores benefícios é ter algo para trabalhar com as mãos: modelar em cera, pintar, escrever ou cavar — qualquer coisa que dê oportunidade de expressão.

Se na vida natural é verdadeiro que a mente passa por toda essa turbulência ao tentar se expressar, isso é igualmente verdadeiro na vida espiritual. Quando o Espírito de Deus passa a habitar em mim, o mesmo tipo de luta acontece. O Espírito de Deus tenta me tirar dos hábitos naturais e alinhar-me com Ele, e me fazer obedecer para que Ele possa se expressar por meio da minha inteligência responsável. Esses são os grunhidos e as dores de crescimento de uma vida após nascer de novo; eles continuam até a mente de Cristo ser formada e o antigo antagonismo carnal não existir mais. O valor de um mestre espiritual é que ele expressa para nós o que vimos tentando expressar para nós mesmos, mas não conseguimos. Sempre que uma pessoa ou um livro expressa para nós o que vimos tentando expressar para nós mesmos, sentimo-nos indizivelmente gratos e, dessa maneira, aprendemos a nos expressar para nós mesmos. A tribulação nos ensinará como expressar coisas, as nossas circunstâncias nos ensinarão, as tentações do diabo nos ensinarão, as coisas difíceis nos ensinarão. Tudo isso desenvolverá o poder de expressão até nos tornarmos responsáveis na manifestação do Espírito de Deus, assim como Jesus Cristo era a expressão responsável da mente do Deus Todo-poderoso.

a) Forma particular

"Então, formou o SENHOR Deus ao homem do pó da terra e lhe soprou nas narinas o fôlego de vida, e o homem passou a ser alma vivente" (GÊNESIS 2:7; VEJA GÊNESIS 6:17). Todas as formas particulares da natureza, rochas e árvores, animais e pessoas, são resultado do sopro do Espírito de Deus. Há uma verdadeira lei de correspondência entre as coisas que vemos e a mente que está por trás delas. Quando temos em nós a mente que está por trás das coisas que vemos, começamos a compreender como essas coisas manifestam aquela mente; porém, se não tivermos essa mente, jamais as compreenderemos.

b) Forma pessoal

"O SENHOR, autor e conservador de toda vida, ponha um homem sobre esta congregação" (NÚMEROS 27:16; VEJA NÚMEROS 16:22; ZACARIAS 12:1; ISAÍAS 19:3; SALMO 51:10). Essas passagens deixam claro que todos têm uma responsabilidade distinta que lhe é própria, ou seja, pode expressar o espírito do príncipe deste mundo de maneira responsavelmente inteligente ou pode expressar o Espírito de Deus de maneira responsavelmente inteligente. Isso é o que temos em mente ao dizermos que uma pessoa demonstra "alma" em seus escritos ou discurso, que ela demonstra "alma" em suas orações e em suas atitudes; temos em mente que ela tem o poder de expressar seu espírito — o toque pessoal se evidencia em todo o momento. Deus é uma Pessoa e expressa a marca peculiar de Sua Pessoa em tudo que Ele cria. Quando temos o Espírito de Deus e estamos formando espiritualmente uma inteligência responsável, começamos a ter os pensamentos de Deus de acordo com Ele e a entender o que Ele tem em mente, não por nossa inteligência natural, e sim pelo Espírito de Deus.

c) Forma física

"Na verdade, há um espírito no homem, e o sopro do Todo-Poderoso o faz sábio. Os de mais idade não é que são os sábios, nem os velhos, os que entendem o que é reto" (JÓ 32:8-9; VEJA GÊNESIS 7:22; HABACUQUE 2:19; APOCALIPSE 13:15; JÓ 34:14-15).

A nossa vida física deve expressar tudo que está no espírito. A alma luta em dores de parto até a zona de expressão no corpo ser encontrada. Paulo está afirmando exatamente essa ideia ao dizer "meus filhos, por quem, de novo, sofro as dores de parto, até ser Cristo formado em vós" (GÁLATAS 4:19). Para começar, não temos o nosso próprio corpo, e sim, provavelmente, um corpo muito parecido com o de um de nossos avós; porém, a cada poucos anos a forma física se altera, tomando a forma do espírito governante. Podemos descobrir que um rosto belamente moldado começa a adquirir uma expressão moral notavelmente feia à medida que envelhece, ou podemos descobrir que um rosto feio começa a adquirir uma expressão moral notavelmente bela. Mais cedo ou mais tarde, por meio da turbulência na alma, a vida física precisa expressar o espírito governante. Uma pessoa cresce exatamente como o seu espírito. Se esse espírito for o do ser humano, a pessoa crescerá cada vez mais afastada da imagem de Deus; porém, se alguém tem dentro de si o Espírito de Deus, crescerá cada vez mais, "de glória em glória, na sua própria imagem" (2 CORÍNTIOS 3:18).

3. O espírito na carne

a) Independente

"Porque qual dos homens sabe as coisas do homem, senão o seu próprio espírito, que nele está? Assim, também as coisas de Deus, ninguém as conhece, senão o Espírito de Deus" (1 CORÍNTIOS 2:11).

Para começar, a expressão do espírito é independente da carne; consequentemente, em uma pessoa nascida de novo há uma separação entre o espírito e a expressão do espírito na vida.

Cuidado para não dizer que não há diferença entre a vida exterior de quem é nascido de novo e a de quem é santificado. Isso não é válido para a revelação, nem para a experiência; há uma tremenda diferença. Numa pessoa nascida de novo, o espírito não se expressa na carne no mesmo grau como quando o ponto de santificação foi alcançado, pois o corpo ainda não aprendeu a obediência a Deus. No início, o Espírito de Deus age independentemente da carne e o convencimento do pecado é instaurado. Quando o Espírito de Deus adentra a alma, há trevas e dificuldade porque Ele produz discernimento da inclinação errada; esse discernimento faz o espírito aspirar e ansiar por ser feito semelhante a Deus, e nada nem ninguém, senão Deus, consegue confortar a alma que nasce do Espírito. A única esperança para essa vida é concentração no Espírito de Deus e obediência a Ele.

b) Dependente

"Bem-aventurado o homem a quem o SENHOR não atribui iniquidade e em cujo espírito não há dolo" (SALMO 32:2; VEJA 2 CORÍNTIOS 7:1; TIAGO 3:15). Quando o Espírito de Deus adentra à minha vida, não se expressa imediatamente em minha carne; Ele trabalha independentemente da minha carne e tenho consciência dessa separação. Obtenho vitórias lentas, seguras e constantes, mas estou consciente de certa turbulência. A alma é o local de nascimento do novo espírito e luta enquanto o espírito tenta se expressar por intermédio do corpo. Se eu não obedecer ao Espírito de Deus, o meu espírito se tornará preso à minha carne e será absolutamente dependente dela, e o clamor da mente errada por meio dos canais da carne esmagará e entristecerá cada vez mais o Espírito de Deus. "Tendo, pois, ó amados, tais promessas, purifiquemo-nos de toda impureza, tanto da carne como do espírito, aperfeiçoando a nossa santidade no temor de Deus" (2 CORÍNTIOS 7:1). Como ponto de partida, o Espírito de Deus age independentemente em mim, assim como faz o meu espírito natural; se eu não obedecer ao Espírito de Deus, a insistência da carne, da mente carnal, contaminará gradualmente tudo que Ele tem tentado fazer. Quando estamos entrando em harmonia com o Espírito de Deus e aprendendo a formar a mente de Cristo, "a carne milita contra o Espírito, e o Espírito, contra a carne" (GÁLATAS 5:17); não obstante, podemos, lenta, segura e vitoriosamente, reivindicar todo o território para o Espírito de Deus até que, em total santificação, haja uma única coisa: o Espírito de Deus, que nos capacitou a formar a mente de Cristo; e agora, podemos começar a manifestar aquele crescimento na graça que expressará a vida de Jesus em nossa carne mortal.

c) Morte

"Porque eu sei que em mim, isto é, na minha carne, não habita bem nenhum, pois o querer o bem está em mim; não, porém, o efetuá-lo" (ROMANOS 7:18; VEJA TAMBÉM ROMANOS 8:5-7).

"Porque o pendor da carne dá para a morte" (ROMANOS 8:6), essa afirmação é muito direta e põe fim a todas as disputas absurdas sobre o que é morte espiritual. Ser entregue a uma inteligência responsável comum que não foi reformada pelo Espírito de Deus é morte; em sua manifestação, essa inteligência se desenvolverá cada vez mais afastada de Deus, até o ponto de um homem ou uma mulher se afundar tanto que acredita ser perfeitamente feliz sem o Senhor. O Salmo 73 descreve essa condição: "não há apertos na sua morte [...] nem são afligidos como outros homens [...]. Os olhos deles estão inchados de gordura; superabundam as imaginações do seu coração" (vv.4-7 ARC). O extraordinário é que esse tipo de indivíduo é o único que o mundo considera como "vivo"! Quando uma pessoa tem dentro de si o Espírito de Deus e está lentamente manifestando a vida de Cristo em sua vida, o mundo diz que ela é "meio morta". "Estranham que não concorrais com eles ao mesmo excesso de devassidão" (1 PEDRO 4:4). "Se alguém está em Cristo, é nova criatura; as coisas antigas já passaram; eis que se fizeram novas" (2 CORÍNTIOS 5:17).

Onde nos situamos em relação a essa inteligência espiritual responsável? Quantos de nós, como cristãos com uma experiência espiritual definida, percebemos que temos de ser continuamente "[renovados] no espírito do [nosso] entendimento" (EFÉSIOS 4:23) para podermos discernir qual é a vontade de Deus — aquilo que é bom, perfeito e agradável (ROMANOS 12:2)? Todos os clamores infantis, o ser agitado "de um lado para o outro" e levado "por todo vento de doutrina", precisa cessar (EFÉSIOS 4:14) e a vida madura, sensata, forte e estável precisa ter início. Nada pode perturbar essa vida — "nem a morte, nem a vida, nem os anjos, nem os principados, nem as coisas do presente, nem do porvir, nem os poderes, nem a altura, nem a profundidade, nem qualquer outra criatura" (ROMANOS 8:38-39). Todo poder contra o qual essa vida se levanta — seja material, humano ou diabólico — será apenas mais uma ocasião para a formação de uma compreensão mais profunda e inteligente da mente de Deus. A única maneira de desenvolvermos inteligência no mundo natural é lidando com as coisas irracionais e desprovidas de inteligência; e, com as coisas de Deus, formamos a mente de Cristo subjugando tudo a um entendimento espiritual.

20

O ESPÍRITO: SEU DOMÍNIO E TERRITÓRIO

O universo do homem, parte 2

Nota: Aqui, tratamos especificamente do espírito no homem espiritual.

1. *O espírito livre da carne, extraordinário*

    a) Êxtase (Atos 10:10; 22:17; 2 Coríntios 12:2-4; Apocalipse 4:2)
    Às vezes, com o corpo (Mateus 4:1; Atos 8:39; 1 Tessalonicenses 4:17; Apocalipse 12:5)
    b) Emancipação
    1) *Morte* (Lucas 16:25; 23:43; Hebreus 12:23)
    2) *Libertação* (João 3:8; 20:22; Romanos 6:6; Gálatas 5:24; 6:8; Colossenses 2:11; Hebreus 4:12)

2. *O espírito agindo nos sentidos* (Êxodo 6:9; Provérbios 15:13; João 11:33; Atos 17:16; 2 Coríntios 2:13)

3. *O espírito agindo interiormente* (Lucas 10:21; 1 Coríntios 2:13; 14:14-16)

4. *O espírito agindo moralmente* (Êxodo 35:21; Provérbios 16:8; Isaías 11:2; Atos 19:21; 20:22)

> *Pois assim está escrito: O primeiro homem, Adão, foi feito alma vivente. O último Adão, porém, é espírito vivificante.* (1 CORÍNTIOS 15:45)

O contraste presente em 1 Coríntios 15:45 não é de valor moral, e sim de revelação. A frase: "O primeiro homem, Adão, foi feito alma vivente" se refere ao grande fato da criação de Deus; já a frase: "O último Adão, porém, é espírito vivificante" se refere à obra regeneradora de Deus na alma. O espírito humano não tem vida em si mesmo; o ser humano não pode sentir uma vontade pura, nem um amor puro. O Espírito Santo tem vida em si mesmo e, quando Ele entra, revigora o nosso espírito e nos capacita para "tanto o querer como o realizar, segundo a sua boa vontade" (FILIPENSES 2:13). *Adão* não se refere ao "velho homem", e sim à nossa natureza humana. Nunca confunda o "velho homem" com *Adão*; eles não são termos sinônimos; também nunca confunda o velho homem com o diabo.

1. O espírito livre da carne, extraordinário

Por *extraordinário* queremos dizer fora do comum, não contrário ao comum ou em oposição a ele, e sim além dele. Devemos ter em mente que certos fatos revelados no Livro de Deus não são comuns à nossa experiência. Na vida mental, um grande momento é alcançado quando a nossa mente é aberta para o fato de haver estados de experiência, bons ou maus, acerca dos quais a maioria de nós nada sabe. É fácil ridicularizar essas experiências, mas ridicularizar pode ser um sinal de ignorância; pode significar simplesmente "eu conheço tudo que todos podem experimentar e, se alguém disser que viu coisas que eu não vi, considero-o insensato e rio dele". Eu é que sou o insensato. Paulo usa esse argumento em 1 Coríntios 1; dizendo que a palavra da cruz é loucura para quem busca sabedoria.

Novamente, em relação ao testemunho da santificação, as pessoas dirão a você, sem rodeios, que ninguém jamais foi santificado e, se você disser que é santificado, é um mentiroso ou sofre de alucinações. É bem possível que muitos de nós possamos ter essa atitude em relação às experiências extraordinárias registradas na Bíblia.

a) Êxtase

"Estando com fome, [Pedro] quis comer; mas, enquanto lhe preparavam a comida, sobreveio-lhe um êxtase" (ATOS 10:10). "Tendo eu voltado para Jerusalém, enquanto orava no templo, sobreveio-me um êxtase" (ATOS 22:17). "Imediatamente, eu me achei em espírito, e eis armado no céu um trono, e, no trono, alguém sentado" (APOCALIPSE 4:2). "Conheço um homem em Cristo que, há catorze anos, foi arrebatado até ao terceiro céu (se no corpo ou fora do corpo, não sei, Deus o sabe)" (2 CORÍNTIOS 12:2).

Êxtase é uma palavra aplicada a estados mentais caracterizados por aberração mental temporária e consciência alterada, um estado em que uma pessoa é "transportada" de seu ambiente normal para um estado extraordinário no qual vê e ouve coisas sem usar os órgãos do corpo. Lembre-se de que esse poder é algo sobrenatural e pode ser usado para o bem ou para o mal. Por exemplo, um necromante pode afetar a mente de alguém sugestionando uma "viagem" e levando o espírito dessa pessoa a experimentar ambientes no qual ele vê e ouve como se estivesse totalmente fora do seu corpo.

Em casos bíblicos de ocorrências extraordinárias, às vezes, o corpo acompanha o espírito. "Quando saíram da água, o Espírito do Senhor arrebatou a Filipe, não o vendo mais o eunuco" (ATOS 8:39). Nessa fase do êxtase, o corpo é levado com a alma por um transporte extraordinário, por um "avião" sobrenatural, algo absolutamente incomum. Veja o que Paulo escreve: "...depois, nós, os vivos, os que ficarmos, seremos arrebatados juntamente com eles, entre nuvens, para o encontro do Senhor nos ares, e, assim, estaremos para sempre com o Senhor" (1 TESSALONICENSES 4:17), esse texto se refere à transformação instantânea de um corpo material em um corpo glorificado (APOCALIPSE 12:5; MATEUS 4:1). Após Sua ressurreição, o nosso Senhor apareceu aos Seus discípulos durante 40 dias antes de ascender; isto é, Ele tinha poder para materializar-se sempre que quisesse. "Jesus lhes disse: Tendes aqui alguma coisa que comer? Então, lhe apresentaram um pedaço de peixe assado e um favo de mel. E ele comeu na presença deles" (LUCAS 24:41-43). No Milênio, teremos exatamente o mesmo poder como santos; deveremos "encontrar o Senhor nos ares". Isso é concebível para você? Se for, certamente não é concebível para mim. Eu não sei como ficarei nos ares com o Senhor; isso, porém, não é da minha conta — tudo que sei é que o Livro de Deus revela que o faremos. O maravilhoso poder que o corpo glorificado da ressurreição terá é retratado no Senhor Jesus Cristo. Ele poderia se materializar sempre que quisesse, provou que podia fazê-lo, e poderia desaparecer quando quisesse; e nós faremos exatamente o mesmo. Apenas pense quando o nosso pensamento for verbalizado assim que o pensarmos! Se temos a ideia de que estaremos eternamente recolhidos em um pequeno templo físico, estamos desviados da revelação bíblica. Neste momento, nesta ordem de coisas, estamos confinados neste templo corporal por uma razão específica; porém, a qualquer segundo, "…num abrir e fechar de olhos" (1 CORÍNTIOS 15:52), Deus poderá transformar este corpo mortal em um corpo glorificado.

Tudo que estamos defendendo é a necessidade de ter a mente aberta em relação a coisas das quais nada podemos saber por enquanto. Se, ao registrar uma experiência, eu disser que ela é absurda porque nunca a tive, coloco-me no lugar da pessoa superior, uma atitude que não cabe a mim ter.

O estado de êxtase, algo que tira uma pessoa de seu ambiente comum, e o transporte, às vezes tanto do corpo quanto do espírito, são revelados na Bíblia. Milagre? Sim, mas não mais do que o fato de eu estar vivo. Por que deveria ser considerado mais milagre Deus me transformar à imagem de Seu Filho do que eu estar vivo agora? Como é que estou vivo agora? Em que diferem o material dessa mesa e o material carnal da minha mão? Se somos capazes de explicar o primeiro, somos capazes de explicar o segundo; Deus, que fez o primeiro, fez o segundo. O ponto que estamos enfatizando é que temos de nos lembrar de que, a qualquer momento, Deus pode virar os cálculos de uma pessoa de cabeça para baixo sobre o que Ele fará ou não. Muito tempo atrás, os cientistas chegaram à conclusão de que não ousariam produzir sua "curva experiencial" na região inferencial que está além. Eles dizem que, segundo o registro da experiência comum, tal e tal é o caso e qualquer experiência isolada se apresenta por si mesma. Eles não dizem que não é possível, e sim que ela não entra em sua linha de explicação. Nenhum cientista verdadeiro afirma que, devido à maioria dos seres humanos nunca ter tido uma experiência específica, ela não seja verdadeira.

Tudo isso é essencial para o tema da personalidade. Enquanto formos irreverentes, tolos e superficiais, e pensarmos que conhecemos a nós mesmos, jamais nos entregaremos a Jesus Cristo; porém, quando nos tornarmos conscientes de que somos infinitamente mais do que podemos sondar e infinitamente maiores em possibilidades, tanto para o bem quanto para o mal, do que somos capazes de imaginar, ficaremos felizes demais em nos entregar ao Senhor.

É preciso haver mistério, mas o fato notável em relação aos mistérios revelados pela Bíblia é que eles não contradizem jamais a razão humana: eles a transcendem. Os mistérios de outras religiões contradizem a razão humana. Os milagres que o nosso Senhor realizou (um milagre significa apenas o poder público de Deus) transcendem a razão humana, mas nenhum deles a contradiz. Por exemplo, Ele transformou água em vinho, mas a mesma coisa é feita todos os anos, no mundo todo, com o passar do tempo: água é sugada pelo caule da videira e transformada em uvas. Por que isso deveria ser considerado mais como um milagre quando realizado repentinamente pelo mesmo Ser que o faz gradativamente? Quando Jesus Cristo ressuscitou uma pessoa dos mortos, meramente fez de repente o que todos nós cremos, de maneira implícita, que Ele fará daqui a algum tempo.

Alguém de nós tem a mente fechada sobre os fatos contidos nas Escrituras que nunca experimentamos? Tentamos nos desculpar por eles, compreender, por exemplo, que Filipe não foi arrebatado repentinamente pelo Espírito, que o apóstolo Paulo não foi "arrebatado até o terceiro céu" (2 CORÍNTIOS 12:2) ou que Pedro foi tomado de êxtase e viu as coisas que viu? Sempre existe o perigo de fazermos isso. Aceite essas revelações como fatos e você descobrirá que a sua compreensão será iluminada quanto a como as coisas podem acontecer maravilhosamente quando o Deus que é grande e poderoso está em ação.

b) Emancipação

1) Morte

Aqui, estamos tratando do espírito livre da carne. Por carne queremos dizer este corpo em que estamos, não a "mente da carne". É possível o espírito de uma pessoa existir totalmente separado do corpo dessa pessoa.

"Jesus lhe respondeu: Em verdade te digo que hoje estarás comigo no paraíso" (LUCAS 23:43; VEJA LUCAS 16:25; HEBREUS 12:23). Essas passagens se referem ao lugar onde o corpo não está — o invisível. A Bíblia destaca que o espírito humano é imortal, quer a pessoa seja, ou não, animada pelo Espírito de Deus; isto é, o espírito jamais dorme. Em vez de o espírito dormir no que chamamos de morte, na separação entre o espírito do corpo, o espírito está dez mil vezes mais desperto. Na maioria de nós, o espírito está metade oculto enquanto estamos neste corpo. Lembre-se de que espírito e personalidade são sinônimos, mas, enquanto alguém está no corpo, a sua personalidade está obscurecida. Quando ele morre, seu espírito não fica mais obscurecido: está totalmente desperto; agora sem limitações, ele está frente a frente com tudo mais que é do espírito. "Filho, lembra-te…" (LUCAS 16:25).

Alma e corpo dependem um do outro, mas o espírito, não; ele é imortal. A alma é apenas o espírito expressando-se no corpo. Quando o corpo se vai, a alma se vai, mas, no momento em que o corpo for trazido de volta, a alma será trazida de volta, e o espírito, a alma e o corpo estarão novamente juntos. O espírito nunca morreu, nunca pode morrer, no sentido em que o corpo morre. O espírito é imortal, seja em vida eterna ou em morte eterna. A Bíblia não ensina aniquilação. O espírito se separa do corpo e da alma temporariamente. A ressurreição é a ressurreição do corpo.

O nosso Senhor nunca fala em ressurreição do espírito — o espírito não precisa de ressurreição. Ele fala de um corpo ressurreto para glorificação e de um corpo ressurreto para condenação. "…vem a hora em que todos os que se acham nos túmulos ouvirão a sua voz e sairão: os que tiverem feito o bem, para a ressurreição da vida; e os que tiverem praticado o mal, para a ressurreição do juízo" (JOÃO 5:28-29). Nós sabemos como será o corpo ressurreto para glorificação: será semelhante ao "corpo da sua glória" (FILIPENSES 3:21); porém, tudo que sabemos a respeito da ressurreição dos maus é que Jesus Cristo (que sabe do que está falando) diz que haverá uma ressurreição para condenação. A questão do castigo eterno é terrível, mas ninguém diga que Jesus Cristo nada disse a respeito — pois Ele disse. Jesus o disse numa linguagem que sequer começamos a compreender; o mínimo que podemos fazer é ser reverentes com aquilo que não entendemos.

2) Libertação

"Porque a palavra de Deus é viva, e eficaz, e mais cortante do que qualquer espada de dois gumes, e penetra até ao ponto de dividir alma e espírito, juntas e medulas, e é apta para discernir os pensamentos e propósitos do coração" (HEBREUS 4:12).

Muitos mestres misturam espírito e alma numa única coisa; quando a Palavra de Deus entra em meu coração, instantaneamente se divide entre os dois; é assim que o Espírito de Deus convence do pecado. "E os que são de Cristo Jesus crucificaram a carne, com as suas paixões e concupiscências" (GÁLATAS 5:24). O que é *carne?* Paulo não está falando com espíritos desencarnados, com muitos cadáveres — está falando com homens e mulheres vivos; portanto, certamente não quer dizer "carne mortal"; ele está se referindo a uma disposição interior que ele denomina "carne". Quando Paulo fala do corpo, fala dele como "carne mortal"; quando se refere à velha inclinação, chama-a de "a carne".

"Nele, também fostes circuncidados, não por intermédio de mãos, mas no despojamento do corpo da carne, que é a circuncisão de Cristo" (COLOSSENSES 2:11; VEJA TAMBÉM ROMANOS 6:6; GÁLATAS 6:8; JOÃO 3:8). *Emancipação* significa libertação enquanto estou na carne, não neutralização ou supressão; ela pode começar como neutralização, mas, bendito seja Deus, a emancipação é possível aqui e agora. Segundo o apóstolo Paulo e todo o ensino do Novo Testamento, podemos ser libertos da velha inclinação — "sabendo isto: que foi crucificado com ele o nosso velho homem" (ROMANOS 6:6). Crucificação significa morte. A maioria dos testemunhos contradiz o que o Novo Testamento revela. Em qual lado ficaremos? "Seja Deus verdadeiro, e mentiroso, todo homem" (ROMANOS 3:4).

A emancipação não remove a possibilidade de desobediência; se removesse, nós deixaríamos de ser humanos. É absurdo dizer que a remoção da inclinação errada significa Deus remover a nossa natureza humana. Ele remove a inclinação errada, mas não modifica a nossa natureza humana. Temos o mesmo corpo, os mesmos olhos, o mesmo cérebro e sistema nervoso imperfeitos, mas Paulo argumenta — você costumava usar esse corpo como um obediente escravo da inclinação errada; agora, use-o como um obediente escravo da nova inclinação. "Assim como oferecestes os vossos membros para a escravidão da impureza e da maldade para a maldade, assim oferecei, agora, os vossos membros para servirem à justiça para a santificação" (ROMANOS 6:19).

2. O espírito agindo nos sentidos

Vimos tratando da emancipação do espírito da escravidão do pecado; agora, chegamos ao ensino bíblico de que o espírito pode agir por intermédio dos nossos sentidos a fim de que possamos expressar, em nossa vida, que somos libertos: sem nos avaliarmos ou enganarmos, sem fingirmos ser emancipados quando não o somos, e sim manifestarmos, por meio de cada célula do nosso corpo, que Deus fez o que testemunhamos com a nossa boca que Ele fez.

Os "filhos de Israel [...] não atenderam a Moisés, por causa da ânsia de espírito e da dura escravidão" (ÊXODO 6:9). Sua angústia de espírito havia distorcido tanto os seus sentidos, que eles não conseguiam escutar. "O coração alegre aformoseia o rosto, mas com a tristeza do coração o espírito se abate" (PROVÉRBIOS 15:13). Quando uma pessoa está feliz, não consegue fazer cara feia; ela pode tentar, mas é uma cara de palhaço; quando está feliz em seu interior, demonstra em seu exterior. Se você ouve um cristão com rosto triste dizer "ó, eu estou tão cheio da alegria do Senhor", você sabe que não é verdade. Se eu estiver cheio da alegria do Senhor, ela transbordará de todas as células do meu corpo. "Não tive, contudo, tranquilidade no meu espírito, porque não encontrei o meu irmão Tito" (2 CORÍNTIOS 2:13). "Enquanto Paulo os esperava em Atenas, o seu espírito se revoltava em face da idolatria dominante na cidade" (ATOS 17:16). "Jesus, vendo-a chorar [...] agitou-se no espírito e comoveu-se" (JOÃO 11:33). Todas essas passagens se referem ao espírito manifestando-se instantaneamente na carne. O espírito do mal se mostra na carne e, graças a Deus, o Espírito de Deus também.

Tão logo somos justificados diante de Deus, o príncipe deste mundo tem a última aposta dele na carne; se ele puder, sugará de você todo pedacinho da sua vida física. Muitos obreiros cristãos não sabem disso, e Satanás procurará desgastá-los até a última célula; porém, se eles conhecerem esse truque e também conhecerem a graça de Deus, sempre que se cansarem na obra a Deus, terão uma recuperação física sobrenatural e a prova de que a obra é divina está na experiência dessa recuperação sobrenatural. Se você ficar exausto por ter um trabalho secular, o que deverá fazer? Tomar um tônico a base de ferro e tirar férias; porém, se estiver exausto na obra de Deus, nem um tônico de ferro ou férias o ajudarão; o Único que o recuperará é o próprio Deus. Paulo disse que não considerava sua vida como importante para si mesmo, para poder terminar sua carreira com alegria; quando os amados irmãos e irmãs lhe disserem: "Você não deve trabalhar com tanto afinco", diga simplesmente "Arreda, Satanás!". Lembre-se de que a última aposta de Satanás está na carne e, quando você reconhece que todas as suas fontes de refrigério estão em Deus, você o obterá no Senhor. Vigie e não pare de trabalhar antes de Deus ordenar; se parar, você enferrujará e isso sempre levará a uma árida desintegração.

3. O espírito agindo interiormente

O espírito age exteriormente por meio dos nossos sentidos e, interiormente, em direção a Deus. "Naquela hora, exultou Jesus no Espírito Santo e exclamou: Graças te dou, ó Pai, Senhor do céu e da terra, porque ocultaste estas coisas aos sábios e instruídos e as revelaste aos pequeninos" (LUCAS 10:21). O nosso Senhor estava falando com Deus interiormente, pelo Seu Espírito. "Disto também falamos, não em palavras ensinadas pela sabedoria humana, mas ensinadas pelo Espírito, conferindo coisas espirituais com espirituais" (1 CORÍNTIOS 2:13). Se você tem o Espírito de Deus em seu interior, a pregação da cruz é segundo a sabedoria de Deus; se não o tem, a pregação de Cristo crucificado é loucura (1 CORÍNTIOS 1:18).

"Porque, se eu orar em outra língua, o meu espírito ora de fato, mas a minha mente fica infrutífera" (1 CORÍNTIOS 14:14). Aqui, a questão das línguas não trata de línguas estrangeiras, mas do que é denominado *glossolalia,* algaravia espiritual, nada inteligível. Frases como "Aleluia!" e "Glória a Deus!" acontecem dessa maneira. Assim como um bebê balbucia para se expressar antes de o seu espírito humano ter agido por intermédio da sua alma, também uma alma, ao ser nascida do Espírito Santo, está capacitada a ser tomada por êxtase emocional. Se você tentar entender o balbucio de um bebê, não conseguirá, a menos que seja sua mãe; nesse caso, possivelmente conseguirá.

Ao tratar com os coríntios, Paulo lhes diz para formarem um *nous* espiritual, um entendimento pelo qual o espírito pode ser expresso. Quando a alma é introduzida no domínio celestial pelo Espírito de Deus há uma tremenda explosão de nova vida na alma e não há uma linguagem para ela. Paulo exorta os coríntios a formarem um *nous* espiritual o mais rápido possível, para chegar ao ponto de entendimento por meio do qual o espírito possa ser expresso. "Se, pois, toda a igreja se reunir no mesmo lugar, e todos se puserem a falar em outras línguas, no caso de entrarem indoutos ou incrédulos, não dirão, porventura, que estais loucos?" (1 CORÍNTIOS 14:23). No movimento moderno das línguas, a responsabilidade é dos mestres. Que Deus tenha misericórdia deles!

Quando somos apresentados pelo Espírito de Deus a um novo domínio, não temos linguagem; estamos em uma fase de infância espiritual; temos suspiros, gemidos e lágrimas, mas nenhuma linguagem. Paulo nos aconselha a ser instruídos; uma das maneiras mais sábias de instrução é deixar os salmos expressarem por você. Quando você estiver emocionalmente exausto, leia alguns dos salmos e o Espírito de Deus lhe ensinará pouco a pouco a formar um *nous* espiritual, uma mente pela qual você não apenas compreenderá, mas chegará lenta e seguramente ao lugar onde poderá expressar o seu espírito; você terá uma linguagem totalmente nova. Lemos que "ao cumprir-se o dia de Pentecostes [...] todos ficaram cheios do Espírito Santo e passaram a falar em outras línguas, segundo o Espírito lhes concedia que falassem" (ATOS 2:1-4). Isso não era *glossolalia,* era o dom de uma nova linguagem.

4. O espírito agindo moralmente

"E veio todo homem cujo coração o moveu e cujo espírito o impeliu e trouxe a oferta ao SENHOR para a obra da tenda da congregação, e para todo o seu serviço, e para as vestes sagradas" (ÊXODO 35:21; VEJA ATOS 19:21;20:22; PROVÉRBIOS 16:18; ISAÍAS 11:2).

Agindo por meio dos sentidos e interiormente para Deus, o Espírito produz uma moralidade e uma retidão semelhantes às de Jesus Cristo. A dignidade de Jesus Cristo é dignidade moral na esfera divina e na esfera humana, e o nosso valor moral deve ser da mesma ordem.

Deus nos conceda poder para sempre "[andar] no Espírito e jamais [satisfazer à] concupiscência da carne" (GÁLATAS 5:16).

Este livro termina abruptamente, mas o deixamos assim. O livro todo é meramente um relato literal das palestras proferidas no *Bible Training College*, e decidimos deixá-lo como foi escrito pelo valor que contém — um mero esforço para despertar o obreiro cristão médio a estudar a riqueza das Escrituras, e assim, tornar-se mais bem equipado para compartilhar corretamente a Palavra da Verdade. Deus abençoe a todos os que se importaram em ler este livro!

–Oswald Chambers